中央专项彩票公益金支持青少年校外研学实践
教育项目的实践与思考研究成果系列丛书

预算管理视角下的中小学生校外研学实践研究

中国教育会计学会　组织编写
武德昆　茹家团　主　审
田书源　武　浩　孟繁增　编　著

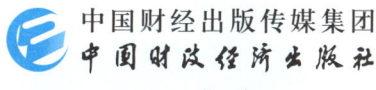

中国财经出版传媒集团
中国财政经济出版社
·北京·

图书在版编目(CIP)数据

预算管理视角下的中小学生校外研学实践研究 / 中国教育会计学会组织编写；田书源，武浩，孟繁增编著. -- 北京：中国财政经济出版社，2024.7

(中央专项彩票公益金支持青少年校外研学实践教育项目的实践与思考研究成果系列丛书)

ISBN 978-7-5223-3211-6

Ⅰ.①预… Ⅱ.①中…②田…③武…④孟… Ⅲ.①预算管理-关系-教育旅游-教学研究-中小学 Ⅳ.①G632.429

中国国家版本馆CIP数据核字(2024)第111632号

| 责任编辑：彭洋洋 | 责任印制：张　健 |
| 封面设计：卜建辰 | 责任校对：胡永立 |

预算管理视角下的中小学生校外研学实践研究
YUSUAN GUANLI SHIJIAOXIA DE ZHONGXIAOXUESHENG XIAOWAI YANXUE SHIJIAN YANJIU

中国财政经济出版社 出版

URL：http://www.cfeph.cn
E-mail：cfeph@cfeph.cn

(版权所有　翻印必究)

社址：北京市海淀区阜成路甲28号　邮政编码：100142
营销中心电话：010-88191522
天猫网店：中国财政经济出版社旗舰店
网址：https://zgczjjcbs.tmall.com
北京密兴印刷有限公司印刷　各地新华书店经销
成品尺寸：185mm×260mm　16开　16.25印张　326 000字
2024年7月第1版　2024年7月北京第1次印刷
定价：75.00元
ISBN 978-7-5223-3211-6
(图书出现印装问题，本社负责调换，电话：010-88190548)
本社图书质量投诉电话：010-88190744
打击盗版举报热线：010-88191661　QQ：2242791300

序

有幸先睹和通览了中国教育会计学会立项的《中央专项彩票公益金支持青少年校外研学实践教育项目的实践与探索》重点课题这一阶段性研究成果,深感"花钱必问效、无效必问责"的意义重大,倍感本套丛书亮点多多。

一、这是一套指导书,开启校外研学实践活动的样板之窗

校外研学实践活动并非一般的参观活动,不能"只研不学""只学不研",需要从课程建设、师资队伍建设、科学实践、学科研究、人才早期培养等方面着手,不断提升校外研学教育质量和中小学生综合素质。本书重点对全国中小学生研学实践教育营地提供的具有代表性的300余份案例进行了深入研究与讨论,梳理了近十年来研学实践教育活动的核心教育目标,归纳为文化传承与创新教育、责任与担当教育、科学技术教育、自然教育以及启蒙教育五个方面的教育目的指向,并从价值取向、校内外衔接、实施路径与方略、校外资源四个维度做了进一步探究与分析,提出了不同主题的教学计划与策略,积累了丰富的实践资源,覆盖了人文、科学、艺术等各个领域,为研学打了样,既开阔视野,又激发思维火花。

二、这是一套工具书，提供筹划校外研学实践活动的知识宝库

本书基于预算管理视角，从制度建设、过程管理、激励与约束三个管理维度系统分析了中央专项彩票公益金支持中小学生校外研学实践活动项目制度设计、项目遴选、过程管理、绩效导向的实践与探索、经验与做法、组织与实施、改革与成效等内容，为项目顺利推进保驾护航。从事业发展维度，总结分析了"以学生素质发展为中心，结构化设计五大教育目的指向；以教学计划与策略为统领，一体化推进研学教育内涵建设；以研学教育评价改革为抓手，提升项目规范化运行质量与效能"等建设成果，初步形成"以营地为枢纽、基地为站点、校外活动场所为必要补充"的校外研学实践教育网络体系。本书覆盖了项目管理、校外研学实践探索、网络体系、建设内容体系等庞大的信息量、广泛的资料性、出色的检索功能、多重的实用功能、长时效的知识内容，是一本很好的工具书。

三、这是一套参考书，成为打开校外研学实践活动的一把钥匙

校外研学实践活动让"书本是孩子的世界"变成"世界是孩子的书本"。它是孩子们"远眺的窗""远洋的帆"。本书由五大部分组成，即概述、投入与管理、问题导向下的探索与实践、目标指向下的探索与实践、展望，全面梳理2000年以来中央专项彩票公益金支持校外教育的历史沿革，全面总结中央专项彩票公益金支持校外研学实践教育取得的成果以及在教育高质量发展、新质生产力人才培养中所发挥的重要作用，突出了业财融合、绩效导向、问题导向、目标导向的建设经验与成效，为研学实践教育的未来发展提供宝贵的参考与借鉴。

本书及其丛书汇聚了支持营（基）地建设的中央专项资金使用绩效监管者、奋战在校外研学实践教育一线的营（基）地领导与教师、长期关注并研究青少年校外研学实践教育的专家学者集体智慧，以期各级政府、社会各界深刻认识和准确把握，互学互鉴、同频共振、共同提高，奋力为校外研学实践教育贡献力量。

中国教育会计学会副秘书长　茹家团
中国教育学会学生发展指导分会副理事长　杨　昕
2024年6月

编写说明

本书围绕预算管理视角下的中小学生校外研学实践教育开展研究，突出业财融合、绩效导向、问题导向，全面梳理2000年以来中央专项彩票公益金支持校外教育的历史沿革，全面总结中央专项彩票公益金支持校外研学实践教育取得的成果以及在教育高质量发展、新质生产力人才储备中发挥的重要作用。

全书包含五个部分，第一部分为概述。主要从项目概况和研究概况两方面进行了阐述。项目概况重点介绍了党和国家对中小学生校外研学实践教育的关注与重视，厘清了"十五"至"十四五"期间党和国家对中小学生校外研学实践教育的政策支持、财政投入情况。着重阐述了中央专项彩票公益金支持中小学生校外教育以及研学实践教育的情况，以及从部署到落实的整体情况和取得的成效。研究概况从本项目研究的体系与内容、方法与路径以及挑战与局限性等方面进行分析和阐释。

第二部分为投入与管理。重点从预算管理的视角，分析了《中央专项彩票公益金支持中小学生校外研学实践教育项目》制度建设的不断优化、过程管理持续深化、激励与约束逐步强化的过程。在项目资金持续支持下，校外研学实践主题教育活动不断发展、成效显著，在大量实证研究与深度分析的基础上，探索总结了以学生素质发展为中心，结构化设计五大教育目的指向；以教学计划与策略为统领，一体化推进研学教育内涵建设；以研学教育评价改革为抓手，提升项目规范化运行质量与效能。初步形成"以营地为枢纽、基地为站点、校外活动场所为必要补充"的校外研学实践教育网络体系。

第三部分为问题导向下的探索与实践。重点聚焦校外研学实践教育热点问题，从"校外研学实践教育师资队伍建设""校外研学实践教育资源的开发与利用""校外研学实践教育合力形成"三方面开展研究，通过大量的案例实证研究给出解决方案。

第四部分为目标指向下的探索与实践。重点对全国中小学生研学实践教育营地提供的具有代表性的300余份案例进行了深入研究与讨论，梳理了近十年来研学实践教育活动的核心教育目标，归纳为文化传承与创新教育、责任与担当教育、科学技术教育、自然教育以及启蒙教育五个方面的教育目的指向，并从价值取向、校内外衔接、实施路径与方略、校外资源四个维度做了进一步探究与分析。为我国研学实践教育的未来发展提供宝贵的参考与借鉴。

第五部分为下一步展望。研究表明研学实践教育在党和国家持续关注与支持下，必将迎来蓬勃发展，必将成为教育高质量发展的新路径、新方式、新动能，为新质生产力人才储备赋能。

本书附录了分布在各省份的国家营地与相邻国家基地可联动情况表，围绕文化传承与创新教育、责任与担当教育、科学技术教育、自然教育以及启蒙教育五个教育目标指向，精选了部分主题鲜明的教学计划与策略案例，旨在为中小学生研学实践教育活动的开展提供借鉴与参考。

编　者

2024年3月

目录
CONTENTS

1 概述 ·· 1

    1.1 项目概况 ··· 1

    1.2 研究概况 ··· 5

2 投入与管理 ·· 9

    2.1 项目投入概况 ·· 9

    2.2 项目管理概况 ·· 10

    2.3 校外研学实践主题教育活动探索成效 ··························· 15

    2.4 教育教学范式探索成果 ·· 25

    2.5 运行机制探索成果 ·· 27

3 问题导向下的探索与实践 ··· 29

    3.1 校外研学实践教育师资队伍建设 ·································· 29

    3.2 校外研学实践教育资源的开发与利用 ··························· 46

    3.3 校外研学实践教育合力形成 ··· 62

4 目标指向下的探索与实践 ··· 76

    4.1 文化传承与创新教育 ··· 77

1

4.2	责任与担当教育	114
4.3	科学技术教育	137
4.4	自然教育	163
4.5	启蒙教育	186

5 展望 ... 215

5.1	坚持"一盘棋"统筹谋划，打开"研"界	215
5.2	坚持"一套拳"精准发力，立好绩效导向"指挥棒"	215
5.3	坚持"一张图"规范管理，共绘治理"同心圆"	216
5.4	搭建"数字+研学"平台，打造数字时代新"视"界	216

附录 ... 217

表1　北京市中小学生校外研学实践教育活动教育部命名营地与基地可联动一览 …… 217

表2　天津市中小学生校外研学实践教育活动教育部命名营地与基地可联动一览 …… 218

表3　河北省中小学生校外研学实践教育活动教育部命名营地与基地可联动一览 …… 219

表4　山西省中小学生校外研学实践教育活动教育部命名营地与基地可联动一览 …… 220

表5　内蒙古自治区中小学生校外研学实践教育活动教育部命名营地与基地可联动一览 …… 221

表6　辽宁省中小学生校外研学实践教育活动教育部命名营地与基地可联动一览 …… 222

表7　吉林省中小学生校外研学实践教育活动教育部命名营地与基地可联动一览 …… 223

表8　黑龙江省中小学生校外研学实践教育活动教育部命名营地与基地可联动一览 …… 224

表9　上海市中小学生校外研学实践教育活动教育部命名营地与基地可联动一览 …… 225

表10　江苏省中小学生校外研学实践教育活动教育部命名营地
　　　与基地可联动一览 …………………………………………………………… 226

表11　浙江省中小学生校外研学实践教育活动教育部命名营地
　　　与基地可联动一览 …………………………………………………………… 227

表12　安徽省中小学生校外研学实践教育活动教育部命名营地
　　　与基地可联动一览 …………………………………………………………… 228

表13　福建省中小学生校外研学实践教育活动教育部命名营地
　　　与基地可联动一览 …………………………………………………………… 229

表14　江西省中小学生校外研学实践教育活动教育部命名营地
　　　与基地可联动一览 …………………………………………………………… 230

表15　山东省中小学生校外研学实践教育活动教育部命名营地
　　　与基地可联动一览 …………………………………………………………… 231

表16　河南省中小学生校外研学实践教育活动教育部命名营地
　　　与基地可联动一览 …………………………………………………………… 232

表17　湖北省中小学生校外研学实践教育活动教育部命名营地
　　　与基地可联动一览 …………………………………………………………… 233

表18　湖南省中小学生校外研学实践教育活动教育部命名营地
　　　与基地可联动一览 …………………………………………………………… 234

表19　广东省中小学生校外研学实践教育活动教育部命名营地
　　　与基地可联动一览 …………………………………………………………… 235

表20　广西壮族自治区中小学生校外研学实践教育活动教育部命名营地
　　　与基地可联动一览 …………………………………………………………… 236

表21　海南省中小学生校外研学实践教育活动教育部命名营地
　　　与基地可联动一览 …………………………………………………………… 237

表22　重庆市中小学生校外研学实践教育活动教育部命名营地
　　　与基地可联动一览 …………………………………………………………… 238

表23　四川省中小学生校外研学实践教育活动教育部命名营地
　　　与基地可联动一览 …………………………………………………………… 239

表24　贵州省中小学生校外研学实践教育活动教育部命名营地
　　　与基地可联动一览 …………………………………………………………… 240

表25 云南省中小学生校外研学实践教育活动教育部命名营地
与基地可联动一览 ·· 241

表26 西藏自治区中小学生校外研学实践教育活动教育部命名营地
与基地可联动一览 ·· 242

表27 陕西省中小学生校外研学实践教育活动教育部命名营地
与基地可联动一览 ·· 243

表28 甘肃省中小学生校外研学实践教育活动教育部命名营地
与基地可联动一览 ·· 244

表29 青海省中小学生校外研学实践教育活动教育部命名营地
与基地可联动一览 ·· 245

表30 宁夏回族自治区中小学生校外研学实践教育活动教育部命名营地
与基地可联动一览 ·· 246

表31 新疆维吾尔自治区中小学生校外研学实践教育活动教育部命名营地
与基地可联动一览 ·· 247

后　记 ··· 248

1 概述

1.1 项目概况

1.1.1 中央有部署,财政有担当

新中国成立以来,教育从"为人民服务,首先为工农服务,为当前的革命斗争与建设服务"到"为无产阶级政治服务",再到"为人民服务、为中国共产党治国理政服务、为巩固和发展中国特色社会主义制度服务、为改革开放和社会主义现代化建设服务",在人才培养途径上,始终明确人才培养的基本途径是坚持"教育与生产劳动和社会实践相结合",在实现途径上始终坚持校内外教育相衔接。中小学生校外研学实践教育活动作为校外教育不可替代的一种重要形式,以独特的教育功能、独特的组织形式,在素质教育中发挥着重要作用。其教育教学资源好似一卷藏在天地间的"无字书";其教育教学形式如同没有围墙的课堂;其教育教学过程,就是一次中小学生身体力行的叩问、追寻与求解;其教育教学目的就是鼓励青少年在实践中学真知、悟真谛,加强磨练,增长本领。为贯彻落实党的十八大精神,特别是习近平总书记系列重要讲话精神,秉承"创新、协调、绿色、开放、共享"的发展理念,落实立德树人根本任务,帮助中小学生了解国情、热爱祖国、开阔眼界、增长知识,着力提高他们的社会责任感、创新精神和实践能力,教育部、国家发展改革委、公安部、财政部、交通运输部、文化部、食品药品监管总局、国家旅游局、保监会、共青团中央、中国铁路总公司11部门联合印发《关于推进中小学生研学旅行的意见》,将校外研学定位为"由教育部门和学校有计划地组织安排,通过集体旅行、集中食宿方式开展的研究性学习和旅行体验相结合的校外教育活动,是学校教育和校外教育衔接的创新形式,是教育教学的重要内容,是综合实践育人的有效途径",其意义在于"三个有利于",即:"有利于促进学生培育和践行社会主义核心价值观,激发学生对党、对国家、对人民的热爱之情;有利于推动全面实施素质教育,创新人才培养模式,引导学生主动适应社会,促进书本知识和生活经验的深度融

合；有利于加快提高人民生活质量，满足学生日益增长的旅游需求，从小培养学生文明旅游意识，养成文明旅游行为习惯"。纵观新中国成立以来教育目标的确定和实现途径的选择，从"均衡发展"到"全面发展"，从"德智体"到"德智体美"再到"德智体美劳"，把党的教育方针通过法律形式转化为国家意志，无不反映党和国家对学生的全面发展的高度重视，特别是对校外教育的高度重视。1999年6月，中共中央、国务院颁发《关于深化教育改革全面推进素质教育的决定》，提出"实施素质教育应当贯穿于幼儿教育、中小学教育、职业教育、成人教育、高级教育等各级各类教育，应当贯穿于学校教育、家庭教育和社会教育等各个方面。在不同阶段和不同方面应当有不同的内容和重点，相互配合，全面推进"，强调了社会教育在全面素质教育中的重要性。2000年2月，江泽民同志发表了《关于教育问题的谈话》，明确指出原有少儿活动场所严禁移作他用，同时各级政府还要尽可能设法多建设一些健康的青少年活动场所。2001年财政部设立中央专项彩票公益金支持校外教育项目，解决青少年学生校外活动场所匮乏问题，在数量、布局、规模和管理上满足2.4亿青少年学生健康成长的需要。

"十五"期间：纳入规划，提高覆盖率。青少年学生校外活动场所作为公益性设施，所需建设投资以各级人民政府投入为主。各级人民政府要高度重视，将青少年宫和活动中心纳入建设规划，新建和扩建一批青少年宫和活动中心，特别是科技、体育、文化等活动场所。到"十五"末，全国90%以上的县（市）要有一所青少年宫或活动中心等青少年学生校外活动场所[1]。

"十一五"期间：分层建设，全面覆盖。各级政府要把未成年人校外活动场所建设纳入当地国民经济和社会发展总体规划。要实现每个区县（市）均有一所综合性、多功能的未成年人校外活动场所。人口规模在30000~50000人及以上的居住区要建设文化活动中心，人口规模在7000~15000人的居住小区要建设文化活动站，重点镇和县城关镇要设置文化活动站或青少年之家。社区文化活动中心（站）中都要开辟专门供未成年人活动的场地，强调要实现综合性、多功能的未成年人校外活动中心在县区级层面的全覆盖[2]。

"十二五"期间：逐步推行研学旅行。由财政部安排利用中央专项彩票公益金，开展的未成年人校外活动场所活动补助、能力提升和人员培训等工作，中央财政将安排中央专项彩票公益金30亿元支持建设示范性综合实践基地[3]。在全国逐步推行中小学生研学旅行[4]。

---

[1] 摘自中共中央办公厅、国务院办公厅印发《关于加强青少年学生活动场所建设和管理工作的通知》（中办发〔2000〕13号）。

[2] 摘自中共中央、国务院印发《关于进一步加强和改进未成年人校外活动场所建设和管理工作的意见》的通知（中办发〔2006〕4号）。

[3] 摘自教育部办公厅、财政部办公厅印发《关于组织实施中央专项彩票公益金支持示范性综合实践基地项目并下达2011年工作任务的通知》（教基一厅函〔2011〕35号）。

[4] 摘自《国民旅游休闲纲要（2013—2020年）》（国办发〔2013〕10号）。

"十三五"期间：加大投入，提升保障水平。经国务院批准，中央财政安排46亿元中央专项彩票公益金支持未成年人校外教育项目，其中：青少年校外教育保障和能力提升项目40亿元；中小学生研学旅行营地建设项目6亿元。

"十四五"期间：提质扩容。推动研学实践活动发展，创建一批研学资源丰富、课程体系健全、活动特色鲜明、安全措施完善的研学实践活动基地，为中小学生有组织研学实践活动提供必要保障及支持[①]。

1.1.2 部委有落实，推进有实招

"十五"期间：聚焦校外教育，提供必要条件保障。为"全国中小学生课外文体活动工程"的开展提供必要的物质条件。充分改善和利用校园、少年宫、青少年文体活动中心、文体俱乐部及少体校等现有的文体设施，开展课外文体活动，满足了学生的需要。

"十一五"期间：统筹规划、提质增效。将青少年学生校外活动中心的建设与提升纳入各级人民政府工作计划，中央设立专项彩票公益金支持校外教育项目，对地方项目进行补助，做到了全国区县一级青少年活动中心全覆盖，实现了"一地一品"工作目标。

"十二五"期间：加强能力建设，启动研学旅行试点。财政部安排利用中央专项彩票公益金，开展未成年人校外活动场所活动补助、能力提升和人员培训等工作。教育部开展全国研学旅行试点工作，确定了上海、杭州、西安、合肥四个试点城市，确定武汉等十个试点区，初步总结出政府主导、部门协同、学校参与、社会支持的研学旅行工作模式，进行推广。

"十三五"期间：设点布局、示范引领。教育部等11部门出台了《关于推进中小学生研学旅行的意见》。教育部联合财政部着手全国研学实践教育营（基）地布局，在首批命名的营地中确定了6家示范营地和3家重点项目支持营地，给予了政策和资金倾斜，发挥引领示范辐射作用。

"十四五"期间：完善营（基）地规划布局。每年支持20个新增基地、32个研学营地开展研学实践教育，强调"项目资金原则上按照基地不超过150万元/个/年，营地不超过500万元/个/年"的基本标准予以支持。新增基地均为未获得过中央专项彩票公益金支持的单位，营地实行动态调整管理。

1.1.3 地方有行动，落地有举措

一是落实责任、出台政策。各级政府切实担负起应有的责任。出台了中小学生研学旅行指导意见、管理办法、实施方案等相关文件（部分省市出台的研学文件见表1-1）。

---

① 摘自《国务院关于印发"十四五"旅游业发展规划的通知》（国发〔2021〕32号）。

二是建立机制、加强保障。形成政府部门工作协作机制，加强研学工作的落实和保障。三是项目管理、用好资金。合理使用中央专项彩票公益金支持中小学生校外研学实践活动项目资金建设营（基）地。四是分级管理、落实责任。采用省级统筹、市级指导、营（基）地具体实施的方式加强管理、夯实责任、推进研学工作。五是深挖主题、丰富内容。以地域特色文化资源为基础，以学生需求为导向，以课程研发为手段，将特色资源转化为课程资源，丰富研学实践内容。

表 1-1　　　　　　　部分省市出台的研学文件列表

地区		时间	研学文件
北京市	教育委员会	2018.1	关于初中综合社会实践活动、开放性科学实践活动计入中考成绩有关事项的通知
上海市	教育委员会	2017.5	转发教育部等11部门关于推进中小学生研学旅行的意见
重庆市	黔江区	2017.12	黔江区中小学社会实践教育暨研学旅行实验区建设实施方案
	大渡口区	2018.3	关于进一步深化中小学生研学旅行试点工作的实施意见
	渝中区	2018.8	渝中区教育工作委员会关于进一步加强和推进中小学研学旅行工作的实施意见
天津市	教育委员会	2017.11	关于认真做好研学旅行工作的通知
山东省	省教育厅	2018.7	关于公布第一批全省中小学生研学实践教育基地名单的通知
	烟台市	2017.8	烟台市教育局等13部门关于印发烟台市推进中小学生研学旅行工作实施方案的通知
	青岛市	2018.1	青岛市中小学研学旅行工作管理办法（试行）
浙江省	省教育厅	2018.5	推进中小学生研学旅行的实施意见
	湖州市	2018.9	关于推进中小学生研学旅行的实施意见
安徽省	省教育厅	2018.4	安徽省教育厅等部门关于推进中小学生研学旅行的实施意见
河南省	省教育厅	2017.9	关于组织实施2017年度中央专项彩票公益金支持校外活动保障和能力提升项目工作的通知
湖北省	省教育厅	2018.1	湖北省中小学生研学旅行服务单位基本条件
	武汉市	2017.8	武汉市推进全国中小学研学旅行实验区工作实施方案
湖南省	省教育厅	2017.12	关于推进中小学生研学旅行的实施意见
	长沙市	2018.1	关于推进长沙市中小学生研学旅行工作的实施意见
	湘潭市	2018.7	关于深入推进湘潭市中小学生研学旅行工作的实施意见
陕西省	省教育厅	2018.6	十二部门印发关于推进中小学研学旅行工作的实施意见
	西安市	2016.11	关于推进中小学研学旅行工作的实施意见
	西安市教育局	2014.4	研学旅行试点工作管理办法（暂行）
广东省	省教育厅	2018.8	关于推进中小学生研学旅行的实施意见
福建省	省教育厅	2018.7	福建省中小学生研学实践教育基地营地名单的通知
江西省	省教育厅	2018.7	关于推进全省中小学生研学旅行的实施意见
	赣州市	2017.11	关于推进全市中小学生研学旅行的实施意见
	南昌市	2018.3	关于推进全市中小学生研学旅行工作的实施意见

续表

地区	时间		研学文件
海南省	省教育厅	2017.12	关于推进中小学生研学旅行的实施意见
四川省	省教育厅	2017.11	关于推进中小学生研学旅行的实施意见
甘肃省	省教育厅	2017.6	关于开展中小学生研学旅行工作的实施意见
黑龙江	省教育厅	2017.11	关于推进中小学生研学旅行的实施意见

1.1.4 实施有力度，研学见成效

一是加强营（基）地体系建设。 通过中央专项彩票公益金资助项目，初步建成了"以营地为枢纽、基地为站点、研学主题活动为支撑"的未成年人校外研学教育网络体系，建设了国家级营地72个，打造了中小学生研学实践国家级基地642个。

二是加强研学资源建设。 大力挖掘校外教育资源，转换成课程资源，形成了以"文化传承与创新、责任与担当、科学技术、自然、启蒙"为主线的研学实践教育资源，设计研学主题活动12995个，研发研学课程1500余个，开通研学线路1000余条。

三是加强课程建设。 逐步形成了"三段五活动"研学课程组织模式，"三段"即前期准备、活动过程、研学拓展，"五活动"为参观、体验、操作、制作和创造五类实践活动。

四是加强组织实施。 营（基）地积极组织开展本地研学活动；营地之间紧密合作、合力协同开展跨省域研学活动，中小学生累计参与活动40296.01万人天。

五是促进学生素质全面发展。 丰富多彩的实践活动，促进了德智体美劳五育在实践教育活动中的相互渗透，培养了学生的劳动意识、实践能力和创新精神，帮助学生学会做人、学会做事、学会生存、学会探究、学会创造。

六是促进地方经济建设。 研学服务有助于促进所在地的经济发展，据不完全统计，部分地市以研学拉动经济收入实现了3~4个百分点的增长。

1.2 研究概况

1.2.1 体系与内容

本研究以预算管理视角下的中小学生校外研学实践为研究对象，以加强研学项目管理、提高资金使用效益、提升研学实践质量为研究目标，系统梳理了中小学生校外研学实践相关政策要求和经费投入管理的演进脉络，分析了中小学生校外研学实践的现状，

总结了中小学生校外研学实践的经验与案例，剖析了中小学生校外研学实践存在的热点问题，提出了针对性强、操作性强和系统化的改进策略，形成了中小学生校外研学实践的有效模式和典型范式，并在国家级营地中进行了推广和应用，为中小学生校外研学实践提供理论指导和实践指南，推动中小学生校外研学实践落实立德树人根本任务，提高中小学生的社会责任感、创新精神和实践能力。

1.2.2　方法与路径

1.2.2.1　研究方法

本研究综合运用多元化的研究方法，具体包括文献研究法、问卷调查法、访谈法、案例分析法和定量分析法等，这些研究方法的运用，为研究提供了理论基础，收集了第一手资料，使研究更贴近实际，保证了数据的全面性、真实性和分析结论的科学性。具体研究方法如下。

文献研究法。根据研究的目的和对象，收集、分析、统计学者所撰写的文献资料300余篇，总结归纳学者的观点。本课题研究的核心关键是"彩票公益金支持青少年校外研学实践教育"，通过关键词进行文献收集和统计，并通过阅读国内外学者现有的关于彩票公益金支持青少年校外研学实践教育的研究成果，分析使用的工具，明确针对本研究的方向和目标，为问卷调查和访谈分析打基础。同时，将文献研究所搜集的资料，作为研究的重要参考，保证研究中以数据说话，以调查结果为准。

问卷调查法。问卷调查法是根据研究目的，通过编制和发放问卷、收集问卷、分析问卷、统计分析数据，以达到调查目的的一种研究方法。本研究在文献综述的基础上，自主编制彩票公益金支持青少年校外研学实践教育的调查问卷，对研究营（基）地进行问卷调查，共发放调查问卷784份，收回调查问卷784份，其中有效问卷784份，通过对调查结果进行统计分析，提高研究结果的准确性。

访谈法。设定访谈提纲，先后访谈营地72家，基地600余家，在营（基）地特定的教学情景环境下，与各单位负责人、研学教师、中小学生及家长等访谈对象围绕访谈提纲进行交谈，以获取研究数据。根据访谈对象的访谈记录进行汇总，从中归纳出本研究所需的数据，深入了解校外研学实践教育的实际情况。

案例分析法。面向全国72家营地和642家基地，征集案例1000余份，分析我国校外研学实践教育的具体做法和热点问题，找出彩票公益金支持下校外研学实践教育存在的问题及原因（影响因素），借鉴典型案例的成功经验，提出规范校外研学的策略和建议，为教育行政部门提供决策依据，为校外研学营（基）地提供教学参考。

1.2.2.2　研究路径

课题研究坚持目标与问题导向，以预算管理的视角，聚焦预算投入、绩效管理和内部控制三个维度，梳理我国中小学生校外研学实践的政策要求和经费投入管理现状；在总结中小学校外研学实践经验的基础上，研究预算管理对完善中小学生校外研学实践体系的作用机制，分析存在的热点问题，提出改进策略；以中小学生校外研学实践的五个主要目的指向为载体，研制教学计划与策略，形成中小学生校外研学实践育人的模式和范式，并在国家级研学实践营（基）地进行推广和应用。具体研究思路总体框架如图1-1所示。

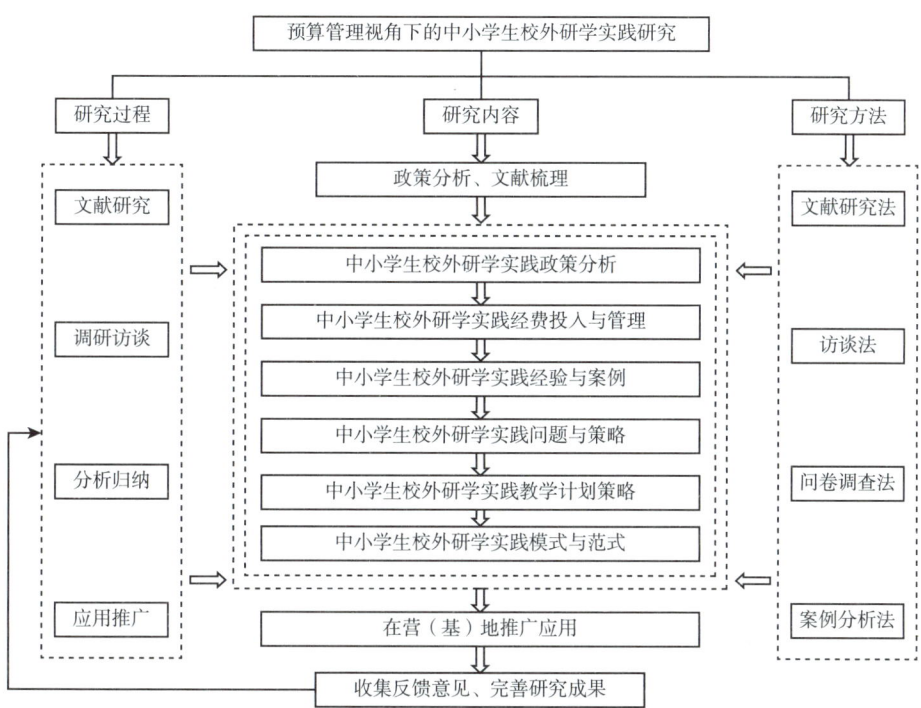

图1-1　课题研究思路总体框架

1.2.3　研究的局限性

1.2.3.1　数据局限性

（1）**数据来源的有限性**。彩票公益金支持青少年校外研学实践教育的数据主要来源于相关政府机构、学校和研学基地的统计数据。数据的完整性和可靠性受到数据提供方的限制，可能存在数据收集不全或存在偏差的情况。

（2）**时间跨度的限制**。部分数据可能受到时间跨度的限制，导致研究者无法获取长期的趋势数据。长期数据的不足可能影响对彩票公益金支持青少年校外研学实践教育发展的深刻理解。

（3）**数据信度的挑战**。彩票公益金的使用涉及多个层级和部门，不同地区和学校的统计和报告方式可能存在差异，导致数据的一致性难以保证。这可能对研究的横向比较和总体分析带来一定挑战。

1.2.3.2 研究范围的限制

（1）**地域范围的局限性**。研究的地域范围可能受到一定的限制，数据的获取可能主要集中在特定地区，难以涵盖全国范围内的多样性。因此，研究结论的推广性可能受到地域差异的影响。

（2）**学科范围的狭窄性**。研究可能主要关注某些特定学科或领域，而对其他学科的影响较少涉及。这可能导致研究结果无法全面反映彩票公益金对青少年全面发展的整体影响。

（3）**社会群体的局部性**。彩票公益金支持青少年校外研学实践教育的对象是青少年群体，但由于地域、文化等差异，不同社会群体的需求和反应可能存在差异。研究可能局限于特定社会群体，难以全面了解不同群体的实际情况。

（4）**政策变动的影响**。彩票公益金支持政策可能随时间和政策环境的变化而发生调整。研究的时点可能无法覆盖所有政策变动，导致研究结论对于未来政策制定的指导性可能受到限制。

2 投入与管理

2.1 项目投入概况

"十五""十一五"时期围绕做好青少年活动中心建设，中央专项彩票公益金累计投入69.928亿元（见图2-1），2001—2010年，教育部会同财政部等单位利用中央专项彩票公益金支持建设了2460个县级青少年校外活动中心，基本实现了全国每个县都有一个综合性未成年人活动场所的目标。

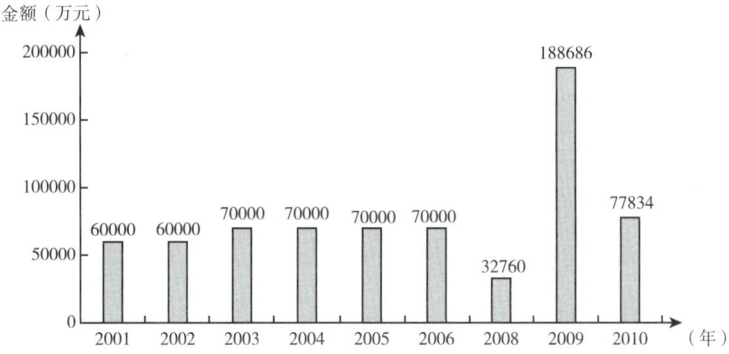

图2-1 "十五""十一五"时期中央专项彩票公益金支持青少年学生校外活动场所情况

"十二五""十三五""十四五"时期，中央专项彩票公益金累计投入81.7亿元（见图2-2、图2-3），支持建设示范性综合实践基地150个，建设全国中小学生研学实践教育营地72个、全国中小学生研学实践教育基地642个，支持建设校外活动场所超过1800个。

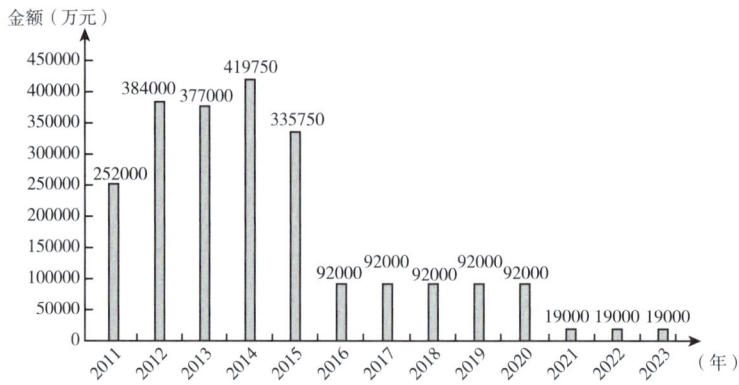

图2-2 "十一五""十二五"时期中央专项彩票公益金支持未成年人校外教育事业投入情况

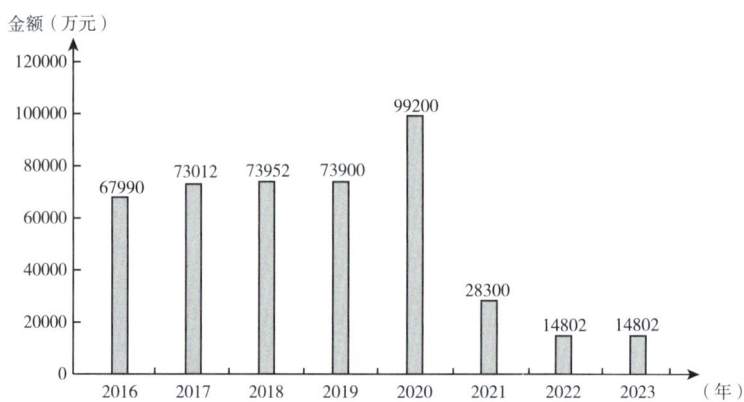

图2-3 "十三五""十四五"时期中央专项彩票公益金支持乡村学校少年宫投入情况

2.2 项目管理概况

2.2.1 制度建设不断优化

财政部、教育部陆续出台了4个涉及中央专项彩票公益金中小学生校外研学实践活动项目资金管理办法，针对重点环节或事项积极探索、适时总结，不断优化规范项目申报、资金使用与管理等方面内容，为项目顺利推进保驾护航。

2.2.1.1 坚持客观性

中央专项彩票公益金支持校外教育项目，最早可追溯至2001年。青少年学生校外活动场所面临匮乏状况，在数量、布局、规模和管理上难以满足青少年学生健康成长的需要。为解决校外研学实践营（基）地、活动场所匮乏问题，中央层面进行系统、科学、深入的部署，部委持续有力推进，各地努力落实，形成合力。校外研学实践的政策和文件陆续出台，教育、文旅等相关部门纷纷行动，积极推动开展试点、出台政策、制定标准、打造载体等方面的工作，研学实践的内涵与外延得到不断丰富与拓展。财政部、教育部等部委加大在政策、资金、项目、人才培训、宣传推广等方面的支持力度，初步建成了一个以营地为枢纽、基地为站点、校外活动场所为必要补充的未成年人校外教育网络体系，极大地满足了校外教育需求。

一是强化政策指导。2016年印发《关于推进中小学生研学旅行的意见》（教基一〔2016〕8号），明确各中小学要结合当地实际，把研学旅行纳入学校教育教学计划，与综合实践活动课程统筹考虑，采取多种形式、多种渠道筹措中小学生研学旅行经费，探索建立政府、学校、社会、家庭共同承担的多元化经费筹措机制。

二是明确营（基）地建设目标。为支持中小学生校外研学实践活动，在数量、布局、规模和管理上，明确了中央专项彩票公益金每年支持20个新增基地、32个营地开展研学实践活动。财政部、教育部等部委加大了在政策、资金、项目等方面的支持力度，仅"十三五"期间，中央财政安排46亿元专项彩票公益金支持校外活动保障和能力提升项目以及中小学生研学旅行营地建设项目。各地利用中央专项彩票公益金建设了国家级营地40个，打造了中小学生研学实践国家级基地582个，支持校外活动场所超过1800个，初步建成了一个以营地为枢纽、基地为站点、校外活动场所为必要补充的未成年人校外教育网络体系，极大地满足了校外教育需求。

三是完善经费保障。目前，国家已建立起政府投入为主、受教育者合理分担、其他多种渠道筹措经费的投入机制。在学前教育阶段，各地均已建立公办幼儿园生均拨款制度和普惠性民办幼儿园补助政策；在义务教育阶段，已建立健全城乡统一、重在农村的义务教育经费保障机制，实施全国统一的公用经费基准定额，即小学每生每年650元、初中每生每年850元；普通高中已建立了生均拨款制度，各地生均公用经费标准均达到1000元以上。对纳入学校正常教育教学的劳动教育和综合实践教育均可通过以上资金予以支持。

2.2.1.2 体现规范性

规范性是实现中央专项彩票公益金支持校外教育项目工作规范化的前提和保证。

一是明确申报条件。《中央专项彩票公益金中小学生校外研学实践活动项目资金管理办法》（财教〔2021〕156号）（以下简称《办法》）提出，基地须具备优质教育资源、具有适合中小学生研学实践活动的课程、各类安全设施设备运作良好、日常运转经费来源稳定、内部控制与财务制度健全、为研学实践活动开展提供优惠举措、没有受到过行政处罚；营地须具备独立法人、专业队伍、研学实践课程和线路、团队接待经验和接待能力、能够满足学生2至5天研学实践教育活动需求、接待1000名以上学生集中食宿。

二是明确支持标准。《办法》提出，中央专项彩票公益金对校外研学基地不超过150万元/个/年，营地不超过500万元/个/年的基本标准予以支持。

三是明确项目资金使用与管理。

（1）明确经费使用方向。中央专项彩票公益金支持的项目资金主要用于支持基地、营地开展学生研学实践活动，以及为做好研学实践活动改善教育教学基本条件等方面；开展学生研学实践活动的资金，可用于研学实践活动期间所发生的学生门票、研学实践耗材（用品）等支出。营地还可用于研学实践活动期间所发生的交通、住宿、医疗卫生安全保障等支出。用于支持学生研学实践活动开展的资金，基地不低于年度预算资金安排总额的80%，营地不低于70%。

（2）明确经费管理方式。要求项目资金实行专款专用，项目实施单位要对项目资金实行独立核算、专账管理，不得与其他资金混合管理使用。

2.2.1.3 凸显可操作性

一是项目申报。严格申报与审核，提升项目质量。项目申报单位制定项目实施方案，设定绩效目标并编制项目《预算申报书》，由省级教育主管部门审核通过后报送教育部审批。项目申报单位以"立德树人"根本任务为导向，突出"五育并举"，在劳动教育、职业启蒙教育、爱国主义教育等方面，主题明确，课程实践路径和方法、手段、计划、人员落实具体可操作性强，预期成效惠及面广且实际作用突出，对中小学生健康成长有着极其重要的现实意义。项目评审工作严谨、科学，呈现出同行公众评判、专家公众评判、专家综合评议"三结果"趋同的好局面。

二是项目评审。紧盯管理目标，惠及更多学生。教育部采取"线上+线下""公众评判+专家评议"相结合的方式，遵循"战略思维、业财融合、合法合规、客观公正、独立评判、集体合议"的专家综合评价六项工作原则，确定项目实施单位和资金支持额度，公示无异议后下达项目《任务书》，项目经费直接拨付给项目实施单位。项目实施单位根据项目《任务书》的约定组织实施，于次年组织项目支出绩效评价。科学规范的管理体制机制，保障了研学项目的规范、有序运行。

三是项目绩效评价。强化绩效导向，提高资金使用效率。教育部制定了9个因素、31个观测点的绩效评价指标体系。每年第一季度，由各营（基）地在"中央专项彩票公益金中小学生研学实践活动项目预算绩效管理与服务系统"填报项目执行情况，各省级教育主管工作部门对本省的营（基）地打分审核后提交系统，教育部组织专家组采用比较分析、资料分析、远程（线上）调研与访谈等方式进行合议，逐个提出评定等级与成绩，同时遴选营（基）地优秀案例进行推广。

四是绩效目标设置指导。指导项目实施单位开展绩效工作"清单化"。科学合理的绩效目标既有利于校外研学事业健康发展，又有利于项目实施单位形成有效的自我约束。针对项目实施单位绩效目标管理意识不强、业务水平不高等现象，可从绩效目标审核环节入手对项目实施单位进行指导。针对项目申报绩效目标及其指标填报不完整、项目内容不相关、项目预算与绩效指标所属类别不一致、绩效指标值不易衡量或设置偏低等情况，发挥预算绩效评审专家的专业优势，采取"一项目一清单"方式，指导和帮助项目实施单位修正项目绩效目标及其指标。

2.2.2 过程管理持续深化

2.2.2.1 遴选项目紧扣"标准"

遴选是竞争性项目评选的重要机制，制定一定的程序和标准，对确保项目评审的客观、公平、公正、公开具有重要意义。

（1）出台评审工作规范，即《中央专项彩票公益金中小学生校外研学实践活动项目预算评审工作规范》。

（2）明确遴选程序，遴选工作采取"线上+线下，公众评判+专家会评"相结合方式进行。

（3）加强信用管理，对列入"异常名录"的单位，阶段性或永久性取消其项目申报资格或参评资格。

（4）制定明确的遴选标准，从营（基）地布局的均衡与合理、资金支持的均衡与充分、所在地经济发展水平、上年度绩效评价结果、营地与基地相互联动成效等9个因素、31个观测点，明确了遴选标准与赋分标准，使评审既客观、公正、公平，又解决了营地、基地布局不均衡和不充分等问题。

2.2.2.2 资金使用与管理依靠"制度"

没有规矩不成方圆。如果制度无力，管理就是"纸上谈兵"。教育部、财政部等部委陆续出台系列制度办法，建立起涵盖校外研学实践总体布局、职责分工、申报条件、支持标准、资金使用与管理、绩效评价与结果应用、监督检查等重点工作。在资金使用与管理上明确支出方向、支出结构、禁止性和限制性条款，突出专款专用、独立核算、专账管理等管理规定。指导各级教育、财政等部门开展具体工作。各地在参照上级制度建设基础上，结合当地实际，不断完善校外研学实践制度体系，确保政策制度执行不走样、不变形。

2.2.2.3 全面实施绩效管理彰显"导向"

导向化实施绩效管理是将绩效管理关口前移，构建校外研学项目事前、事中、事后"三位一体"预算绩效管理闭环系统，使预算绩效管理成为自我管理，实现从"要我有绩效"向"我要有绩效"转变。对已有营（基）地往年绩效评价结果为"中""差""不合格"或不参加绩效评价的，新申报实行"一票否决"，限期整改，以产生"倒逼效应"。

2.2.3 激励与约束逐步强化

2.2.3.1 各方责任"硬要求"

压紧压实各方责任,紧盯重点领域和关键环节,严格落实监管措施,坚决守牢底线。

一是夯实营(基)地法定代表人主要责任。《办法》明确了项目具体实施单位法定代表人是项目执行的直接责任人,对项目实施、资金使用与管理、绩效目标实现结果负全责。

二是强化营(基)地的实施责任。《办法》明确了营(基)地是具体实施单位,负责制定本单位未成年人校外教育项目实施方案,设定绩效目标并编制项目预算。实施方案可操作性要强。预算编制应当坚持目标相关性、政策相符性和经济合理性原则,按照功能分类和经济分类分别编制。绩效目标设定应当指向明确、细化量化、合理可行。项目预(决)算应当纳入单位年度预(决)算管理。

三是明确主管部门和省级教育行政部门管理责任。《办法》明确了主管部门和省级教育行政部门负责制定本行业或本省(自治区、直辖市)中小学生校外研学实践活动项目规划,负责组织项目和预算申报工作,确定项目申报、审核、推荐工作规程,建立完善本行业或本省(自治区、直辖市)项目库,确定年度推荐顺序,待教育部评议核准后组织项目实施。主管部门和省级教育行政部门负有监管责任,对项目进行监督检查和预算绩效管理,加快推进预算执行。

四是增强两部职责。《办法》明确了财政部负责审核教育部报送的预算编制建议、批复预算,会同教育部对资金使用情况进行监督检查和绩效管理等。教育部负责按资金使用范围提出预算编制建议、组织预算执行、组织项目实施、健全项目管理制度,并具体进行监督评价和预算绩效管理。对已命名的基地、营地运行情况适时组织评估。各方要讲政治、讲大局、提高认识,在思想上"绷紧弦"、行动上"拉满弓",切实完成好校外研学实践任务。

2.2.3.2 预算安排与绩效评价结果"硬挂钩"

根据中共中央、国务院《关于全面实施预算绩效管理的意见》(中发〔2018〕34号)关于"健全激励约束机制,实现绩效评价结果与预算安排和政策调整挂钩"的政策要求,校外研学实践项目推动与绩效评价结果"硬挂钩"机制。一是绩效评价结果与摘牌挂钩。《办法》明确了对于项目支出绩效不突出、管理不规范、师生家长不满意、发生安全事故、信息披露失真以及年度预算执行缓慢的项目,要求限期整改。整改后仍不合格的,予以摘牌。二是绩效评价结果与新申报挂钩。对已有营(基)地往年绩效评价结果为"中""差""不合格"或不参加绩效评价的,新申报实行"一票否决",以产生

"倒逼效应"。总之，绩效评价机制再完善，追责机制再严格，如果不执行，或者执行不严，就都成为纸老虎、稻草人，只有严格执行"硬挂钩"机制，才能逐步形成震慑力量，真正体现绩效评价的严肃性。三是绩效评价结果与预算安排挂钩。根据绩效评价结果，每年支持32个营地开展研学实践活动，实行动态调整。

2.2.3.3 禁止性、限制性条款"硬约束"

习近平总书记强调，要把权力关进制度笼子里，让制度刚性运行，成为硬约束。让制度"显硬"，是把权力关进制度笼子的关键所在。制度的生命力在于执行。让制度与具有强制性的权力"硬碰硬"，确保其"碰硬必赢"。

一是专款专用"硬约束"。《办法》明确了项目资金实行专款专用，不得与其他资金混合管理使用。

二是禁止性"硬约束"。《办法》明确了项目资金不得用于基本支出、基本建设、偿还债务、支付利息、对外投资、弥补其他项目资金缺口等；不得向学生直接发放；不得用于因公出国（境）费、公务接待费、公务用车购置及运行费；不得用于以营利为目的的活动；不得用于超出委托业务范围的购买服务开支；不得超标准支付培训、会议、咨询等费用；不得从项目资金中提取或支付工作经费或管理经费；不得用于国家禁止列支的其他支出；不得挪用、挤占项目资金，不得虚列支出，不得违规分包或转包。

三是限制性"硬约束"。《办法》明确了用于支持学生研学实践活动开展的资金，基地不低于年度预算资金安排总额的80%，营地不低于70%。

2.3 校外研学实践主题教育活动探索成效

围绕立德树人根本任务，以主题教育为切入点，将一大批优势资源转化为教育资源，形成了以"文化传承与创新、责任与担当、科学技术、自然、启蒙"为指向的研学实践教育资源库，围绕资源设计了主题活动4万1千余个、研发研学课程1万2千余课、串接研学实践主题教育线路1千余条，组织中小学生开展研学实践活动4亿3百万人天，取得了显著的社会效益。

2.3.1 播下红色种子，传承红色基因

落实习近平总书记"把红色基因传承好，确保红色江山永不变色"的指示精神，目前，各营地研发了一大批红色主题研学实践教育活动、课程、线路，已成为中小学生研学实践教育的"必修课""打卡地"。

1. **湖南韶山营地**。充分依托毛泽东广场、毛泽东同志故居、毛泽东同志纪念馆等经典红色校外研学实践教育资源，根据不同年龄段和层次的学生需求，湖南韶山营地年

均组织开展活动100余场次的"童心向党""青春心向党""为民族谋复兴""恰是风华正茂"等主题活动,传承红色基因,服务中小学生2.5万余人。图2-4为湖南韶山营地研学实践教育"童心向党"主题活动的宣誓现场。

图2-4　湖南韶山营地研学实践教育"童心向党"主题活动

2. **湖南长沙营地**。联合沙洲红色革命教育基地,依托芷江受降纪念坊、粟裕故居等资源,湖南长沙营地年均开展活动近百场次,让中小学生们深入学习了解"半条被子与军民鱼水情"的故事,体悟革命先辈们不怕艰苦、迎难而上的革命精神,服务中小学生约1.5万余人天。湖湘学子在郴州市汝城县"半条被子的温暖"专题陈列馆开展研学活动的情景如图2-5所示。

图2-5　湖湘学子在郴州市汝城县"半条被子的温暖"专题陈列馆开展研学活动

3. 陕西西安营地。 联合延安红色革命教育研学基地，依托延安革命圣地资源，陕西西安基地年均开展40余批次"延安精神代代传""自力更生南泥湾""雪地讲话忆长征"等红色教育主题活动，引导学生深刻领会延安精神是"中国走社会主义的发展理念和中国共产党执政的力量源泉"的深刻含义，在同学们心中种下了"制度自信"的红色种子，年均服务中小学生2.5万余人天。学生在延安革命纪念馆开展研学实践教育活动的情景如图2-6所示。

图2-6 学生在延安革命纪念馆开展研学实践教育活动

诸如以上的红色教育主题，所有营地都有研发，在营地组织活动中占据着重要的比重。实地探访、任务探究、情境走读、专题研讨、场景体验等活动，既有知识性、思辨性，又有趣味性、体验性，使中小学生了解和领悟到先烈们英勇奋斗的历史背景、伟大事迹，从中汲取力量，赓续红色血脉，坚持守正创新。

2.3.2 弘扬传统文化，厚植家国情怀

围绕立德树人根本任务，发挥地域特色文化资源优势，将民族文化自信融入营（基）地实践活动、主题教育和管理服务全过程。

1. 山西晋中营地。 依托平遥古城厚重的历史文化资源，山西晋中营地高质量开发"沿着总书记的脚步去研学"主题线路，研发"追随领袖足迹 感悟思想伟力——传统文化我传承"等30多个主题研学实践教育课程。2023年组织晋中市1万余名中小学生围绕此线路与课程开展研学活动，并以此线路与课程吸引了全国各地中小学生研学平遥，

让更多的学生走近历史、享受文化，成为优秀传统文化的传承者，推动优秀文化创造性转化、创新性发展，引导学生成为历史文化遗产的保护者。如图2-7所示，为学生在平遥古城开展晋商文化研学实践教育活动的情景。

图2-7　学生在平遥古城开展晋商文化研学实践教育活动

2. **陕西西安营地**。习近平总书记将秦岭称为"中华民族的祖脉"和"中华文化的重要象征"。依托十三朝古都文化资源，陕西西安营地挖掘出"寻根华夏万里行""梦回先民六千年""触摸城墙话古今"等教育主题，使中小学生在活动中充分认识了中华文化的起源、发展、辉煌与传承，成为陕西西安营地文化研学的主打名片。接待来自新疆营地研学学生28批次，累计服务中小学生1万7千余人天。特别是接待港澳研学学生6批次，让港澳学生在古城西安感受到厚重的中华优秀传统文化熏陶，同根同源，激发了港澳研学学生对中华优秀传统文化的认同感、归宿感和自豪感。研学学生在西安明城墙开展研学实践教育活动的情景如图2-8所示。

3. **四川广元营地**。依托剑门关、昭化古城、明月峡、皇泽寺等三国蜀道文化基地，四川广元营地开发"游剑门蜀道，品三国故事""行走昭化古城，体验三国文化""探究古驿道""探寻皇泽寺"等研学实践教育课程27个。2023年四川广元营地开展"讲三国故事，品先民智慧"等活动32场次，带领学生走进三国蜀道文化圣地，探寻古蜀道遗址遗迹，传承优秀传统文化，提升民族文化自信，服务学生3.16万人天。研学学生参加四川广元营地2024年第四期"重走剑门蜀道　探究三国文化　感受自然生态"研学实践教育活动时的合影见图2-9。

图2-8　学生在西安明城墙开展研学实践教育活动

图2-9　学生参加"重走剑门蜀道　探究三国文化　感受自然生态"主题研学活动

各营地均能挖掘当地特色文化资源,并通过场景式、互动式、沉浸式的体验,使中小学生了解传统文化的历史背景、民族精神和文化内涵,领悟中华优秀传统文化是中华民族的文化根脉的精髓,让传统文化的影响力、凝聚力、感召力更加充分地展示出来,坚定中小学生的社会主义信念和文化自信,提升其社会责任感、使命感。

2.3.3　插上科技翅膀,立志科技强国

习近平总书记指出"好奇心是人的天性,对科学兴趣的引导和培养要从娃娃抓起"。让学生走进科技企业、研究机构、科技场馆、科学实验基地等场所,了解科技产业发展

现状、科技创新成果，学习先进的科技生产、研发和应用情况，提升学生的实践能力、创新精神和社会责任感，树立科技强国的远大志向。

1. **山东潍坊营地**。依托山东航天科技展馆、山东省科学技术宣传馆、山东省防震减灾科普馆、济南市气象局等20多个国家级研学基地，山东潍坊营地研发了"科技储粮""气象观测""探索海洋奥秘"等研学实践AR\VR教育课程42个。2023年组织实施科技研学活动21场次，服务学生2130人天，实现了跨学科融合和虚拟现实融合，激发了同学们的科技强国梦。研学学生参加"探索海洋奥秘"主题研学实践教育活动时的合影见图2-10。

图2-10　学生参加"探索海洋奥秘"主题研学实践教育活动

2. **上海营地（东方绿舟）**。以"科技强国"为主题，2023年上海营地（东方绿舟）组织2万余名研学学生登上了远望号科考船（国家级研学实践基地），同学们聆听了科学家的故事，学习了科学家精神，体验了磁悬浮列车，参观了中国航海博物馆（国家级研学实践基地）；组织5万余名学生参观了江南造船（集团）有限公司（国家级研学实践基地），同学们见证了航空母舰建造的神秘过程，感受到了大国工匠的魅力，领悟了海洋强国的深远意义，坚定了"为中华之崛起而读书"的信念，激发了科技强国的抱负。学生在远望号科考船开展研学实践教育活动的情景见图2-11。

2.3.4　追寻改革开放足迹，增强制度自信

改革开放没有过去时，只有进行时，只有坚持改革开放，中国才能不断发展。"感悟改革开放伟大成就"已成为校外研学实践教育的重要主题，开展以此为主题的研学实践教育活动可以让中小学生近距离亲身体验并感受改革开放带来的巨大变革，激发学生

对党和国家的热爱，坚定学生们制度自信和报效国家的决心。

图2-11　学生在远望号科考船开展研学实践教育活动

1.上海营地（东方绿舟）。联合上海金山营地，上海营地（东方绿舟）与数十家研学实践基地紧密合作，有效整合校内外研学资源，精心策划研学线路。以"走开放之路、看四十年成就、享改革成果"为主题，上海营地（东方绿舟）设计了一系列主题鲜明的研学教育活动，超过50万人次的市内外青少年参与，让学生深刻感受到了改革开放的勃勃生命力。在外滩，以"万国建筑博览群"为背景，让学生感受浦东新区的繁荣景象，深刻理解改革开放是建设中国特色社会主义的必然选择，坚定"道路自信"。研学学生在"东方绿舟"开展研学实践教育活动时的合影见图2-12。

图2-12　学生在"东方绿舟"开展研学实践教育活动

2. 深圳育新营地。依托渔民村村史馆、国贸大厦历史陈列馆、深圳改革开放展览馆，深圳育新营地开展"追寻改革开放足迹"主题活动。2023年，10300名中小学生观看了波澜壮阔的"深圳蝶变""深圳速度"，感受了深圳的变迁与国家开放进步，传承了改革开放精神。深港澳学子赴改革开放展览馆开展国情教育研学时的合影见图2-13。

图2-13　深港澳学子赴改革开放展览馆开展国情教育研学

2.3.5　领略大好河山，激发爱国热情

绿水青山就是金山银山。站在人与自然和谐共生的高度谋划发展，尊重自然、顺应自然、保护自然，建设美丽中国，是全面建设社会主义现代化国家的内在要求，自然教育已成为中小学生研学实践的重要主题。

1. 新疆库尔勒营地。地理位置独特，自然生态资源丰富。新疆库尔勒营地依托博斯腾内陆淡水湖、尉犁县的沙漠与湿地以及塔里木胡杨林等自然景观，设计研发了"西海寄苇闲""生态大发现""细语胡杨度万年"等新疆研学特色课程54个。2023年，新疆库尔勒营地组织开展研学活动64场次，服务学生4万余人天，学生们在参加活动过程中感受祖国壮美山河，培养学生爱国情怀，坚定"制度自信"。研学学生在罗布人村寨学习新疆的地形地貌以及生态环境时的情景如图2-14所示。

2. 辽宁盘锦营地。依托举世罕见的红海滩、世界最大的芦苇荡，辽宁盘锦营地研发"拥抱自然　悦享生命"等主题研学实践课程36个。2023年，辽宁盘锦营地组织开展探寻红滩绿苇、鹤舞鸥翔等活动20场次，服务学生1.8万余人天，培养学生珍爱生命、保护自然的意识。研学学生在红海滩芦苇荡开展研学实践教育活动时的合影见图2-15。

图2-14 学生在罗布人村寨学习新疆的地形地貌以及生态环境

图2-15 学生在红海滩芦苇荡开展研学实践教育活动

3.四川广元营地。依托唐家河、雪溪洞、翠云廊、天曌山等自然地理研学基地，四川广元营地研发"走进唐家河，探秘天然基因库""探秘雪溪溶洞，感悟自然奇观""探寻皇柏古道，保护生态环境""探寻曌照名山，感受康养丽都"等主题研学教育课程27个，让学生走进祖国的秀美山河，探寻自然瑰宝和地质奇迹，培养学生正确审美观，增强生态保护意识。研学学生参加"走进龙门绿珠，探寻天然基因库"主题研学活动时的合影见图2-16。

2.3.6 拨开职业迷雾，尽早职业启蒙

整合社会资源，开发职业体验、职业角色扮演、劳动实践主题活动，通过探索游戏、小组课程、实践体验等方式，为中小学生提供了解自我、认识职业世界的平台，点亮职业发展的灯塔，启迪职业兴趣，立志成为社会主义建设者和接班人。

图2-16 学生参加"走近龙门绿珠,探寻天然基因库"主题研学活动

山西晋中营地。依托"晋中职教港",设计"我是小小会计师""走进高铁梦工厂""我是护理小天使"等研学主题活动;依托"晋中大学城",研发"科技与煤炭""智能制造""智能医学创新工坊"等研学课程;走进企业家、医生、律师等社会职业群体,串接出"医生的工作日常与职业精神""律师的法律思维与辩论技巧""太谷饼的技艺与传承"等研学主题线路。2023年,山西晋中营地组织开展职业启蒙主题研学实践教育活动10场次,服务学生8000余人天。通过实地参观、模拟演练、职业竞赛、职业兴趣测试等形式,从认知领域和技能领域,让学生亲身体验不同职业、认识不同职业,培养学生树立基于国家建设需要的职业生涯规划意识,让学生有了更加精准的职业发展定位。研学学生在"晋中职教港"开展研学实践教育活动时的情景如图2-17所示。

图2-17 学生在"晋中职教港"开展研学实践教育活动

2.4 教育教学范式探索成果

回顾12年中小学生校外研学实践教育的发展历程，经历了试点、推广、转型、发展等阶段。中央彩票公益金支持校外教育项目的实施，按下校外研学实践教育的"快捷键"、跑出了"加速度"。研学实践教育在资源开发、主题活动设计、课程研发、主题线路的串接、组织与实施等方面逐步实现了"结构化设计、一体化推进、规范化运行"。

2.4.1 以学生素质发展为中心，结构化设计五大教育目的指向

适应教育高质量发展的需要，以学生素质发展为中心重构教育目的指向。五大板块中"优秀传统文化"和"革命传统教育"板块的教育目的侧重指向文化传承与创新教育，"国情教育"板块侧重指向责任与担当教育，"国防科工"板块侧重指向科学技术教育，"自然生态"板块侧重指向自然教育。在大量实证研究与深度分析的基础上，逐渐形成了"文化传承与创新教育""责任与担当教育""科学技术教育""自然教育""启蒙教育"五大教育目的指向。以教育目的指向整合研学实践教育资源、丰富研学实践教育内容，引领研学项目设计进一步突出教育性，开启了研学实践教育"新赛道"。

2.4.2 以教学计划与策略为统领，一体化推进研学教育内涵建设

针对校外研学实践教育与校内教育基础衔接不紧密、营地与周边主要优质研学资源联动不充分、研学实施方案设计不规范等问题，遵循教育教学规律，结合研学实践教学实施特点，采用项目驱动法，将教学目的指向、资源配置、重难点分析、策略运用、实施方案设计等一体化纳入教学计划与策略列表，形成研学实践教育目标、设计、实施、评价的运行闭环，为高质量推进研学实践教育内涵建设提供"导航仪"和"工具包"。

主题设计： 主题活动由若干单元或活动组成，根据研学目的、内容、要求、受教育者等学情要素设计1~5天的教学时长。本着"以营地为枢纽、基地为站点"的原则，围绕项目主题指向的教育教学目的性，充分利用和调配优质校外研学资源，规划研学线路，对标国家颁布的课标，进行学情分析。按学段分别列示校内教育基础，反映研学实践教育活动与校内某学科及其教育教学内容的有机衔接。针对性地研发研学课程，基于项目所属课程的"价值体认""责任担当""问题解决""创意物化"教学目的，综合设计主题活动，充分彰显了校外研学实践教育活动的主要目的。教学策略运用：突出实

现项目目标、完成项目任务所采用的方法、步骤、组织形式等，体现师生间真实的连续交流内容。教学环节设计：教学导入环节——老师通过多种方式引起学生学习探究的兴趣，着重列示了导入方式与资源配置；教学授课环节——向学生展示所要学习的内容，帮助他们理解、掌握知识和技能，着重列示了知识点；教学进级环节——主要是帮助学生通过思考（明确主题）和讨论深入理解知识，通过反复多次练习熟练技能，提高学生学习能力和思维能力，着重列示思考的主题与练习纲要；教学巩固环节——帮助学生巩固所学知识和技能，提高他们的记忆力和理解力，并将所学应用于生活实际，着重列示该阶段的教法、学法；教学总结环节——对所学内容进行总结和归纳，帮助学生对知识技能有一个清晰的认识，着重列示需要学生了解掌握的要点；教学评价环节——着重列示对学生的学业评价和对教学质量的评价方式和实施方案。

2.4.3 以研学教育评价改革为抓手，提升项目规范化运行质量与效能

按照"改进结果评价，强化过程评价，探索增值评价，健全综合评价"的原则，实施校外研学实践教育多元评价改革。聚焦学生素质发展，采用形成性评价与总结性评价相结合的方式，制定评价标准，实施动态监测，全方位评价学生的"价值体认""责任担当""问题解决""创意物化"目标达成情况。聚焦研学实绩，开展研学教师教学水平评价改革，基于教师、学生和社会多元化视角，组织开展自我评价、学生评价、同行评价及社会评价，强化评价结果应用，打造有温度的评价体系，对评价结果为优秀的教师进行激励表彰和示范展示，对教学能力有待提升的研学教师，开展针对性的培训和指导，考核培训效果。充分发挥研学实践教育评价的"指挥棒"作用，提高研学实践教育质量。研学实践教育活动过程评价表（例表）如表2-1所示。

表2-1　　　　研学实践教育活动过程评价表（例表）

评价项目	完成情况	自我评价			他人评价		
		优秀	良好	加油	优秀	良好	加油
学习态度	参与研究活动的积极性高，认真投入，能积极学习相关的知识和技能						
合作能力	在小组讨论中积极发言，认真思考其他同学的建议，提出独到见解						
信息能力	能够从网络、图书馆中搜集到丰富的资料						
调查能力	搜集到的资料，其来源、作者、内容摘要等信息应记录清晰						
动手能力	搜集到的曹家创业资料有序分类整理，从中总结出创业需要的条件以及项目的选择						
反思能力	在活动中能虚心听取他人的建议，不断进行自我反省，发现问题及时更正						

续表

评价项目	完成情况	自我评价			他人评价		
		优秀	良好	加油	优秀	良好	加油
展示能力	在展示过程中做到图文并茂、内容丰富；资料重点突出，详略得当，线索分明，吸引观众						
综合评价	在活动过程中高效完成研学主题，活动成果质量高、有创新，团结同学，遵守纪律，圆满完成个人承担的活动任务						
备注	小组内可以先充分讨论，说一说自己在这次活动中的所得所失、所思所想，然后再来填写评价表，做到评价真实有效						

2.5 运行机制探索成果

"十三五"以来，中央财政安排专项彩票公益金支持中小学生校外研学实践项目建设，资金分配适度向经济欠发达地区倾斜，优先支持包括重点监测户在内的特殊需要资助的学生，参加营（基）地以及校外活动场所组织开展的公益性校外教育活动。近年来，国家通过中央专项彩票公益金建设了国家级营地72个，打造了中小学生研学实践国家级基地642个，支持校外活动场所超过1800个，初步建成了一个"以营地为枢纽、基地为站点、校外活动场所为必要补充"的校外研学实践教育网络体系，极大地满足了校外教育需求。

下一步要创新校外研学实践教育网络体系的运行机制，充分发挥营地的枢纽作用，加强营地和基地之间的联动，深度挖掘不同行业资源的教育属性，发挥好基地的站点作用，把"点"串成"线"，把"线"织成"网"，推动研学实践教育资源实现互联互通、共建共享。

山东潍坊营地：

针对各类研学营地、研学基地、普通学校、科研院所之间联合共建不足，优质研学资源共建共享力度不够，深度融合育人不充分等问题，山东潍坊营地积极探索五维联动优质研学资源共享新模式，推进与国家级营地、国家级基地、全市大中小学校、科研院所、机关企事业单位等共建共享，打造了一批示范性研学旅行精品线路，建立了一套合作共享、互利共赢的优质研学资源联动新模式。

山东潍坊营地构建了五维联动优质研学资源共享新模式，五维联动是指与国家级营地联动、与国家级基地联动、与学校联动、与科研院所联动、与社会联动，致力于共享研学资源，建立合作联动。与国家级营地联动，开展省际研学，组织四川、新疆、西藏等省际研学20余期；与国家级基地联动，实现省内31家国家级研学基地联动全覆盖。

立足地域特色，突出个性化，打造"研学潍坊"品牌和"省际研学圈"模式，深挖研学资源，与省内外各行业研学资源单位共同研发优质课程，深挖实践内涵，拓展研学领域，开发多主题优质研学课程，拓展研学实践渠道和对象，不断丰富研学实践的价值和内涵。

近三年，已与省内外56家研学基地、学校等签署合作协议，开发实施了60条研学线路、180多门研学课程，其中34条研学路线获省级以上奖励，出版《一起去研学》研学实践指导手册等著作4部。完成了新疆、西藏、四川、重庆、山西等省际研学实践，每年服务4万余名中小学生开展研学实践活动，综合满意度达99.7%以上。

山西晋中营地：

山西晋中营地凝聚研学实践教育合力，充分发挥营地枢纽作用，联动周边研学基地，开展"行走的大思政课"构建合力育人新格局，纵深研学实践教育内涵，生动地回答了"培养什么人、怎样培养人、为谁培养人"这个问题。

山西晋中营地作为"劳模·工匠精神传承教育基地"，深入开展了一系列"赓续红色血脉　传承劳模精神"思政大讲堂。思政教育不再只是思政教师的工作，思政课也冲破了传统课堂的围墙，"行走的大思政课"是校内外教育资源的聚焦发力、精准发力，让全社会勠力同心。

高校作为为党育人、为国育才的主要阵地，是大中小学思政教育有效衔接和螺旋上升的有效场所。山西晋中营地带领学生对话驻地高校，利用高校资源开启"行走的大思政课"，近5000名博士开展"博士大讲堂"，围绕教育融通创新、产学研一体化、师资队伍建设、学术课题研究、科研成果转化、人才联合培养、人才智库建设、共创研学平台、研学项目升级等重点，通过营地和高校携手，打通"大中小学思政教育一体化"路径。

山西晋中营地擘画的以营地为中心、向四周全方位辐射的"行走的大思政课"，秉持"理论有深度、实践有广度、生命有温度"理念，构建"大中小学思政教育一体化"晋中路径。路径实践架设师生、课程、资源三个行走大格局，搭建大资源平台，优化"大思政课"教学体系；丰富大师资体系；构筑"大思政课"生态圈，更好地服务于学生成长成才。

山西晋中营地通过"大思政课"理念，把校内"思政小课堂"链接"社会大课堂"，展现出国家改革发展中一系列生动事例和客观成果，实现了理论教学与社会实践相统一，帮助学生在社会实践中胸怀"国之大者"，感受"中国力量"。"行走的大思政课"丰富了校内"思政小课堂"的实践目标，也细化了"大思政课"的育人效果，从整体上形成"思政小课堂"与"社会大课堂"有效衔接的育人合力，提升社会实践育人内驱力。

3 问题导向下的探索与实践

3.1 校外研学实践教育师资队伍建设

在研学实践活动过程中,研学教师是制订、实施研学活动课程方案,指导学生开展各类教育实践体验活动的专业人员,是研学实践活动的主要设计者与管理者。研学实践活动的每一次开展,都需要根据参与活动学生人数的多少及其知识水平与结构,来配备一定数量的研学教师。研学教师的素养、能力、管理水平直接影响研学活动的质量和效果。只有做好研学教师的队伍建设和教育教学管理水平的提升,才能够更好地保障研学教师以高素质、专业化的姿态参与研学实践活动,从而确保研学实践活动扎实有效、系统高效地展开。

3.1.1 校外研学实践教育师资队伍建设若干思考

3.1.1.1 研学教师的角色定位

对于学生来说,通过研学实践探究实践问题,拓宽见识,提升实践能力,是一次宝贵的经历。而研学教师在整个研学实践过程中起着至关重要的作用,在研学实践过程中的不同阶段,研学教师有着不同的角色定位。

(1)组织者

研学教师需要按照研学活动设计方案,对研学活动的各个环节进行组织和安排,包括交通、住宿、饮食、安全等方面。他们需要与相关的基地和人员进行沟通和协调,确保研学活动安全、顺利进行。

(2)引导者

研学教师应以学生为主体,根据研学课程任务,引导学生发现问题、提出问题、解决问题。教师在引导学生参与探寻各板块研学活动时,应在全面了解学生已有认知的基础上,主动与学生进行交流与探讨,引导学生融入研学实践全过程,增强学生对研学内容的认识,而不是停留于浅表化的理解认知层面。

（3）参与者

研学教师需以学生视角积极主动地参与到学生的活动中，成为学生学习与实践中的良师益友，充分了解学生的所闻、所见、所想、所思，更好地促进学生认知、情感及行为等方面的持续发展。

（4）监管者

在研学实践时，研学教师要对车辆的出行点、时间、住宿安排等做好统筹规划，发挥自身监管者的角色功能，及时关注学生在研学中可能会出现的问题，避免出现问题影响到研学活动的顺利实施。

（5）评估者

研学教师不仅需要对活动进行评估，包括对活动的组织、指导、安全等方面进行评估，同时，还需要根据预先制定的研学目标，遵循评估结果的指导性、教育性、可发展性等原则，对学生进行评估，包括对学生的学习态度、学习效果、学习成果等方面的评估。

（6）分享者

在每节研学课程结束后，研学教师应带领学生做一些分享、回顾和总结，研学教师可以将研学感悟分享给学生，学生也可以把研学中的所思、所想、所感分享给教师，内容不局限于活动之内，在这个过程当中教师要引导他们向积极、正面的方向思考发展，让学生能够学会一些在学校或者家庭当中学习不到的能力或品质。

3.1.1.2 研学教师的工作职责

研学教师的素养、能力、管理水平直接影响研学活动的质量和效果。

（1）活动准备阶段

在研学实践之前，研学教师需要与学校和基地沟通合作，制定计划和安排；需要了解学生的需求和兴趣，选择合适的研学目的地和活动。同时，他们还需要协调各种资源，如交通、住宿和餐饮等，确保行程的安排妥当。

为学生提供活动主题选择以及提出问题的机会，引导学生构思选题，鼓励学生提出感兴趣的问题，并及时捕捉活动中学生动态生成的问题，组织学生就问题展开讨论，确立活动目标内容。

要让学生积极参与活动方案的制定过程，通过合理的时间安排、责任分工、实施方法和路径选择，对活动可利用的资源及活动的可行性进行评估，增强活动的计划性，提高学生的活动规划能力。同时引导学生对活动方案进行组内及组间讨论，采用合理化建议，不断优化完善方案。

（2）活动实施阶段

研学教师要创设真实的情境，为学生提供亲身经历与现场体验的机会，让学生经历多样化的活动方式，促进学生积极参与活动过程，在现场考察、设计制作、实验探究、社会服务等活动中发现和解决问题，体验和感受学习与生活之间的联系。

研学教师要加强对学生活动方式与方法的指导，帮助学生找到适合自己的学习方式和实践方式。教师指导重在激励、启迪、点拨、引导，不能对学生的活动过程包办代替，同时，还要指导学生做好活动过程的记录和活动资料的整理。

（3）活动总结阶段

研学实践结束后，研学教师需要帮助学生对所学知识进行总结和归纳，要指导学生选择合适的成果呈现方式，鼓励他们用多种形式进行结果呈现与交流，如绘画、摄影、戏剧与表演等，对活动过程和活动结果进行系统梳理和总结，促进学生自我反思与表达、同伴交流与对话等能力提升。

此外，研学教师还要指导学生学会通过撰写活动报告、反思日志、心得笔记等方式，反思成败得失，提升个体经验，促进知识建构，并根据同伴及教师提出的反馈意见和建议查漏补缺，明确进一步的探究方向，深化主题探究和体验。

3.1.1.3 研学教师应具备的基本素质

研学师资队伍是研学实践的中坚力量，也是在研学活动中维系学生情感、实施素质教育的主要责任者。角色职责的综合属性，决定了研学教师所应具备的素质必定是多元化与综合性的，更是开放与充满张力的。除了要具备基本的教育学素质、心理学素质、学科专业素质、传统文化素质之外，尤应具备现代文明与现代科技等素质。

（1）思想

一是爱国守法，尽职尽责。研学实践就是要让学生在感受祖国自然美景、感受中华民族传统美德、感受革命光荣历史、感受新时代发展的过程中，增强和坚定自己的理想信念，因此，研学教师必须要站在国家未来和民族利益的高度，以国家和人民利益为重，才能组织好研学实践课程的实施，才能言传身教、影响学生。尽职尽责也是对研学教师的基本要求，尽职就是要热爱自己的事业，热爱学生，敬畏并遵从教育规律；尽责就是要对教育事业怀有强烈的责任心和使命感，牢记立德树人的使命和对学生未来成长的责任义务。同时，研学是让学生走出校园、走出课本，走向真实社会并参与、体验社会的过程，研学教师必须遵循爱国、爱人民的基本准绳，以法律、法规为行为准则，引导学生依法行使权利、履行义务。

二是要关爱学生，立德树人。研学教师要以平等的姿态对待每位学生，一视同仁，尊重不同学生的性格及学识水平差异，关注学生心理健康，关注学生成长变化。另外，研学教师还应该在研学过程中遵循教育规律，时刻关心爱护学生，履行立德树人职责，通过活动赢得学生的尊重和认同，激发学生的兴趣，开发其潜能，促进学生全面发展。

三是为人师表，开放包容。研学教师的一言一行都将潜移默化地影响学生，因此，研学教师要更加注重自我道德修养，培养诚实守信、自尊自信的优秀品质，要严于律己，以身作则，为人师表；要能够接受不同的观点和文化，并尊重学生的差异。在研学活动中，学生的背景和文化不同，教师需要尊重学生的差异并接纳不同的观点，从而引导学生进行深入的学术探究。

（2）文化

基础知识。包括教师职业基本知识、研学基础知识及相关学科知识。一个合格的研学教师，不仅要有丰富的育人及课堂教学知识，还要有广阔的视野和广博的知识文化储备。

教育学、心理学知识。研学教育实践活动的主体是学生，研学教师要能够随时解答学生各个方面的困惑。因此，要具备一定的教育学、心理学素养，懂得用科学、专业的方法来教育学生，这将直接影响研学活动的品质和成败。

研学实践知识。首先，研学指导教师要明确研学实践的目的；其次，要明确研学的重要事项，包括安全事项等；最后，要让学生明确研学实践的探究方向，引导学生思考与感悟。

学科专业素质。对于与研学项目相关的其他学科领域，如历史、文化、艺术等，研学教师也应有一定的了解，还需要具有深厚的人文素养。研学教师应关注人类文明的发展和传承，对人类文化的多样性、复杂性有深刻的理解，在面对不同研学情境时能够求同存异，兼容并包。同时，研学教师还应具备一定的人文关怀，关注学生的情感需求和心理状态，尊重学生的个性差异，帮助学生解决生活和学习中的问题。

（3）身体

在研学实践的实践活动中，会面临许许多多不同的情形和复杂多变的环境，因此作为一名合格的研学教师，应具备良好的身体素质。

首先，研学教师需要具备健康的体魄，能够承受一定的身体压力和疲劳。在研学活动中，教师需要带领学生参加各种户外活动，因此需要具备较好的耐力和体力。

其次，应具备一定的适应能力。研学教师需要具备适应不同环境和气候的能力。在研学活动中，教师可能会带领学生前往各种不同的地方，包括高山、河流、森林等，因此需要具备适应不同环境和气候的能力。

最后，应保持充沛的精力。面对所有未知情形，保证能够在高强度的工作中保持良好的状态。在研学活动中，教师需要具备充沛的精力和耐力，能够应对各种复杂的情况和挑战。

3.1.1.4 研学教师应具备的基本能力

研学教育是通过实践活动与学术研究相结合的方式，培养学生的创新精神和实践能力，研学教师不仅需要具备传统教师的基本素质，还需要具备一些特定的能力，以适应研学教育的特点。

（1）教育教学能力

研学教育强调学生的实践能力和创新精神，因此，研学教师需要具备创新的教学能力。包括设计富有创意的研学项目，激发学生的学习兴趣和探究欲望；灵活运用多种教学方法和手段，如案例分析、小组讨论、实地考察等，以提高教学效果；关注学生的个性差异，因材施教，让每个学生都能在研学活动中得到充分的锻炼和成长。

研学课程强调学生的主体性，研学教师则主要是引导和指导活动的顺利进行。这要求研学教师要不断更新教育理念，探索更加适合指导学生的方法和技巧。在整个研学活动中，学生处在研学活动和管理的中心，对于研学课程目标的达成，发挥着核心与关键作用。

研学教师还要重视教与学的互动和交流，提高研学活动的有效性。要随时关注和激发学生的学习兴趣，调动与发挥好学生学习的主动性，对整个研学实践活动过程实施有效、高效、合理、有序的管理和掌控。在活动中，研学教师要让学生的眼光不仅仅局限于知识层面，还要让每个学生都能发现和发展自己的长处和优势，培养其自信心，要引导学生在研学活动中树立正确的人生观、世界观、价值观，要让学生不断追求新突破、新高度。

（2）策划组织能力

研学教师需具备出色的策划和组织能力，对研学实践活动实施过程及其后续工作的各个项目做好策划与设计。教师要在综合考虑校内教学内容、学生知识结构与水平、研学实践基地特点的基础上，根据学生的年龄、兴趣和学习需求，对研学实践活动的主题、目标、流程环节、主要内容等进行精心的设计与安排，确保每一次研学实践都能达到预期的教育目标。

（3）跨学科整合能力

研学实践是一门特殊的跨学科课程，通常涉及多个学科领域的知识，因此，研学教师需要具备跨学科整合的能力。根据参加研学实践活动学生的学情和实践资源的特点，学生应能够将不同学科的知识有机结合起来，遵循课程的教育性、整体性和实操性原则，进行研学实践跨学科课程的开发和设计，引导学生通过实践活动去发现和解决问题，促进学生的全面发展。

（4）协调组织能力

在研学实践过程中，研学教师的协调组织能力影响着整个活动开展的效果。研学教师必须要有一定的沟通技巧和活动组织能力，要与活动开展的多方主体进行沟通与协调，才能确保研学实践活动的有效开展，这些能力将体现在研学教师从教学开发到活动组织的全过程。

首先，在面对学生主体时，既要从学生实际情况出发，借助启发引导的方式帮助学生解决活动开展中所遇到的难题，在此基础上还要发挥出不同学生的能力优势，激发学生的活动热情，通过与学生沟通交流与合作，建立起相互信任、和谐友好的师生关系。

其次，在面对家长主体时，教师应充分利用家长会、家校通、社交媒体等途径宣传研学实践活动政策与目的，使家长和学生对其形成正确的理解与认识。要提前明确研学时需要注意的各类事项，做到及时与家长沟通，并做好紧急情况的处理预案。

再次，在面对研学教师主体时，能够与其他研学教师针对研学实践活动进行沟通研讨，形成合力，及时对接活动，并处理好各类研学中可能遇到的情况。

最后，在研学过程中，研学教师需要与校方带队教师、研学营（基）地、车队、研学地等其他各类主体进行多方沟通。研学教师在落实研学活动流程的过程中要与各种角色打交道，要随时处理好与研学活动参与各方之间的关系，为学生开展研学活动提供安全、舒适的环境与场地。

（5）随机应变能力

研学实践活动中，教师要拥有卓绝的教育智慧，从而充分地调动起学生参与研学实践活动的积极性。研学实践活动是动态生成的，而不是预设的。学生在研学活动过程中的学习表现、互动情况、活动进展情况都无法预料，活动过程中可能出现一些突发状况，这时需要研学教师具有随机应变、化解矛盾、及时有效地解决突发问题的能力，确保活动的顺利、有序、有效展开。

在研学实践中，教师还可能遇到学生的质疑，这时，教师不应否定学生，而应该鼓励学生深入探究，适时地激发学生的好奇心和求知欲，引导其在研学实践过程中自主地探究问题和解决问题。

（6）心理疏导能力

在实施研学实践时，研学教师要及时关注学生的情感变化，对学生进行正确的引导。要结合实践内容，及时适当地对学生进行引导、激励和帮助，借助优秀文化教育助力学生形成良好的文化素养，塑造出丰富的精神世界，为学生知情意行的发展提供良好的支撑，促进学生全面发展。

（7）危机处置能力

安全性是开展研学活动的第一原则，研学教师应具备与研学活动相适应的危机处理能力。在研学活动展开前，研学教师要根据研学过程中天气与交通、食品卫生、疾病预防、可能发生的安全隐患等情况，组织制定研学活动安全方案，落实具体措施要求，对学生进行全方位的安全教育，并制定在研学活动过程中每个重点安全环节的纪律要求。在研学活动中，要落实好各方安全责任方案和实施细则，与家长签署好安全责任书。把安全责任落实到参加研学活动的每个具体的人，包括校方带队教师、研学地教师及交通等相关机构人员。如遇突发情况，研学教师应在紧急情况下迅速作出决策，保障学生的安全和研学活动的顺利进行。

（8）反思评价能力

研学活动结束后，研学教师需要对学生的表现进行反思和评价，需要总结研学活动的成果和不足，分析学生在实践活动中所展现出的能力和潜力，为学生提供有针对性的反馈和建议，促进学生的持续发展。

（9）研究与创新能力

研学教师需要具备相应的研究与创新能力。研学教师要能够围绕以往开展的研学实践活动，借助教育教学和研学实践已有的相关理论，挖掘研学活动中潜在的问题，采用多种研究方法探究存在的问题，并寻求解决问题的有效途径。

研学实践活动各个环节的改进与完善，也迫切要求教师具有创新精神与创新能力。教师的创新能力体现在能够吸收新理念、运用新方法，在研学活动中自觉地开发出新颖的活动，实施新的方案。有研究和创新能力的教师往往会设计出与众不同的研学实践主题，开发具有内涵与教育价值的研学活动资源，采取比较新颖的、别具一格的活动方式，调动学生参与活动的积极性。

（10）持续学习和发展能力

研学教育是一个不断发展和变化的过程，需要教师具备持续学习和发展能力。要关注教育领域的新理念、新方法和新技术，不断更新自己的教育观念和教学方法；要积极参加各类培训和学习活动，提升自己的专业素养和教学能力；同时，教师还应具备自我反思和自我评价的能力，在研学教育的实践中不断完善自己。

3.1.1.5 研学教师专业能力的培养路径

保证研学实践活动的实施效果和教育价值，需要从强化建设教师队伍、提升研学教师专业能力做起。

（1）加强专业培训

研学实践不同于课堂教学，它是走出课堂的校外教育活动。教师持着模糊观念参与到研学实践活动中去，很难确保研学实践活动的实效性。教育行政部门和学校要从研学实践活动的实际需要出发，在培训中有针对性地培养教师参与研学活动所需的专业能力，将教师专业培训落到实处。

首先，引导教师加深对研学实践活动的认识。针对研学活动的政策解读、本质特点和实践策略等基本问题，对教师开展主题培训活动，通过主题培训提升教师的政策理论水平。其次，引导教师增强有关研学实践活动的知识储备。学生参加研学活动的关键在于"学"，教师需要对学生进行知识讲解和方法引导，这要求教师要有扎实的专业基础和良好的文化修养。最后，开设以案例分析和实践经验学习为主题的培训课程，以提高教师组织研学活动的业务能力。通过对研学活动案例的分析和对优秀教师实践经验的学习，从中吸取前人的经验教训，提高自身的业务能力。

（2）丰富实践经验

采取灵活多样的方式，为教师提供平等参与的机会，鼓励教师积极主动地成为研学实践活动的实践者，在活动实践中塑造自身能力。

（3）增强自主发展意识

一是明确研学实践的教育价值，增强教师自主发展意识。研学实践是对课堂教学的一种延续，对学生校内学习内容的巩固与拓展具有重要的意义，同时，在带领学生参加研学活动的过程中，教师也可以开阔视野，丰富自身的文化积淀。

二是明确研学实践活动对教师能力的基本要求。研学教师是研学活动有效开展的关键主力，因而需要具备扎实的知识功底和较强的综合实践能力，教师只有认识到自身现有能力与研学实践需求之间存在的差距，才能积极主动地寻求自身专业能力的发展。

（4）营造良好交流环境

教育行政部门应积极组织研学教师开展经验交流活动，为教师营造良好的沟通交流环境。

一是开设研学教师工作坊，实现教师间的研讨交流。以研学活动案例为参照，教师可以针对案例中的各个环节进行分析讨论，从而学习成功经验，汲取失败教训；有研学实践经验的教师可以采取讲座的形式向其他成员分享自己的实践经验和需要注意的事项，帮助新教师积累实践经验；探讨交流研学课程资源开发思路与经验，分享优质研学课程资源，实现优势互补。

二是利用社交软件，创建研学教师经验交流群，实现线上与线下结合。教师可以充分利用社交平台实时分享研学活动相关资源和动态，交流讨论经验教训，分析案例等。经验共享机制给教师提供了交流、学习的机会，帮助教师学习别人的成功经验，从而有利于提高教师的能力。

三是建立教师轮流参与的机制。研学活动中教师的组织管理能力和沟通交往能力等需要在实践中进一步加以培养，营地要定时定期安排研学教师到其他营地实践锻炼，采取教师轮流参与的方式，保证每位教师都有机会参与活动。可以采取"教师帮带"的形式，让缺乏经验的新教师跟随具有熟练经验的老教师参与到研学实践活动中，在观摩中学习成功的经验，在实践中提高自身的综合能力。

3.1.1.6 建立研学教师专业成长培养机制

（1）创新人才聘用制度

有针对性地聘用非遗传承人、专业技术人员担任兼职研学教师。他们在实践和专业领域上有突出的优势，但在现代教育管理、驾驭研学实践活动、因材施教、把握正确研学实践方向的能力等方面尚存在不足。为此，营地可以通过强化岗前学习、培训来提升他们关于师德、教育思想、研学能力等方面的素质，提高他们的研学教师水平。

（2）着重提升研学教师综合能力

为促进研学教师的专业发展，从育师德、强师能、健师心三个方面着手，建设一支学习型、研究型研学教师团队。

育师德。研学教师是学生研学实践活动中的领航人，研学教师必须有博大的胸怀，必须真诚而又无私地爱我们的学生，引领学生圆满完成研学实践活动，让学生在充满爱的环境中快乐研学。

强师能。

一是自我剖析，制订个人的成长规划。营地可以引领研学教师制订自身发展规划，形成自我发展的需求。研学教师通过自我剖析，分析优势和不足，规划在未来的发展方向。营地领导则根据研学教师的发展目标，搭建适合每位研学教师的平台，促使其发展。

二是强化学习，获得专业发展的不竭动力，扎实开展研学教师教研活动。充分发挥业务领导的引领作用，深入开展研学教师业务提升工程，通过各级培训交流活动，使研学教师思想上产生碰撞，业务上得到提升。

三是开展课题研究，促使研学教师向研究型教师转变。营地在研学活动中充分调研，总结研学教师研学中的困惑与疑问，针对共性问题确立校级课题研究，使所有研学教师每天都带着一颗思考的大脑从事平凡的工作。

四是专家引领，打好研学教师发展的根基。营地要创造机会让研学教师走出去，听专家讲座、名师讲堂，让他们能够聆听到窗外的声音，通过专家的传经送宝，丰富研学教师的研学智慧，给他们打开一扇窗，看到丰富多彩的世界，研学教师的观念不断发生着改变，技能和素质在这个过程中得到提升。

五是骨干先行，推动研学教师队伍的整体发展。营地提高研学教师专业素质的途径就是抓点串线铺面，从而提高基地的整体水平，不断完善自我，实现着自己的人生价值。

健师心。为使研学教师健康地生活、愉快地工作，营地领导要融入研学教师中去，拉近与研学教师心灵上的距离，时时处处关心研学教师，让他们感受到家的温馨。

3.1.1.7 建立研学教师考核和反馈机制

建立公平、公正的研学教师评价指标体系，保障研学教师队伍可持续发展。传统的评价体系较注重对研学教师过去的工作业绩的评价，没有充分体现研学实践活动对研学教师的特殊要求。因此，在构建新的研学教师评价指标体系时，不仅要充分注重研学教师个人之前的工作表现，还应注重研学教师未来发展的潜在能力，既要对研学教师日常研学工作进行评价，又要对研学教师的综合能力进行评价，更要重视评价信息的反馈与沟通工作。

（1）教师考核

要做好研学教师评价工作，需要做好以下几个"坚持"。

坚持全员参与。在研学教师评价的实践工作中，多数营地建立了包括学生评价、同行评价、部门评价和专家评价在内的评价体系，但忽略了对研学教师个人发展性的评价指标。开展实事求是和客观公正的自我评价，有利于研学教师深刻反思、激发潜能。

坚持全面评价。研学实践活动对研学教师的要求是全方位、多层次的，岗位针对性较强，考核内容要反映研学实践活动过程。因此评价时，不仅要坚持公开、公正、透明的原则，还要坚持定性与定量相结合的评价原则，同时还要考虑到研学教师的多样性和研学教师发展的层次性，坚持从不同层面、不同角度进行综合评价的原则，以提高评价的准确性和科学性。

坚持全过程评价。从发展角度出发，用动态的评估方法对研学教师工作的全过程各环节进行评价。利用现代信息技术对研学教师业绩档案进行科学管理，并有效应用于研学教师评价工作，提高研学教师评价的可靠性，研学教师评价指标应能体现研学教师向理想目标努力的发展过程。在重视结果评价的同时，要加强对研学教师纵向发展的评价，力争将评价贯穿于研学教师的工作与成长过程。

（2）家长反馈

家长对研学教师的评价可以为研学教师提供有益的反馈，帮助研学教师及时调整、改进自己的研学指导方法和策略。教育教学是个相互交流的过程，研学教师通常需要通过学生和家长的反馈来了解自己的不足之处，在这个过程中，家长的评价可以提供不同的视角，帮助研学教师更全面地了解研学实践活动的效果，从而改善自己的不足。

同时，家长对研学教师的评价也是研学实践活动质量监控的有效手段之一。营地可以通过家长的评价来了解研学实践活动的整体情况，进而进行研学评估和研学质量的监测，及时发现研学实践活动中存在的问题，并提出改进意见，以提高研学实践活动的质量。

（3）学生反馈

学生评价是指学生对研学教师在研学实践活动过程中的表现、态度等进行评价的行为。

学生评价反映研学效果。学生评价可以反映研学教师在研学中的表现和研学实践活动的质量，从而帮助营地和研学教师了解自己的优劣之处，及时改进方法和提高研学质量。

学生评价促进研学改革。通过学生评价可以发现研学中存在的问题和不足，从而促进研学改革，改进研学课程设置，提高研学实践活动质量与效果。

学生评价有助于提高研学教师职业素养。学生评价可以促进研学教师的职业发展和提高研学教师的职业素养，让研学教师更加关注学生的需求和成长，提高研学实践活动质量。

学生评价可以增强学生参与感。学生评价可以促进学生参与教育管理，增强学生的参与感和主人翁意识，提高学生的研学积极性。

学生评价是一种很好的研学管理方式，它可以反映研学效果，促进研学改革，提高研学教师职业素养，同时也可以让学生更加积极地参与到教育管理中来，为营地和研学教师提供宝贵的意见和建议。

3.1.1.8 建立研学教师激励机制

营地需要制定一整套方案和激励机制来激励研学教师参加实践的热情与积极性。营地可以把参与研学实践活动作为教师评优评先和提高福利待遇的条件之一，以便有效地调动教师参与研学实践的积极性，吸引更多的教师参与活动。

（1）薪资

提升教师的福利待遇。提高研学教师的福利待遇是增强研学教师队伍的吸引力和稳定性，全面提升研学教师队伍水平的重要手段，包括提高研学教师的工资水平、完善研学教师的社会保险制度、提供良好的工作环境和教育资源等。只有在物质和精神福利同时得到保障的情况下，才能吸引更多的人才从事研学教师这项工作。

（2）荣誉

为研学教师设置相关荣誉，鼓励研学教师良性竞争。建立研学教师奖励制度，奖励在研学实践活动过程中作出突出成绩的老师，可设立优秀研学教师奖、优秀研学课程设计奖、优秀研学领队奖等，并在每年教师节或其他较为有意义的日子进行颁奖表彰。

（3）发展

打造良好的研学教师职业发展通道，让有能力的教师走上研学领队的岗位。对部分优秀、有贡献的青年研学教师提拔任用，通过广泛交流观察发现人才，凭借实绩挑选人才，立足日常工作考察人才，让一部分能干事、想干事、干成事的年轻同志得到重用。同时，还应该建立一套公平公正的评价机制，用于评定研学教师的职业成就和贡献，确保研学教师的晋升和薪酬与其实际表现相符。

研学教师的队伍建设及其培养途径和方法，牵涉到社会方方面面，是一项系统的、复杂的、宏大的教育工程，既需要做好顶层设计，从国家层面出台有利于研学师资队伍建设和成长的政策保障措施，更需要各级教育主管部门、教育教学及其研究机构、人才培养服务实体等，建立和优化激励机制，在其培养途径和方式方法上敢于尝试、勇于探索，一定会取得新进展、新成果，研学教师这个职业群体，也必将在新的时代征程上，发挥出应有的主体功能，做出更高、更大的贡献。

3.1.2 校外研学实践教育师资队伍建设的有益探索

校外研学实践教育老师不仅仅是教学者，更是学生们的引导者和朋友。他们需要帮助学生们适应新的环境，激发学生们的学习兴趣，引导学生们进行科学探究，同时还需要在学生们遇到困难时提供支持和帮助。打造研学营地的师资团队是一项复杂而重要的任务，我们需要从多个角度出发，采取综合性的策略和方法，才能建立起一个高效、专业、有影响力的师资团队。只有这样，我们的研学营地才能真正发挥其潜力，为学生们提供最好的学习环境和经验。

3.1.2.1 重庆铜梁营地：创新方法　建设专业型多能型研学教师队伍

重庆铜梁营地突出实践导向，建立专业化人才队伍，做好研学教师队伍规模的加法，专业的人做专业的事，大力培养具有良好科学素养的时代新人，打造出一支有能力有担当的研学队伍。

（1）背景

教师是研学实践课程实施的"人力"保障，教师队伍建设是区域研学实践教育高质量发展的关键要素。在实际开展研学实践活动的过程中，存在专业研学教师数量不足、研学教学质量不高、考核评价机制不完善等问题。

（2）主要做法

一是加大投入力度，完善奖励机制，"稳"教师队伍。为进一步激励重庆铜梁营地研学教师成长，形成制度化的教师培训激励机制，提升专职研学教师的工作积极性和工作责任心，一方面，营地班子经过慎重研究，出台了《重庆市铜梁区青少年综合实践基地研学教师绩效奖励办法》，提高研学实践活动专职教师的薪酬，强化绩效奖励，设立符合各学段研学教师要求的考核标准，对优秀的研学教师予以奖励；另一方面，为研学教师和课程规划投入充足的教育经费，在研学教育方面，加强对研学教师的专项指导。

二是内修外学，开展多模式培训，"优"师资队伍。其一，定期邀请研学实践教育工作专家开展教师培训。结合研学实践课程教学实际，按照不同学段学生的年龄特点、认知规律，重点就专业知识、组织管理、安全管理、后勤保障和突发应急处置等方面对教师进行专业培训，提升研学教师指导学生学习、体验等方面的知识与技能。

其二，定期组织研学教师集体备课。为进一步激发研学教师"了解实践学校优秀办学文化、提升营地服务水平"的意识，营地教师先后观摩智慧营地、南川区青少年示范性综合实践基地、万州区中小学综合实践基地等营地研学活动，了解各营地的发展要求和教学模式，并通过集体备课的方式实现教学联动、知行合一，促进研学教师的互学互鉴。

其三，定期组织教师参加研学实践教育活动研讨会。就各研学营地的活动规划、实施途径、重点难点等方面进行经验学习，为自身营地找准定位和关键，构建出创新实践教学新模式。重庆铜梁营地组织教师开展教学经验提炼及推广教研活动的场景见图3-1。

三是健全评价机制，综合考核，"提"教师队伍。一方面，重庆铜梁营地在对学生研学实践活动的学习效果进行评价时，立足于整体，建立了《综合性评价发展档案》，将学生在各个学段的实际表现连接起来，着眼于长期的稳定性评价。另一方面，改变单一的教师评价学生模式，增加了学生教师自评、互评，同时纳入家庭、社会等多方评价主体，构建主体多元化的评价体系。

图3-1　重庆铜梁营地教学经验提炼及推广教研活动

（3）实施成效

重庆铜梁营地通过加大财政支出，扩充专业研学教师，建立起了一支由100余名研学教师组成的师资队伍，开展了10余次研学教师专业培训，60余名研学教师获得中级拓展师证书，极大地提升了教师的研学专业技能，建立健全了教师评价考核机制，完善了教师评价体系，研学教师的专业素养得到显著增强。

（4）经验总结

重庆铜梁营地将实践育人、知行合一理念贯穿研学教师培养的全过程，将知行合一理念落实为实践，加强教师培训，进而优化研学实践教育活动师资队伍结构。完善奖励机制有效帮助研学教师激发了主观能动性，发现自身存在的问题，研学实践教学质量得到显著提升。智慧营地、鄂尔多斯营地的相关代表到重庆铜梁营地考察交流时的场景见图3-2。

图3-2 智慧营地、鄂尔多斯基地相关代表到重庆铜梁营地考察交流

3.1.2.2 辽宁盘锦营地：打造专业师资团队 赋能实践教育发展

近年来，辽宁盘锦营地着力打造高素质专业化研学教师队伍，不断夯实研学实践高质量发展的基础，推动研学实践教育工作的蓬勃发展。

（1）背景

研学实践是整合融通式教育，要让学生在研学课程中产生积极的体验、体悟，从根本上就需要建设一支高水平的教师队伍。

（2）主要做法

一是开展专家讲座，提升专业技能。 一方面开展技术专家讲座，营地聘请大学教授（如大连理工大学教授等）、研学线路中各领域专家（如油田专家、铁路专家等）给研学教师先行讲解线路中的专业知识，让教师对研学知识更内化，在研学活动中，通过问题与活动专业化提升，学生将知识更好理解与吸收。另一方面开展教育教学名师讲座，营地聘请全国优秀中小学教师来给全体营地教师讲解中小学生的心理及思维特点，并提出有针对性的事例让营地研学教师把握学生心理动态发展，同时，名师会讲解优秀教育教学方法，将经过时间检验的优秀教育精华进行分享，对营地教师教学和线路开发大有裨益。辽宁盘锦营地"名家引领见实效 专业提升创辉煌"研学专业能力专题培训会的培训现场见图3-3。

二是激发教师钻研活力，盘活研学思维。 辽宁盘锦营地每学期会举办一次校级公开课展示，由营地全部教师不记名投票，列出课程设置中存在的问题，相互交流，从而使教师队伍的专业技能水平有长足进步。每周五下午进行一次小组教研活动，按学科科目分为场馆组、科技组等，分组进行教研探讨教学中出现的问题。

三是实施教师队伍卓越工程，建立阶梯式培养体系。通过对研学教师的能力、经验、特长等维度的综合评估，辽宁盘锦营地将教师划分为三个层次，分别为青年、骨干和名优。为加快青年教师专业技能提升，充分发挥名优的示范引领和"传、帮、带"作用，在此基础上，营地构建了相应的成长共同体，并为每个共同体制定了详细的成长计划，建立阶梯式培养体系。通过实施这些计划，最终建立起一支觉悟高、观念新、业务精湛、能力出众、擅长创新的师资队伍，以满足教育事业不断发展的需求。

图3-3　辽宁盘锦营地"名家引领见实效　专业提升创辉煌"研学专业能力提升专题培训会

四是科研引领专业成长，交流互联激发智慧。教育要创新，观念要创新，知识要创新，辽宁盘锦营地鼓励教师积极参与省、市、校级课题研究，更新观念，提高教育教学质量。加强社会探索，营地间互动交流，在探索中找到适合自身营地教师成长的最佳路径和方法，辽宁盘锦营地联动各大高校、中小学、研学营（基）地等进行教师互访交流，分享教学资源和经验，共同解决问题。如图3-4所示，以研学实践教育活动高质量开展为目标，辽宁盘锦营地组织了关于"同研共行　实践致远"的思考交流会。

五是完善健全的、有针对性的教师评价体系。一方面成立教学评价工作专责部门，拟定教育教学评价实施方案，规范评价工作操作流程，建立科学的评价体系，对教师的教学效果进行评估和反馈，驱动教师专业成长。另一方面根据教师的评价结果，建立激励机制，对表现优秀的教师给予职称提升、岗位提升等，鼓励研学教师良性竞争。

（3）实施成效

辽宁盘锦营地通过专业培训、合作交流、经验积累、科研创新等方式，以专业思想和专业精神为基石，矢志不渝地打造一支兼具"崇尚道德、崇尚学术、专业精湛、多才多艺、科研创新"等优秀品质的研学实践教师队伍。

图3-4　辽宁盘锦营地关于"同研共行　实践致远"的思考交流会

（4）经验总结

通过定期培训和学习，营地教师的教育教学水平和专业素养得到了显著提高；通过加强对教育理念的宣传和推广，教师对研学实践的内涵和价值有了更深入的认识；通过与高校师资的紧密联合，使得研学实践教育更加注重理论与实践的结合，提高了教育的针对性和实效性。教师队伍整体素质的提升，直接促进了教学质量的提升，学生的研学活动得到了更加专业和有效的指导。

3.1.2.3　四川广元营地：建设区域联动的研学实践教育师资队伍

（1）背景

为建设一支师资稳定、业务精良、特色鲜明的研学实践教育队伍，四川广元营地以"注重立德、强化实践、引导创新"的办学理念宗旨，以"培养具有社会责任感、实践能力和创新精神的新时代建设者"为培养目标，努力形成"科学严谨、重德尚艺"的教风，"勤于实践、勇于创新、自立自强、报效祖国"的学风，并据此开展校外研学实践教育活动的师资队伍建设工作。充分利用现有营地师资，切实发挥各学校骨干教师专业优势，有效利用民间艺人、行业专家、劳动模范、非遗传承人等人员具备的技能优势，多渠道培训和建设实践教育师资队伍，取得了较好的成效。如图3-5所示，为四川广元营地开展2022年度中小学劳动与研学实践教育指导教师培训的场景。

图3-5　四川广元营地劳动与实践教育研学指导教师培训

（2）主要做法

政府配置，形成稳定核心。为建设一支稳定的校外研学活动师资队伍，由市编委会为四川广元营地配置58名全额财政专职教师岗位编制，形成四川广元营地教师队伍"稳定核心"，成为营地开展校外研学实践教育活动的中坚力量。

特别聘请，注入特色元素。为发扬好、传承好中华传统文化，四川广元营地特别聘请一批诸如麻柳刺绣、白花石刻、唤马剪纸等领域的民间非遗传承人、民间技艺专家等进行授课，传习民间技艺，弘扬中华文化，让"兼职骨干"为营地校外研学实践教育活动注入特色元素。

岗位轮训，培养"种子教师"。为全面推进广元校外研学实践活教育工作，培养更多的有生力量参与校外研学实践教育活动，由市教育局牵头，四川广元营地具体实施，选拔市内中小学骨干教师赴四川广元营地进行挂职、跟岗实习见习和培训培养，为基层学校培养研学教育"种子教师"，相关教师返回原校后，可指导所在学校及区域开展更广泛的校外研学实践教育活动。

定向培训，转为"专职教师"。四川广元营地为推动全市校外研学实践教育工作的高质量、有效推进，对基层学校部分学科教师进行专题专项定点定向培训，使其成为学校开展研学实践教育活动的骨干，并将其转任为研学指导教师，为学校开展研学实践教育培养"专职教师"。

集中培训，成为"指导教师"。四川广元营地充分发挥社会资源优势，并集中定期培训研学目的地、旅行社的研学实践教育从业人员，将其由导游转变提升为研学指导教师。在整体队伍建设中强化安全保障、课程活动组织培训、职业素养培训等，形成全市中小学综合实践教育工作合力。

专家特训，提升师资水平。四川广元营地为提升全市校外研学实践教育活动质量水平，首先从师资水平入手，为提升师资水平，营地采用"走出去、请进来"的方式，聘请校外研学实践教育活动专家，举办专题培训会，对市内各中小学研学实践教育活动教师、各研学基地指导教师进行专题培训，提升其业务能力和职业素养，使之成为我市中小学校外实践教育的骨干力量。四川广元营地教官团队能力提升培训的培训现场如图3-6所示。

图3-6　四川广元营地教官团队能力提升培训

（3）取得成效

教育是一项复杂的工程，特别是校外研学实践教育专业化发展方面还面临很多考验，需要我们冷静面对和深入思考。打造一支专业化师资队伍是营地工作的重中之重，需要实施一系列的培训培养计划，四川广元营地采取"结对子""青蓝工程""请进来、走出去""专家讲坛""教学沙龙"等多种方式，提升服务团队和师资人员的能力水平，全面提升综合素质。截至2023年，四川广元营地以跟岗培训方式为县区学校培养指导教师200多名，以专题培训活动方式培训中小学校综合实践活动课程指导教师1000余人次，转岗培训旅游从业人员100余名、行业技能领军人才50多名，培训管理及后勤服务人员500余人次，形成了以营地为枢纽、基地为站点、学校为支撑的专兼结合、双向发展、业务精良、保障有力的校外研学实践教育师资团队。

3.2　校外研学实践教育资源的开发与利用

随着教育改革的不断深入，研学实践作为一种新型的教育方式，逐渐受到了学校、家庭和社会的广泛关注和重视。研学营（基）地作为研学实践的重要载体，承载着培养青少年综合素质、提高学生生活技能、集体观念、创新精神和实践能力，传承优秀文化、提升国家竞争力的重要使命。近年来，各地教育、文化、旅游、共青团等部门组织密切合作，根据研学实践教育育人目标，结合域情、校情、生情，依托自然和文化遗产资源、红色教育资源和综合实践基地、大型公共设施、知名院校、工矿企业、科研机构等，遴选建设了一批安全适宜的中小学生研学实践教育基地，打造了一批示范性研学实践教育精品线路，逐步形成布局合理、互联互通的研学实践教育网络。然而，我国地域辽阔，城乡和区域间的教育资源分配存在显著差异，这种差异使得研学实践教育的实施难以做到课程在全国有统一的线路和内容，因此，如何有效地开发和利用资源，成为了当前研学营（基）地资源建设的重要课题。

3.2.1 校外研学实践教育资源开发与利用若干思考

3.2.1.1 研学实践教育资源界定与分类

研学实践教育资源，作为推动研学实践教育活动深入发展的核心要素，涵盖了多种条件和素材。这些资源在帮助学生通过实践活动深化理论学习、培养实际操作能力、提升综合素质方面，起到了不可替代的作用。为了全面而精准地利用这些资源，我们需要对它们进行细致的界定和分类。

（1）从资源属性维度划分

从资源属性维度来看，研学实践教育资源可以分为自然课程资源和社会课程资源。自然课程资源主要指大自然赋予的各种教育资源，如自然景观、生态环境等，这些资源为学生提供了直观感受自然之美、探究自然之谜的机会，有助于培养他们的环保意识和科学探究能力。社会课程资源则是指社会生活中各类可以供教育使用的资源，如历史遗迹、博物馆、企业工厂、科研机构等，通过实地参观和体验，学生能够更直观地了解社会的运转规律，加深对书本知识的理解和应用。

（2）从教学空间维度划分

从教学空间维度来看，研学实践教育资源可以分为校内课程资源、校外课程资源及信息化课程资源。校内课程资源主要包括学校的实验室、图书馆、操场等设施，它们是学生日常学习和实践的重要场所。校外课程资源则涵盖了上述提到的各类社会资源，以及社区、家庭等环境，这些资源为学生提供了更广阔的学习和实践空间。信息化课程资源则是指利用现代信息技术手段，如网络、多媒体等，为学生提供的在线学习资源，它们具有便捷、高效、互动性强等特点，是现代教育中不可或缺的一部分。

（3）按课程建设主体层级划分

从课程建设主体层级维度来看，研学实践教育资源可分为国家课程资源、地方课程资源、校本课程资源。国家课程资源主要由国家教育部门统筹规划和开发，具有全局性和指导性。地方课程资源则是由地方政府或教育部门根据地方特色和需求开发的资源，具有地域性和针对性。校本课程资源则是由学校根据自身办学理念和特色开发的资源，具有个性化和创新性。

（4）按呈现载体划分

从资源呈现载体维度来看，研学实践教育资源包括人力课程资源、实物课程资源及活动课程资源。人力课程资源主要是指教师、专家等人力资源，他们是学生研学实践过程中的重要引导者和指导者。实物课程资源则是指各种实物、器材、设备等，它们是学生进行实践操作和实验的重要工具。活动课程资源则是指各种社会实践活动、志愿服务等，这些活动为学生提供了亲身体验和实践的机会，有助于培养他们的社会责任感和团队合作精神。

（5）按是否借助互联网传播划分

以是否借助互联网传播为划分标准，研学实践教育资源可分为线上资源和线下资源。线上资源主要包括网络课程、在线实验平台、虚拟博物馆等，它们具有便捷、高效、互动性强等特点，为学生提供了多样化的学习方式。线下资源则是指上述提到的各类实体资源和环境，它们是学生进行实地参观和实践的基础。

3.2.1.2 研学实践教育资源的特征

一是责任主体的多样性。校外教育的责任主体具有多样性，包括政府、各类团体及个人等。随着校外教育系统开放性的提升及投资渠道的拓宽，其责任主体已扩展为涵盖政府、文化部门、工会、共青团、妇联、科协和企事业单位的多元化系统组织，这种多元化趋势在管理和合作方面带来了挑战，因此，协调各责任主体关系并改善管理体制成为改革和发展校外教育的核心问题。

二是资源内容的丰富性。校外教育资源相较于学校资源，更加多样而丰富，如文化部门、教育基地、社会模范等线下资源，VR世界、多媒体数字化教学和网络信息等线上资源。这些资源不仅数量庞大，而且更新迅速，为学生提供了更广阔的学习空间和机会。

三是资源开发的灵活性。企事业单位、社会组织和红色教育基地等可以依据地方特色和区域需求，开发独特的研学资源，同时，随着科技进步，校外教育会及时纳入新知，吸引学生围绕课程资源开展研学实践教育活动，保证学生获取所需知识。这种灵活性确保了教育资源的有效分配与高效利用，促进了学生全面发展。

四是资源整合的综合性。首先，校内外课程资源的有效衔接是关键，学校需围绕课表对校内知识通过校外教育的渠道进行充分延伸，实现校内外课程的充分衔接与知识的整合。其次，校外教育机构间的协调和组织管理也至关重要，需建立科学高效的管理机制，确保资源的合理配置和高效利用。最后，对校外教育资源相关活动的客观科学评价是资源整合的重要环节，需遵循公正准确的评价原则，全面系统地评估资源使用效果。

3.2.1.3　研学实践教育资源开发与利用现状与趋势

我国研学实践教育资源开发与利用起步较晚，但发展迅速。政府高度重视研学实践教育，出台了一系列政策文件，如《关于推进中小学生研学旅行的意见》等，为研学实践教育资源的开发与利用提供了有力保障。同时，各地教育部门、学校和企业也积极探索研学实践教育模式，通过整合当地文化、历史、自然等资源，打造了一系列研学实践教育基地，吸引了大量学生参与，取得了显著成效。

研学实践教育资源开发与利用也面临一些挑战和问题。一方面，资源开发不足，许多有价值的研学实践资源尚未得到充分利用；另一方面，资源开发利用不深入，部分研学实践项目存在内容单一、形式刻板等问题，难以满足学生多样化的需求。此外，资源共享机制不完善，不同地区、不同学校之间的研学实践教育资源缺乏有效的整合和共享。

针对这些问题，我们一是要加强政策引导与投入，完善资源开发机制，建立资源共享平台；二是要注重研学实践教育的创新发展，探索多元化的教育模式，以满足学生个性化、多样化的需求。正如著名教育家陶行知先生所说："教育要解放人的思想，培养人的创造力。"因此，在研学实践教育资源开发与利用的过程中，我们应注重培养学生的创新精神和实践能力，为他们的全面发展提供有力支持。

3.2.1.4　研学实践教育资源的特点与需求

研学实践教育资源的特点与需求是我们在开发与利用这些资源时必须深入理解和把握的核心要素。研学实践教育资源具有多样性、实践性和创新性等特点，这些资源不仅涵盖了自然科学、社会科学、人文艺术等多个领域，而且强调学生的亲身参与和实践体验，旨在通过实际操作和问题解决来提升学生的综合素质。同时，随着教育改革的深入和社会的发展，对研学实践教育资源的需求也在不断增加，要求这些资源能够与时俱进，满足学生多元化、个性化的学习需求。

研学实践教育资源的开发与利用也面临着一些挑战。一方面，资源的开发需要投入大量的人力、物力和财力，而当前的教育经费有限，难以满足所有需求。另一方面，资源的利用需要合理地规划和安排，以确保学生能够充分参与并从中受益。因此，我们需要建立科学的评估机制和管理体系，对研学实践教育资源进行定期评估和优化，以满足不断变化的教育需求。

3.2.1.5　研学实践教育资源开发与利用的依据

（1）教育政策与法规

教育政策与法规在研学实践教育资源开发与利用中扮演着至关重要的角色。近年来，随着教育改革的不断深化，政府出台了一系列相关政策，为研学实践教育资源的开发与利用提供了有力的支持和保障。

以《关于深化教育教学改革全面提高义务教育质量的意见》为例，该政策明确提出了加强研学实践教育的要求，强调要"注重实践育人，开展研学实践教育活动"。这一政策的出台，不仅为研学实践教育资源的开发与利用提供了明确的指导方向，也为各地各校开展研学实践教育提供了有力的政策支持。此外，各级政府还通过财政投入、税收优惠等措施，鼓励和支持企业、社会组织等参与研学实践教育资源的开发与利用。这些措施的实施，不仅有效促进了研学实践教育资源的丰富和优化，也为研学实践教育的普及和深入发展提供了坚实的物质基础。然而，教育政策与法规的实施也面临着一些挑战和问题。例如，一些地方在执行政策时存在执行不力、监管不到位等问题，导致研学实践教育资源的开发与利用效果不佳。此外，一些企业和社会组织在参与研学实践教育资源开发与利用时，也存在质量参差不齐、缺乏统一标准等问题。因此，为了更好地推动研学实践教育资源开发与利用的发展，我们需要进一步完善相关政策与法规，加大政策执行和监管力度，确保政策的落地生效。同时，我们还需要建立统一的标准和评价体系，规范研学实践教育资源开发与利用的行为，提高资源的质量和效益。

（2）教育理论与实践

教育理论与实践在研学实践教育资源开发与利用中起着至关重要的作用。根据皮亚杰的认知发展理论，学生通过与环境的互动来建构自己的知识体系。因此，研学实践作为一种将理论知识与实际相结合的教育方式，能够为学生提供丰富的实践经验和情境，促进他们的认知发展。在教育实践中，许多成功案例也证明了研学实践的有效性。例如，某地区通过整合当地的文化、历史、自然资源，开发了一系列研学实践课程，使学生在亲身体验中深入了解了当地的文化特色和历史背景，同时也提高了他们的实践能力和综合素质。

在教育理论上，布鲁姆的认知领域教育目标分类理论为我们提供了研学实践教育资源开发与利用的指导。该理论将认知领域的教育目标分为知识、理解、应用、分析、评价和创造六个层次。在研学实践中，我们可以通过设计不同层次的活动和任务，引导学生逐步深入地理解和掌握所学知识，培养他们的分析、评价和创造能力。例如，在研学实践教育活动中，教师可以设计一些具有挑战性的问题，让学生在实地考察和讨论中寻找答案，从而培养他们的分析能力和解决问题的能力。此外，教育理论与实践的结合还需要关注研学实践教育资源的特点与需求。不同类型的研学实践教育资源具有不同的特点和优势，如历史文化资源、自然资源、科技资源等。在开发与利用这些资源时，我们需要根据教育目标和学生的需求进行有针对性的选择和设计。同时，我们还需要关注资源的可持续性和共享性，避免资源的浪费和重复建设。

综上所述，教育理论与实践在研学实践教育资源开发与利用中发挥着重要作用。通过运用教育理论指导实践，结合资源特点与需求进行有针对性的开发与利用，我们可以更好地发挥研学实践的教育价值，促进学生的全面发展。

3.2.1.6 加强政策引导与投入

加强政策引导与投入在研学实践教育资源开发与利用中扮演着至关重要的角色。政策的制定与执行，不仅能够为研学实践教育资源的开发与利用提供明确的方向和保障，还能够调动各方资源，形成合力，共同推动研学实践教育的发展。

此外，加强政策引导与投入还能够有效推动研学实践教育资源开发与利用的规范化、标准化。政策的制定可以明确资源开发与利用的标准和要求，规范市场行为，防止资源的浪费和滥用。同时，政策的执行还能够对资源开发与利用的过程进行监督和管理，确保资源的合理利用和效益的最大化。

3.2.1.7 完善资源开发机制

完善资源开发机制是确保研学实践教育资源有效开发与利用的关键环节。当前，许多地区和学校面临着研学实践教育资源开发不足的问题，这主要源于缺乏系统的资源开发机制，因此，建立一套完善的资源开发机制显得尤为迫切。

首先，完善资源开发机制需要明确研学实践教育资源的定义和分类。这有助于我们更好地识别、评估和利用各种资源。例如，我们可以将研学实践教育资源分为自然资源、人文资源、科技资源等类别，并针对每类资源制定相应的开发策略。

其次，完善资源开发机制需要建立多元化的资源获取渠道。这包括与政府部门、企业、社区等建立合作关系，共同开发和利用资源。例如，学校可以与当地的文化遗产保护机构合作，利用博物馆、古迹等资源开展研学实践活动。这种合作模式不仅丰富了研学实践的内容，还促进了资源的有效共享。

再次，完善资源开发机制还需要注重资源的持续更新和优化。随着科技的发展和社会的进步，研学实践教育资源的类型和形式也在不断变化。因此，我们需要定期对现有资源进行评估和调整，及时引入新的资源类型和形式。例如，利用虚拟现实技术创建虚拟研学实践平台，让学生在虚拟环境中进行实践学习，既丰富了学习方式，又提高了学习效果。

最后，完善资源开发机制需要建立有效的激励机制和评价体系。通过设立奖励机制，鼓励更多的单位和个人参与到研学实践教育资源的开发中来。同时，建立科学的评价体系，对资源开发的效果进行定期评估，及时发现和解决存在的问题。例如，可以引入第三方评估机构对资源开发项目进行客观评价，确保资源的质量和效益。

总之，完善资源开发机制是推动研学实践教育资源有效开发与利用的重要保障。通过明确资源定义、建立多元化获取渠道、持续更新优化资源以及建立激励机制和评价体系等措施，我们可以更好地满足研学实践教育的需求，推动教育改革的深入发展。

3.2.1.8 建立资源共享平台

在研学实践教育资源开发与利用的过程中，建立资源共享平台显得尤为重要。这一平台不仅能够有效整合各类研学资源，提高资源利用效率，还能够促进不同地区、不同学校之间的合作与交流，推动研学实践活动的深入发展。通过资源共享平台，各类研学资源得以集中展示与推广，使得更多学校和学生能够受益。同时，平台还能够提供资源评价、推荐等服务，帮助用户更好地选择适合自己的研学资源。

此外，资源共享平台的建设还能够促进研学实践教育资源的优化配置。通过平台的数据分析功能，可以实时监测各类资源的利用情况，为决策者提供科学依据。同时，平台还能够吸引更多的社会力量参与研学实践教育资源的开发与利用，形成政府、学校、企业等多方参与的良性互动机制。

3.2.2 校外研学实践教育资源开发与利用的有益探索

研学实践教育资源的开发与利用经过近些年的发展虽取得了丰硕的成果，但也面临着一些挑战。一方面，资源的开发与利用需要投入大量的人力、物力和财力，而当前用于研学实践教育活动开展的教育经费有限，难以满足学生实际所需。另一方面，资源的开发与利用需要合理地规划实施和创新，以确保学生能够充分参与并从中受益。围绕后者，全国各地通过不断探索与实践积累了许多有益经验。

3.2.2.1 新疆库尔勒营地：打造"缅怀革命先烈、励志强国铸魂"特色资源

在国家相关政策的支持下，各地对红色研学实践教育课程的开发愈加重视，目前，全国72个国家营地项目，每个营地至少有一条"红色线路"，成为中小学生红色教育的"必修课"。

（1）背景

党的十八大以来，习近平总书记反复强调要"用好红色资源，传承好红色基因，把红色江山世世代代传下去"。红色基因是中国共产党人理想信念和家国情怀的集中体现，是新时代中小学生思想政治教育的天然载体、鲜活教材和生动榜样，与中小学生思想政治教育具有高度的契合性和内在的一致性。国家研学实践教育营地是红色基因传承的重要阵地，为此，新疆库尔勒营地致力于通过开发利用、深入挖掘、传承弘扬，将红色基因融入研学实践教育课程，培养担当民族复兴大任的时代新人。

（2）主要做法

①融入课程建设，打造体验式红色教育。充分发挥营地丰富的实践教育资源优势，建设红色教育资源库，提升课程思政育人实效。一是开发红色研学课程，挖掘市

域周边研学基地的红色教育资源，开发实施八路军驻新疆办事处纪念馆、乌鲁木齐市博物馆（乌鲁木齐市革命历史纪念地管理中心）——毛泽民故居、马兰军博园、八一水库、烈士陵园等10余条红色研学线路，打造行走中的红色教育课程体系。二是融入营地内实践课程，在楼兰小皮匠、素质拓展、影视教育等60多项实践课程中融入红色教育元素，在实践体验环节设计红色教育主题，让学生在潜移默化中接受红色教育熏陶。第二十二中学开展赴马兰基地红色研学复盘感悟分享会时的场景如图3-7所示。

图3-7　新疆库尔勒营地组织第二十二中学开展赴马兰基地红色研学复盘感悟分享会

②融入队伍建设，培养勇担使命的团队。营地充分发挥党建引领示范作用，将红色教育、党建工作与教师队伍建设充分融合，在积极打造基层党组织战斗堡垒作用的同时，引导全员参与红色研学实践教育教研工作，提升全体教职工的政治站位及思政育人水平。利用常态化主题党日活动，将红色教育教研有机融入，通过调研红色研学线路、爱国主义主题教育等形式丰富"5+X"的"X"项内容，在夯实教师队伍思想政治基础之上，坚定育人理想信念，党建为师生红色教育提供了坚实的政治保障和组织基础。红色教育是党建工作的重要组成部分和有效手段。红色教育通过对党的历史、理论、革命精神等进行深入的学习和教育，可以增强人们的党性观念和爱国情怀，提高人们的思想政治素质，从而为党的建设提供有力的思想保障和精神动力。教师在多样的党建活动与红色教育体验活动组织实施过程中，探索符合时代特点和营地特色的红色教育新方法，探索红色教育和教育教学融合发展的新途径。

③融入文化建设，提升全环境育人实效。营地着力搭建思政育人的营地文化环境，让红色教育元素遍布营地的各个区域，提升全员全程全地全时全事的全环境育人实效。

一是设计打造了以"奋斗百年路 启航新征程"为主题的露天影院、中国精神谱系主题作品展区、"童心绘党 百年征程"的皮雕历史长卷等为代表的红色教育主题文化区,使身处营地各处的学生随时都能受到红色精神的感染。二是组织全体教师开展红色研学精品课程评选、红色教育案例征集等活动,组建红色研学课程开发教研团队,全员参与红色研学课程开发工作,制定符合学生学情、与校内课程紧密衔接的红色研学实施方案,努力实现全员育人主体最大化及专业化。

(3)实施成效

①更多学生受益。全年开发实施"重走长征路、勇担时代使命"等10多条精品红色教育研学线路、"光影中的红色信仰"等60多项红色教育实践课程,为省内外4.182万中小学生开展红色教育等主题实践教育课程,尤其是为1万多名特殊教育学生、困境学生等受助学生群体开展了红色公益研学教育活动,覆盖了八县一市,通过开展红色教育培育时代新人,引导学生厚植爱国主义情怀,增强爱党爱国信念。新疆库尔勒营地组织学生开展"缅怀革命先烈·励志强国铸魂"和硕研学实践教育活动时的合影如图3-8所示。

图3-8　新疆库尔勒营地组织开展"缅怀革命先烈·励志强国铸魂"和硕研学实践教育活动

②更优教师成长。近三年累计开发实施了红色教育等115条研学线路、百余门研学课程,10余人在省市级研学教育类成果评选中获奖,"楼兰小皮匠"工作坊凭借特色研学课程在第七届全国中小学生艺术展演中荣获工作坊类一等奖。

③更好助推营地发展。依托红色教育等主题研学实践教育活动的融合实施，打造以铸牢中华民族共同体意识为核心的课程体系，新疆库尔勒营地被评为库尔勒市、巴州铸牢中华民族共同体意识教育基地，接待全国各地的教育同仁到营地考察调研或学习交流，示范引领区域实践教育发展。

（4）经验总结

①红色教育品牌创新化。转变教学理念，丰富教学内容，创新教学模式，与时俱进，将时代精神、社会需求和个人发展融为一体。

②红色教育形式广泛化。建设红色教育资源库，丰富红色教育开展形式，提升课程思政育人实效，帮助学生收获学校、家庭、书本之外的知识、见识、学识和胆识。

③红色教育主旨鲜明化。厚植爱国情怀，强化使命担当。在研学实践中，充分利用营地及周边红色教育资源优势，开展爱国教育主题研学，进一步推进寓教于研、寓研于教，构建贴近学生生活的"行走的思政课"。

3.2.2.2 陕西西安营地：特色课程彰显地域文化内涵资源建设

为保证研学实践教育的规范性、合理性、创新性，全国营地充分利用周边研学资源，开发了具有独特性和吸引力的特色研学课程使学生真正"研有所学，学有所得，行有所悟"。

（1）背景

全球化趋势使得文化交流与融合成为不可避免的现象。在这个过程中，保护和传承本土文化显得尤为重要。通过挖掘周边研学实践教育资源，将其打造成研学特色课程，有助于引导学生在全球视野下审视本土文化，既保持文化的多样性，又促进文化的交流与融合。本土文化作为地方独特的精神财富，对于提升学生的文化素养、审美情趣和创新能力具有不可替代的作用。通过校外研学实践教育资源的开发与利用，学生可以深入了解当地的历史、民俗、艺术、科技等方面的知识，从而增强对本土文化的认同感和自豪感。

（2）主要做法

①深挖资源，构建体系。营地协助300余所各级各类学校建立校本实践教育基地，在协助省教育厅考察命名省级研学实践教育基地的过程中坚持实践性、生成性等实践教育原则，积极探索研学实践与学校教育相衔接的工作机制，拟定了转化地域文化资源为课程资源，并将课程资源进一步向全社会推广的工作思路，构建全社会共享的研学实践教育优秀课程资源。如图3-9所示，为陕西西安营地学生研究榫卯结构的唐代建筑搭建时的场景。

图3-9　陕西西安营地学生研究榫卯结构的唐代建筑搭建

②立足实践，规范模式。在研学资源开发过程中，营地以研究性学习为模板，借鉴高效课堂组织形式，确定了研学实践课程要体现跨学科、主题化、体验式、探究式特色的工作思路，经过反复实践，征求参与师生以及学校的反馈意见，形成了"三段五活动"的导学模式。"三段"即行前教育、实践过程、拓展延伸；"五活动"即参观聆听、模仿制作、实践体验、探究研讨、创新创造五类活动。随着"三段五活动"课堂模式的不断推广和应用，逐步形成了一整套研学实践教育导学方案，为推动研学课程标准化打下了坚实的基础。

③任务驱动，强化效果。为切实体现知行合一的教育准则，营地结合实践基地和活动特色，编制不同的《研学活动任务单》。《研学活动任务单》由基本信息、预设问题、过程记录、成果记载等若干必要部分组成，做到一活动一任务单、人手一份、兼顾学习小组成员角色等要求。《研学活动任务单》一方面使学生在活动中做到行研结合，于研学活动结束时放入学生的成长资料袋中，将伴随学生共同成长；另一方面使学生家长更容易了解学生研学全过程，更容易获得学生家长及社会各界的理解与支持。

（3）实施成效

①研发了系列知识读本。联合西北大学出版社，研发了小学高年级、初中和高中三个学段主题研学线路共计100条，编写并正式出版了《研学·中国（陕西篇）》系列研学知识读本之《革命印记》《华夏寻根》《丝路探源》《秦岭文化》《科技创新》中、小学版等10个分册，着重解决学生在课堂教育中无法实现的动手实践、科研创新等问题，为学生切实开辟出一条走出校园、走进生活、贴近自然、融入社会的绿色通道，从而形成特色鲜明的营地研学实践教育课程框架。

②印刷了具有普及性的《指导手册》。对全省社会教育资源进行筛选和整理，形成较为全面的认知，并将全省教育资源凝练成"优秀传统文化、革命传统教育、丝路文化、秦岭文化、科技创新"五个方面，协助西安市教育局编写并出版了《西安市中小学

研学旅行主题线路指导手册》。《手册》分成小学版、初中版和高中版，总结了近年来在研学资源开发中的经典线路，并在陕西省及全国范围内得到广泛使用。

③建设了研学实践教育综合管理平台。研学实践教育是一项综合性的育人工程，需要对学生参与过程进行全程跟踪管理和综合评价。陕西西安营地建设了"研学实践教育综合管理平台"，充分发挥科学技术在促进课程开发中的积极作用，开发了涵盖5个方面的15个研学实践教育线上课堂，提供给省内普通中小学校、全国营（基）地及其他社会机构参考借鉴，进一步扩大了研学营地的社会影响力，体现了育人方向，发挥了营地的桥梁纽带作用，扩大了公益性资金的社会覆盖面。

（4）经验总结

①以小投入实现大回报。在陕西省教育厅和西安市教育局的支持领导下，以"立足西北、带动陕西、放眼全国、对话世界"的整体定位，结合实际，切实做好研学实践活动课程的开发，以较小的资金、人力、物力投入，推动了中小学生研学实践教育的大行动，产生了巨大的社会效益。

②立足本地特色开发研学课程。立足地方文化地域优势，围绕立德树人的根本任务深挖教育主题、研发特色课程，盘活了名胜古迹、革命圣地等文化资源，把培育和践行社会主义核心价值观融入营地实践活动、主题教育和管理服务各环节。通过多种途径和形式开展理想信念教育、优秀传统文化教育，培养青少年学生坚定的社会主义信念和良好的道德品质，增强学生的社会责任感、人文素养，引导学生将个人理想与祖国发展紧密联系起来，为实现富强、民主、文明、和谐、美丽的社会主义现代化国家而勤奋学习、努力奋斗，使立德树人内容得以丰富。如图3-10所示，为陕西西安营地组织学生体验六千年前半坡先民搭建木屋的高超技艺时的场景。

图3-10　陕西西安营地组织学生体验六千年前半坡先民搭建木屋的高超技艺

③紧扣新时代实现跨学科融合。在普及传统校外活动项目的基础上，营地注重探索开发符合时代要求的新型、综合性研学实践课程，集爱国主义教育、知识普及、热爱自然、生存技能培养和动手实践为一体，完善了跨学科、主题化、体验式、探究式特色课程体系，满足中小学生的兴趣爱好和求知需求，拓宽他们的视野，培养了学生的自信心、自豪感和爱国热情。

④彰显"三个课堂"，实现"五育并举"。立足地域文化优势资源，按照实践教育生成性原则，积极探索与学校教育相衔接的工作机制，挖掘校外教育与课堂教育、社会实践教育的契合点，着重解决学生在课堂教育中无法实现的文化传承与创新、责任与担当等教育内容，形成一个个特色鲜明的校本教育课程与实践基地课程，为学生走出校园、贴近自然、走进生活、融入社会开辟了绿色通道，为促进书本知识与社会实践紧密结合提供了平台，使学生加深了对书本知识的理解和运用，使校内校外教育得以贯通，实现了学生德智体美劳全面发展的目标。

3.2.2.3 福建龙岩营地：打造"云游龙岩，留数字足迹"网络研学云课堂

随着信息技术的快速发展，数字化已成为研学实践教育资源开发与利用的重要趋势。通过数字化技术，可以将校外教育资源进行数字化转化和整合，构建数字化研学实践教育平台，实现教育资源的共享和优化配置。

（1）背景

党的二十大报告提出："推进教育数字化，建设全民终身学习的学习型社会、学习型大国。"习近平总书记在中央政治局第五次集体学习时强调："教育数字化是我国开辟教育发展新赛道和塑造教育发展新优势的重要突破口。"

随着互联网、云计算、大数据、人工智能等新一代信息技术的迅猛发展，线上教育形态不断创新和完善，这为线上研学的实施提供了强大的技术支持。线上平台可以承载海量的多媒体教学资源，支持实时互动交流，实现个性化推送和智能化管理，极大地丰富了研学的方式和内容。

近年来，全球范围内爆发的新冠疫情促使各领域加快线上化进程，教育也不例外。线上研学在这种特殊时期内发挥了重要作用，保障了教育教学活动的正常开展，同时也在一定程度上推动了教育行业的数字化转型。

龙岩是全国著名的革命老区、原中央苏区核心区，也是著名的客家聚集地、国家生态文明建设实验区、全国绿化生态城市，拥有丰富的红色教育资源、客家文化资源和绿色生态教育资源等。在教育改革和现代化进程中，如何实现教育资源的优化配置和公平共享成为重要课题。龙岩市线上研学突破了地域、时间的限制，使得优质教育资源得以更广泛地覆盖各类人群，尤其有利于解决城乡、区域间教育资源不均等问题，助力教育公平。

（2）主要做法

①项目策划与目标设定。根据龙岩特色研学资源，制定了包含微课、研学课程、家校共育、云游祖国——科学家线路、生命健康安全等板块的网络研学整体发展规划，明确其服务于中小学素质教育、拓宽学生知识视野、增强实践能力的目标。

②资源整合与平台搭建。整合龙岩的红色文化、客家文化、生态文化、劳动教育、国防科工等研学资源，结合云计算、大数据等先进技术，构建功能齐全、易于操作的网络研学云课堂平台。聘请专业技术团队，运用 ECS 服务器、阿里云对象存储 OSS（Object Storage Service）、阿里云视频点播（ApsaraVideo VoD）、云数据库 MySQL 版等技术构建稳定的网络云课堂平台，包括课程登录系统、课程管理系统、互动交流模块、作业提交与批改系统、学习进度跟踪与评价体系等功能板块。如图 3-11 所示，为福建龙岩营地网络研学云课堂的开发架构设计图。

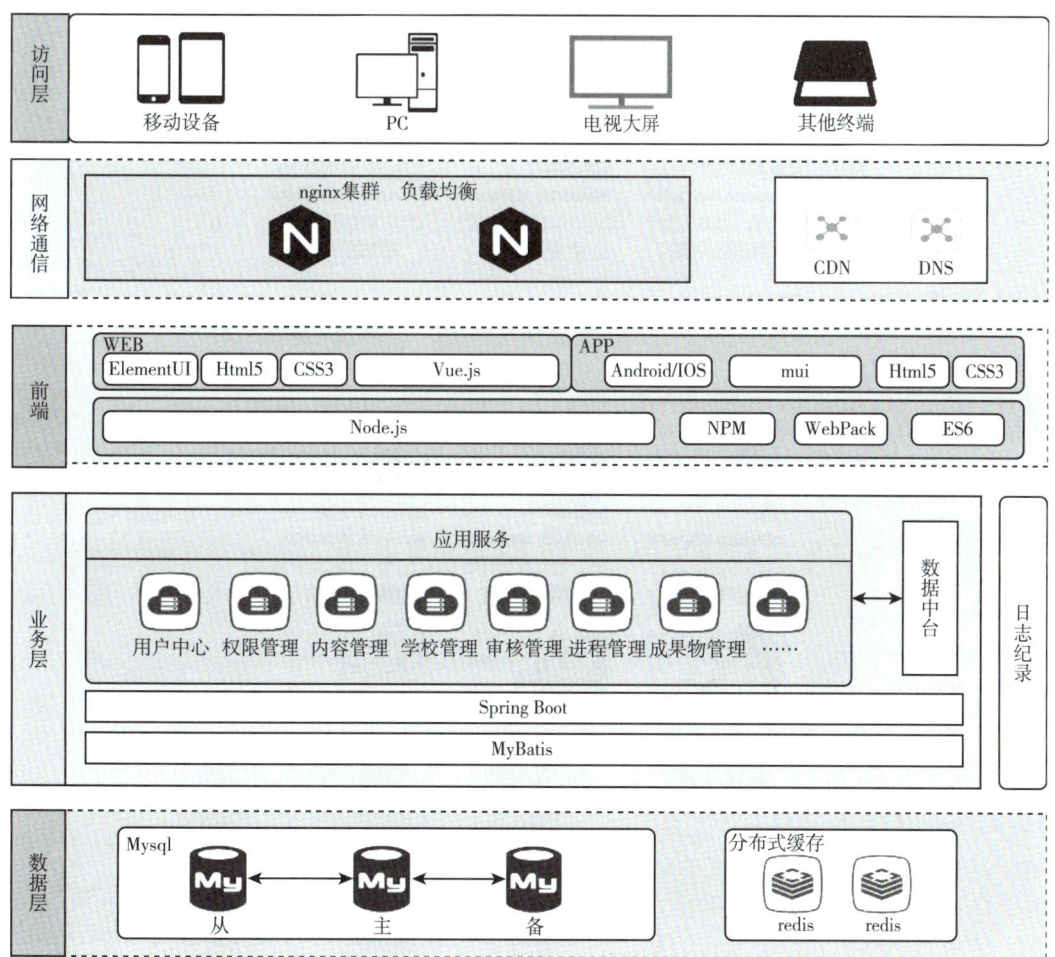

图 3-11 福建龙岩营地网络研学云课堂开发架构设计图

③课程研发与内容建设。遵循小学高年级、初中、高中阶段学生的年龄特点,设计并开发红色主题、客家主题、爱国爱乡、绿色生态、劳动教育、科学实践、乡土风情等270多节的网上研学课程,即每个主题下都包含小学高年级、初中、高中三个年龄段的研学课程,确保研学内容科学合理。开发多种类型的网络课程,结合图文、音频、视频等多种媒体形式,使学生在网络环境下立体化、情景化地进行云研学。福建龙岩营地设计并开发的部分研学课程如图3-12所示。

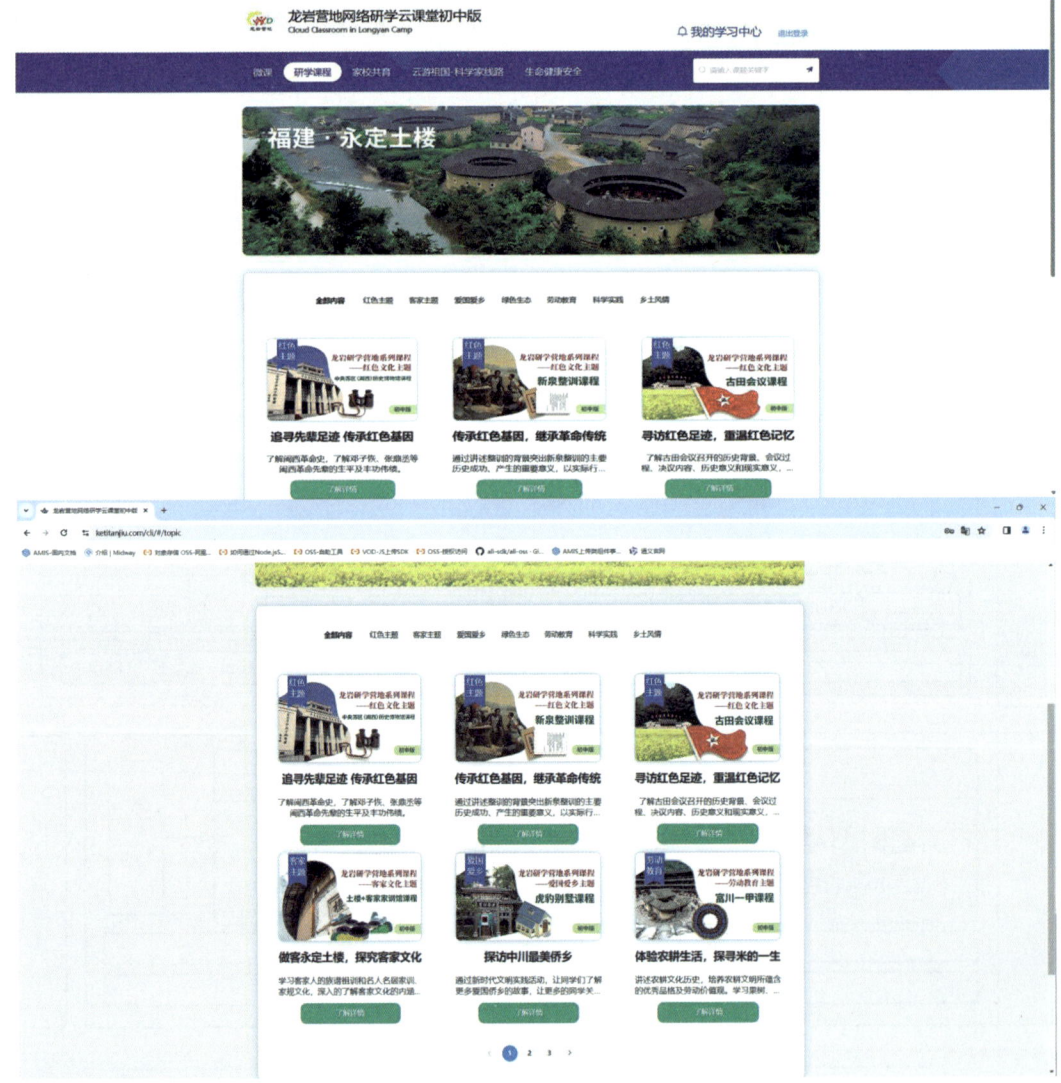

图3-12 部分研学课程

④技术支持与用户接入。与技术团队紧密合作,提供稳定高效的系统运维和技术支持服务。同时,简化用户注册登录流程,保障各类终端设备顺畅接入平台。福建龙岩营地全国中小学生研学营地云课堂的登录界面如图3-13所示。

图3-13　登录界面

⑤教学管理与效果评估。建立完善的网络教学管理制度，确保云课堂的正常运行秩序。如图3-14所示，学校可以进入"数据中心—课程学习情况"界面，查看每天课程学习的人次、各课程学习的人次在各课程上的分布、学生课程作业记录等数据，并通过数据分析和反馈机制，定期评估教学效果，根据实际情况调整优化课程内容。

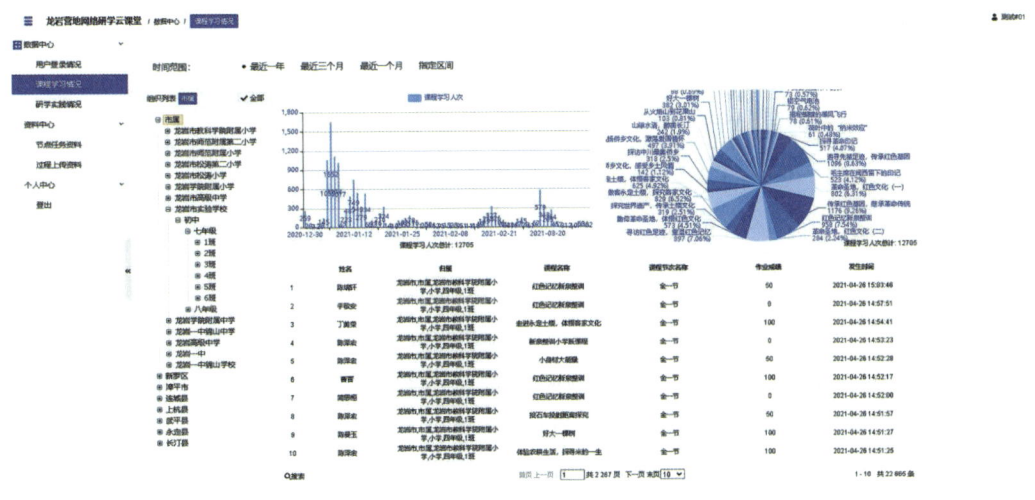

图3-14　数据中心—课程学习情况界面

⑥安全保障与隐私保护。严格遵守网络安全法律法规，加强数据加密和服务器防护，确保用户个人信息和学习数据的安全；同时建立健全的信息安全管理机制，防范不良信息传播和侵犯隐私的行为。

（3）实施成效

福建龙岩营地网络研学云课堂自上线以来，成功将本地丰富的研学教育资源数字化，显著提升了教育资源的利用率。截止到2024年3月，四年级及以上年级的学生账号数（含初三、高三）共有243153个；非职业学校且非特教学校的小学四五六年级、初一初二、高一高二年级学生账号数196345个；登录系统的学生数99413个，占目标年级学生账号数的50.63%；学生完成课程次数444742次（每名学生可以学习多门课程）；学生提交作业次数828590次（进行课程学习时，每名学生可以多次提交作业）。

（4）经验总结

①资源的普及共享。福建龙岩营地通过网络研学云课堂的形式，成功将本地丰富的教育资源数字化，使得全市中小学生可以不受时间、空间限制地访问和学习，提升了教育资源的利用率及教育的公平性。

②内容的多元创新。福建龙岩营地研发的7大主题研学线路及270多节课程，通过云课堂向广大师生开放，扩大了教育资源覆盖面。同时模拟实地考察场景，增强学生的沉浸式学习体验。

③应用的线上线下转化。成功运用云计算、大数据等前沿技术手段，促进了教育信息化进程，提升了教育教学质量和效率，实现了研学模式的线上与线下转化。

3.3 校外研学实践教育合力形成

研学实践教育是全面落实立德树人根本任务，不断深化人才培养模式改革，深入推进中小学社会实践教育，全面提高教育质量，培养德智体美劳全面发展的社会主义建设者和接班人的重要组成部分。随着中央和地方一系列加强研学实践教育政策的出台，国内中小学生研学实践活动正蓬勃兴起，但也出现了"旅而不研"或"旅而不学"等现象，导致育人效果大打折扣，影响了校外研学实践教育的健康发展。究其原因，一是校内校外协同育人过程中各育人主体所承担的任务和责任不明晰；二是学校、社会、家庭在校外研学实践教育中合力育人机制尚不健全；三是以营地为枢纽、基地为站点、校外活动场所为支撑的校外研学育人网络体系尚不完善。及时开展问题导向下的研学实践教育协同与合力研究，对深入落实《中共中央　国务院关于深化教育教学改革全面提高义务教育质量的意见》，有效促进校外研学实践教育的功能和作用发挥有重要意义。

3.3.1 校外研学实践教育合力形成的若干思考

3.3.1.1 校内教育与研学实践教育的有机衔接

我国基础教育历来重视"双基"教育，但对学生所学知识、技能的实践应用教育相对不足。校内教育与研学实践教育的有效衔接强调知行合一，从中小学校教育教学实际出发，充分挖掘相关的校外教育资源要素，精心设计与学校教育教学相结合的研学线路与课程，突出培养学生的综合素质，帮助学生在深化校内知识的同时拓展视野、丰富知识、了解社会、亲近自然、参与体验，做好校内教育与研学实践教育的有机衔接，是学校、家庭、社会共同的责任。

校内教育与研学实践教育的有效衔接不应该是基于强制力的结合，而是基于各自内在需求的融合。要推动校内外教育的有效衔接，需要高质量建设好校外研学资源，健全校内外协同育人评价体系，提高研学实践教育内涵，激发校内教育对研学实践教育的内在需求。就目前现状而言，一是要发挥研学实践教育营地在学生服务、课程与线路开发、教师培养等方面的优势，常态化推进校内外教育衔接；二是将校外研学实践教育的评价结果纳入校内学生综合素质评价序列，改变单一的评价方式，推动研学实践的高质量开展。

3.3.1.2　课程、线路的协同研发

从课程和线路的开发来看，由于缺乏指导性文件和相应标准，许多营地在课程和线路的开发过程尚处于"摸着石头过河"的状态，也有许多营地"集思广益"，与学校、研学实践教育基地联合开发课程和线路。研学线路与课程设计有必要组建一支由营地教师、一线学科教师、学科专家、研学基地教师为核心的设计团队，充分发挥不同群体在线路与课程设计中的优势，营地教师的线路设计及活动组织经验，一线学科教师熟悉学情、通晓学科的优势，学科专家对课标及学科方向的整体把控优势以及研学基地教师熟悉研学资源的优势。校内外不同的育人主体协同发力，真正让学生行走过程有主线，学习过程有焦点，素养形成有脉络。

3.3.1.3　过程的协同管理

发挥制度优势，形成党政领导齐抓共管局面，构建国家、省（自治区、直辖市）、地县、学校、实施机构等管理体系，实现协同教育的全网络覆盖和全员参与。同时，要加强组织协调、部门联动，开展资源利用建设和专业队伍建设，动员政府机构、企事业单位、群团组织、中小学、非营利性社会组织、社会教育机构等共同参与协同教育工作，为支持校内外协同教育提供充分的条件保障。

3.3.1.4　校内外协同育人评价体系的构建

协同育人评价体系的建设是激发校外研学实践教育育人合力的重要保障。建立健全监督评价机制，首先是制度监督，"将权力锁进制度的笼子"，用严密规范的监督制度来限制和减少校外实践育人的不良行为和现象，让校外实践育人模式更有效地运行。其次是完善校外研学实践的评价标准，明确评价目标，确立评价原则，使评价体系更具科学性、全面性、多元性和可操作性。设计多维度评价体系，包括学生的参与程度与表现、

实践活动的组织与实施、教学内容的选择与安排等。实施动态监测与反馈机制，定期收集和分析数据，反馈评价结果，以便及时发现问题并进行改正。强化评价与激励机制的结合，通过设立奖项、颁发奖状证书等，对表现优异的学生和团队进行表彰，激发学生的积极性，提升校外研学实践教育的社会认可度。

3.3.1.5 协同育人责任机制的建立

明确政府职能部门协同育人的工作职责，完善工作机制，促进各展优势、密切配合，切实增强育人合力，共同担起学生成长成才的重要责任。推动学校和社会在研学实践协同教育上达成目标一致、关系协调、资源共享、责任共担的机制，实现教育功能的优势互补。

为进一步推动研学实践校内外协同教育，各地要成立由教育部门牵头，发改、公安、财政、交通、文化、食品药品监管、旅游、保监和共青团等相关部门共同参加的中小学生研学实践工作协调组织，加大对研学实践工作的统筹规划和管理指导。结合本地实际情况制订相应工作方案，将职责层层分解落实到相关部门和单位，定期检查工作推进情况，加强督查督办，切实将好事办好。

例如，交通部门对中小学生研学实践公路和水路出行严格执行儿童票价优惠政策，铁路部门根据研学实践实际需求，在能力许可范围内积极安排运力。文化、旅游等部门要对中小学生研学实践实施减免场馆、景区、景点门票政策，提供优质旅游服务。保险监督管理机构会同教育行政部门推动将研学实践纳入校方责任险范围，鼓励保险企业开发有针对性的产品，对投保费用实施优惠措施。鼓励通过社会捐赠、公益性活动等形式支持开展研学实践。切实加强组织领导、促进组织协调、进行部门联动、规范各方责权利。

3.3.1.6 政策选择与资源利用

2017年，教育部办公厅印发的《关于公布第一批全国中小学生研学实践教育基地、营地名单的通知》提出"构建以营地为枢纽、基地为站点的研学实践教育网络"。在政策规划视野中，建设营地基地在推进研学旅行进程中起到重要的支撑作用，在校外研学实践教育过程中，营地里能吃、能住、能学、能玩，是可为中小学生研学旅行提供研学实践教育活动和集中食宿的场所。基地可视为研学的"课堂"，是为中小学生研学旅行提供研学实践教育活动的场所，可以是景区、文博机构、高校、科研院所，甚至是企业和工厂等各类公共文化机构和企事业单位。校外活动场所则是研学"课堂"的延伸和拓展。各地要积极出台政策，加大经费支持，扩充营地和基地建设数量，均衡地域分布，改善基础条件，健全师资培训机制，明晰各方职责，完善"以营地为枢纽、基地为站点、校外活动场所为支撑"的校外研学实践教育网络体系，激发"营地、基地、校外活动场所"育人合力。

3.3.1.7 学校、社会、家庭的共同认知

要发挥校外研学实践教育的最大作用,首先需要社会、家庭和学校三种教育力量形成育人合力,进行合力育人。校外实践教育不同于校内教育,它是在学校教育之外的"大社会"中进行的实践教育。要实现社会、学校和家庭的"三力合一",一是要加强政策引导和宣传。提高校外研学实践的社会认同、家庭认同,让社会各界认识校外研学实践的重要性,能够积极参与并发挥各自作用。二是要加强社会、家庭和学校的沟通合作。社会是校外研学实践教育的主场所和主阵地,其拥有大量的校外活动场所和校外实践教育资源,社会各界应充分发挥资源的教育功能,影响和熏陶青少年成长成才。学校作为学生成长和成才的摇篮,应主动对接营地、基地等校外活动场所,通过组织有目的、有计划的教学活动,促进学生知识的增长和综合素质的提升。家长作为孩子的第一任老师,教育态度和教育方式对孩子的成长有着重要的作用,其一言一行都影响着孩子的未来,因此,家长必须支持孩子的教育和发展,必须认识到校外实践教育对孩子成长成才的重要作用,必须大力支持和参与到校外实践教育中来。三力合一并不是家庭、学校和社会这三种育人力量的简单相加,而是这三种力量的有机结合和协作。

3.3.1.8 校外研学实践教育教学计划设计

根据教育教学目标、教学策略、资源配置、课程设计、课堂实施、教学总结、教学评价、安全管理等要素,系统设计中小学生校外研学实践教育主题活动教学计划。教学计划中,要明确"学校、社会、家长"三者责任分工,激发社会和家庭的教育活力;要充分发挥营地的枢纽作用,有效利用基地、校外活动场所等社会资源,确保作用发挥的最大化;要精选教学内容,注重内容的科学性、实践性、教育性、独特性和趣味性,确保教学内容与校内课程相互衔接,形成有机整体;要采用多种形式的实施方式,注重学生的主体地位,充分发挥学生的主观能动性,鼓励他们积极参与、主动探索,培养自主学习能力;要注重评价与反馈,关注学生的学习情况、实践成果和综合素质素养的提升,对学生进行客观的评价;同时注重反馈机制的建立,及时向学生提供有针对性的指导和建议,帮助他们改进不足,提升能力;要加强安全管理,制定详细的、科学的活动方案和安全预案,明确责任分工,确保学生在活动过程中的安全,同时加强对学生的安全教育,提高安全意识和自我保护能力。

3.3.1.9 校外研学实践教育社会保障体系的完善

校外研学实践教育的社会保障主要包括资金保障、环境保障和制度保障三方面的内容。

一是资金保障。首先,继续强化中央彩票公益金支持中小学校外研学实践教育力度,提升支持基地、营地项目资金标准,有效推动基地、营地更好开展公益性学生研学实践活动,在惠及特殊困难学生、老少边穷地区、各地中小学校方面发挥更大作用,在

开展研学线路设计、精品课程开发、教育教学研究、教师队伍培训等方面取得更大成果，确保全国研学实践教育营（基）地网络体系建设稳定健康发展。其次，统筹使用其他中央专项资金支持校外研学实践教育，集中财力优先保障研学实践教育投入，支持解决制约研学实践教育发展的难点痛点堵点问题，助推形成有利于高质量发展的研学实践教育体制机制。最后，进一步优化研学实践教育"多元化经费筹措机制"的顶层设计，从国家层面建立自上而下的管理制度和鼓励政策，充分调动省、市、县（区）地方各级财政力量支持校外研学实践教育，引导社会各界力量参与校外研学实践教育。

二是环境保障。首先，提升人员专业素养与服务水平，定期对相关人员进行专业培训，提高教育教学能力、应急处理能力和服务水平；其次，完善沟通与协作机制，建立校外研学实践教育信息共享平台，方便及时获取活动相关信息，加强沟通与协作，建立部门联动机制，形成"政府主导、教育牵头、部门联动、学校实施"的工作机制，明确各部门职责，确保活动顺利开展。

三是制度保障。国家已出台了有关校外研学实践教育活动的一系列政策文件，地方政府应该因地制宜出台更具体的地方政策文件，明确校外研学实践教育的地位、目标和实施要求，为学校（营地）提供清晰的指导。结合具体情况，学校（营地）也应该制定各自校外研学实践教育的实施细则和管理办法，对活动做出详细的规定和要求，才能发挥校外研学实践教育的最大作用。

3.3.1.10　研学教师协同培育

校外研学实践教育教师队伍建设是一项系统工程，既需要提供充足的资源支持、制度保障，还需要从教师结构优化中谋求更大效用的发挥。校外教育要发展，教师队伍应形成良好的结构，不同层次、不同类型、不同学科教师配置要合理。

一是组建专家队伍。联动中小学校、基地和高校，选拔不同学科领域内的专业教师，组建由教授（研究员）构成的专家智库和导师团队，由校外优秀研学教师以及校内学科教师组成研学教师队伍。通过专题讲座、入校实地指导、课堂教学诊断等方式，强化教师队伍建设。

二是共享教师队伍。搭建区域师资共建共享机制，从"单兵作战"到"协调集成"，各研学基地间构建联合招收、联合培育、联合考核、联合使用的共建机制，强化研学教师的专业技能和职业素养。

三是强化科研引领，助力质量提升。以课题研究为依托，鼓励校内外合作探讨，对线路、课程、教学、教研等方面存在的问题进行研究与探索。

3.3.2　校外研学实践教育合力形成的有益探索

校外研学实践教育的合力是各种研学实践教育资源和力量的整合，育人主体（家、校、社会）合力是基础，制度合力是保障，思政合力是目标，课程合力是关键，师资合力是依托，区域合力是出口。只有不同教育主体、因素之间的协作和配合，形成教育的综合效应，才能够保证研学实践效果，提高学生的综合素质，培养团队协作精神，增强学生的实践能力。

3.3.2.1 山西晋中营地：凝聚共识推进校外研学实践教育协同发力

研学实践教育是学校教育重要的补充，有计划、有目的、有组织、有系统的校外教育是促进青少年全面发展的重要教育途径之一。校内教育与校外教育的有效衔接可以形成整体推进素质教育的合力，使新时代校外教育进入阵地化、规范化、规模化的发展道路。

（1）背景

围绕研学实践五大教育目的指向建立系统完整的教学计划，并根据主题化的研学线路及课程，制定科学的教学策略，体现出研学实践的系统性、目的性、连贯性、教育性，推动研学实践教育活动科学化、规范化实施。

（2）主要做法

一是制定全面的教育计划。营地依据文化传承与创新教育、责任与担当教育、科学技术教育、自然教育、启蒙教育五大教育目的指向，筛选与梳理营地（枢纽）及周边主要优质研学资源，重点针对教育部命名的研学实践基地，形成"以营地为枢纽，基地为站点"的研学实践教育网络。同时围绕小学高年级段、初中段、高中段三个学段从研学线路设计、教学重难点、教学策略、实施方案等方面出发，制定全面的校内外衔接教育计划，形成《中小学生校外研学实践教学计划与策略列表》，确保研学实践教育活动的实施有科学明确的指导和支持。

二是构筑系列化课程体系。围绕研学主题、研学线路设计研学实践课程，在课程设定上确保课程名称、活动目的、活动形式与研学主题紧密相关。在课程教学内容上重视版本、学段、学科、章节、知识点与研学资源的有效衔接，注重研学课程与研学线路的关联、研学线路与校内课程的关联、校外活动课程与校内课程在教法上的关联，提出不同阶段教育目的具体要求，形成一系列有机协调、梯度分明、独具特色的研学实践教育课程。

三是激活资源的教育属性。充分发挥营地的枢纽作用，规范营地基地的联动机制，围绕研学主题，建设一批具有良好示范带动作用的研学实践基地。如图3-15所示，山西晋中营地出台了研学基地考核评定规范，从研学效果、安全保障、教师素养等角度对研学资源（基地）进行定期的工作考核，激活基地的教育属性，提高研学服务能力。坚持从营地出发再回到营地的研学线路规划方针，学生在营地进行前置知识与技能的学习，带着核心课题深入研学基地进行实践探索，通过真情实景的熏陶，提升学生知识内化与运用的能力。

ICS 03.180
A 18

DB1407

山 西 省 晋 中 市 地 方 标 准

DB1407/T 036—2021

研学实践教育基地考核评定规范

图3-15　山西晋中营地出台研学基地考核评定规范

（3）实施成效

一是促进了育人机制的建设。主管教育行政部门的推动，营地的努力协调，促进了育人机制的建立，明确了政府职能部门协同育人的工作职责，促进了各展优势、密切配合，切实增强了育人合力，共同担起学生成长成才的重要责任。

二是开发了高质量的线路与课程。联合一线学科教师、学科专家、研学基地教师开发了一批主题明确、学段适切、特色突出、评价科学的研学线路与课程，实现了量的有效增长和质的有效提升。

三是明确了营地基地的联动路线。推动了营地基地联动机制的建立，使营地与基地的共振模式更为清晰明朗。在营地的总体规划下，依据研学基地自身资源特性，结合学科课程标准，对研学实践课程、线路进行个性化开发和主题式联动，将地域内研学资源整合为一个有机整体，研学品质与内涵实现了可持续发展。山西晋中营地组织学生结合物理学科知识体验无线电课程的场景如图3-16所示。

图3-16　山西晋中营地组织学生结合物理学科知识体验无线电课程

（4）经验总结

一是活动对象要清晰。线路与课程的设计要明确涉及的资源、适合的学段、所需的天数等关键要素。对照课程标准，根据小学低年级段、小学高年级段、初中段、高中段不同学段针对性地制定适切的线路及课程目标。

二是资源利用要整合。研学实践教育活动的最终目的是要对广大中小学生的思想、知识、素养、能力等进行全面培养。每个研学资源的内涵不同，要达到研学实践教育活动的目的，就要对研学资源进行有效整合，激活多方力量，形成共同参与的雁阵效应。

三是育人机制要健全。要改变教育系统内部单打独斗的局面。各级教育行政部门有必要将校外教育工作与学校教育工作同规划、同保障、同考核。要积极争取政府部门的重视和相关部门的配合与支持，充分发挥其对校内外教育衔接工作的协调、整合和推动作用。

3.3.2.2 四川广元营地：全域联动提升校外研学实践教育合力

四川广元营地按照国家基础教育改革发展方向，坚持"立德树人、五育并举"工作思路，始终将中小学生校外研学实践教育工作作为营地发展第一要务，全力推进中小学生实践教育改革创新，精心构建管理体系，整合优质研学资源，打造精品研学线路，紧扣课程核心要素，形成独具特色的校外研学实践教育运行模式。

（1）背景

四川研学资源富足，物产丰富，文化多样，如何发挥好国家级营地的枢纽和示范引领作用，聚合优质资源，科学设计研学线路，形成协同共育、全面发展的研学环境，是营地未来发展远景规划的重要课题。

（2）主要做法

一是加强体制机制建设，优化管理服务职能。进一步优化管理机制。2023年，经市教育局批准，四川广元营地增挂"广元市综合实践学校"牌子，增设综合实践学校的教育服务职能，进一步完善了教学设施设备，突出综合实践教育主阵地作用。同时，各学校成立"综合实践（含研学实践）教育工作组"，明确职责、目标、措施和方法，理顺了"政府主导、教育主抓、部门协作、营地引领、学校实施、企业服务"的校外研学实践教育管理关系。强化研学终端管理，促进市县校三级联动。市教育局先后印发了《广元市中小学研学实践教育工作管理办法（试行）》等文件，明确了县区教育（科）局、各中小学在综合实践包括研学实践活动课程实施方面的工作要求，以确保全市中小学综合实践教育规范有序进行。进一步细化研学活动管理流程和办法，正在制定《广元市中小学生校外研学实践教育活动管理规程》。四川广元营地牵头组织推进全市研学实践教育工作的会议现场如图 3-17 所示。

图 3-17　四川广元营地牵头组织推进全市研学实践教育工作

二是整合行业部门资源，共建共用校外教育场馆。四川广元营地由市政府牵头，调动了市人防、科技、科协、林业与园林、红十字会、环保、司法、文化广电与旅游、应急、防震减灾、交通与海事、教育等方面的 17 个行业主管部门，从不同渠道筹集资金，通过建设、装修和设备配置，建成占地面积 134.88 亩，建筑面积 1.5 万平方米，总投资 1.55 亿余元，能同时接待 1000 名中小学生的广元市示范性综合实践基地管理中心（四川广元营地）。建成了"广元市人防科普体验馆""广元市交通安全体验馆""广元市消防安全体验馆""广元市科技创新体验馆""广元市健康医疗体验馆""广元市环保科普馆""广元市法治教育馆""广元市文化艺术制作体验馆""广元市花卉与果蔬种植实践区""广元市军事教育训练场"等 16 个实践体验场馆、30 多个体验室，场馆室既能满足行业管理在教育培训、技术推广、成果宣传等方面的需要，又能为中小学生校外研学实践活动的开展提供丰富的研学实践活动内容，并最终实现"立德树人""五育并举"的教育目标。

三是整合管理协作力量，政策保障研学活动有效推进。市公安局、市交通运输局、市文化广电与旅游局等 11 个部门按中央及省市相关要求，认真履职，在本市旅游资源利用、交通运输、卫生监管、门票优惠等方面为中小学生的研学实践教育活动保驾护航，确保校外研学实践教育活动有效推进。如图 3-18 所示，为四川广元营地协调市级部门、科研机构指导全市研学实践教育课程开发时的场景。

图3-18　四川广元营地协调市级部门、科研机构指导全市研学实践教育课程开发

四是着力建设特色基地，丰富研学实践活动内容。为进一步加强市级中小学生研学旅行实践教育基地的管理，确保中小学生研学旅行实践教育活动健康有序开展，根据《广元市中小学生研学旅行实践教育基地管理办法（试行）》，经单位自愿申报、县区推荐、市级评审，由教育、旅游等部门制定准入标准，从交通、研学资源、管理团队、课程研发、营运资质、安全保障等方面进行严格要求，建设、推荐和评选出国家、省、市级研学实践教育基地45个，每一个基地都需充分利用本地独特资源，分别从传统文化、革命历史、建设成就、自然景观、民俗民风等方面彰显研学特色，丰富校外研学实践教育活动内容。

五是发挥校外服务力量，提升研学实践活动质效。为保障全市研学活动健康良性、高质量发展，由市教育、公安、旅游、卫生健康、市场监管等部门共同制定准入标准，严格评审，通过自主申报、资格初审、考察评估和综合评审后，筛选出广元康辉国际旅行社有限责任公司等13家单位为中小学生研学实践教育活动承办机构，同时，遴选出20个餐饮接待单位、16个住宿接待企业、1个运输企业为全市中小学生校外研学实践教育活动服务。

六是深挖本地特色资源，形成地方特色研学主题。为落实立德树人根本任务，构建"五育并举"全面育人体系，促进"双减"政策下广元教育改革与发展，四川广元营地深挖广元地方特色资源，开发适合中小学生开展研学实践教育活动的路线及研学课程，积极组织市内中小学生大力开展以"探寻五迹"为主题的广元特色研学实践教育活动。具体为：依托苍溪红军渡、旺苍"红军城"、木门会议遗址、黄猫垭战斗遗址等红色教育研学基地，探寻长征足迹、感受伟大红军精神；依托昭化古城、千佛崖摩崖造像、市博物馆等研学基地，探寻蜀道古迹，感受广元历史文化；依托唐家河、剑门关、翠云廊、明月峡等自然地理研学基地，探寻自然奇迹，感受奇特自然风光和生物多样性；依托基地内科技创新、人防科普等场馆及081电子工业园区、亭子口电站等现代化建设研学旅行基地，探寻科技发展轨迹，感受科技进步；依托武则天、黄裳、李榕等历史文化名人故里和麻柳刺绣、唤马剪纸、白花石刻等非物质文化遗产，探寻川北文化印迹，感受传统文化魅力。

　　七是联动周边营地基地，提升研学实践优质资源效能。四川广元营地与周边相邻的邓小平故居、华蓥山旅游区、5·12汶川特大地震纪念馆、北川三秒应急安全体验中心、成都大熊猫繁育研究基地、四川博物院、中国两弹城、四川广汉三星堆博物馆、"5·12"汶川特大地震映秀震中纪念馆、成昆精神教育基地、成都金沙遗址博物馆、成都杜甫草堂博物馆、成都武侯祠博物馆、成都博物馆、朱德故居管理局、剑门关旅游开发股份有限公司、四川省唐家河国家级自然保护区管理处、四川卧龙国家级自然保护区管理局、成都市植物园、成都市郫都区唐昌镇战旗村村民委员会、川陕苏区纪念馆（川陕革命根据地红军烈士陵园管理局）、成都市新都区家风教育基地服务管理中心、汉中秦巴民俗村有限责任公司23个教育部命名的营地、基地合作，充分利用相邻营地、基地资源优势，互通有无，资源共享，互派学生或联系全国各地研学团队广泛开展革命历史、红色文化、自然生态、国防科工等方面的研学实践教育活动，做到应联尽联，效果良好。

（3）实施成效

　　四川广元营地形成了"1+13+45+N"（1个国家级营地+13个研学承办单位+45个市级研学基地+447所学校+30万名中小学生）研学实践管理体系，建立营地、基地、学校、家庭"四方共育"协同育人的良好发展态势。

　　2023年，四川广元营地组织主题研学实践教育活动30多期，惠及市内外中小学生、边远山区贫困学生和青海、新疆、甘肃等地少数民族学生20余万人次；审批备案市内各中小学校自行组织学生赴四川广元营地规划研学线路的国家级、省级研学实践教育基地开展研学实践教育活动10余万人次，取得了良好的社会效益，得到社会各界的充分肯定。

（4）经验总结

　　一是发挥了营地枢纽作用。营地科学统筹和协调"探寻五迹"研学实践教育活动课程开展和实施。二是发挥了基地站点功能。作为研学目的地和课程实施场所，营地周边的国家级研学基地作为优质研学资源，全面纳入研学线路的计划，资源利用覆盖率达到90%，为研学实践活动提供优质研学资源和保障服务。三是发挥了学校的主体作用。学校是研学实践教育活动课程的实施主体，从课程、计划、实施管理、综合评价等方面具体组织，做到活动有方案、行前有备案、服务有保障、应急有预案、行后有总结，确保课程安全有序进行。四是建成了家校协同机制。家庭配合学校做好学生行前教育、课程评价和服务保障。家校相互协同、共同配合，强化家校协同育人机制。

3.3.2.3　浙江衢州营地：四措并举有效提升研学实践教育合力

（1）背景

在营（基）地的运营模式不一、课程体系层次单一、研学导师素养不高、资源共建共享不足等问题制约着研学质量的提高和发展背景下，浙江衢州营地积极探索，走出了一条四措并举有效提升研学实践教育合力之路。

（2）主要做法

多方借力发展，共建教育场馆资源。浙江衢州营地整合社会多方资源，联合市红十字会、市科协、市水利局、市公安局等各级部门合作共建生命安全教育体验馆、科普馆、禁毒馆、天文馆、海洋教育馆、地震科普馆、无人机飞行教室等多个科普教育场馆，共同搭建多元科普平台，实现场馆教育输出第一步。浙江衢州营地每年接待学生5万余人日，已累计接待学生达40万人日。如图3-19所示，为浙江衢州营地学生在生命教育示范基地体验时的场景。

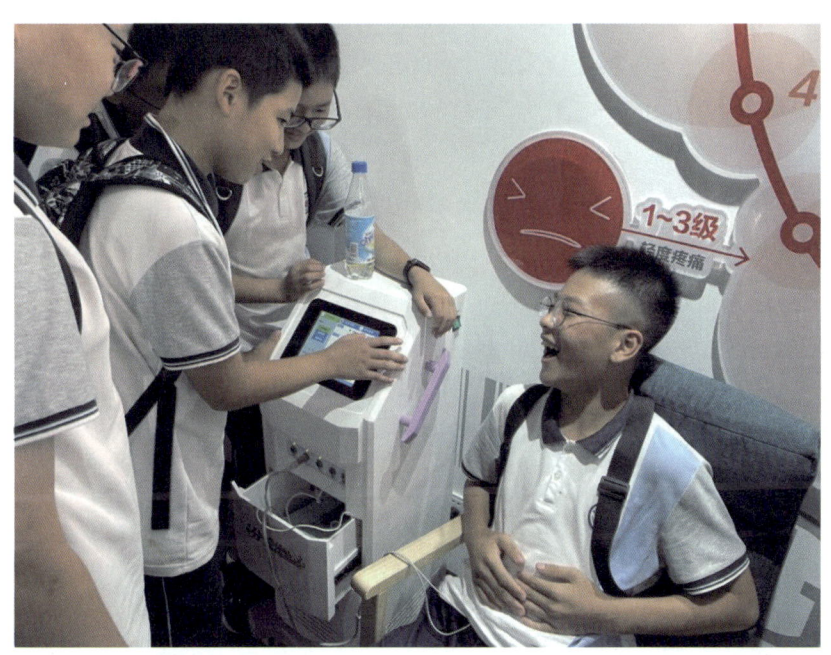

图3-19　浙江衢州营地学生在生命教育示范基地体验

履行管理职能，强化指导督学作用。经市委、市政府批准，浙江衢州营地于2022年增挂"衢州市中小学实践教育指导中心"牌子，负责协助做好市级中小学生研学实践教育基地营地、劳动教育基地的认定和管理。目前已认定衢州市各级营（基）地119家，大大拓宽了学生研学选择空间，提升了衢州实践教育品质。

加强营地联动，坚持跨域互看互学。为加强国家级中小学生研学实践教育营（基）地间的交流合作，构建跨省域研学路线，破解中小学研学实践教育中存在的困惑与瓶颈，营地每年接待市外营（基）地来校考察学习达10多批次。2023年组织27位教师先后前往安徽、上饶、长沙、青岛等市外基地开展互学互鉴交流活动，为衢州实践教育的新布局、新样态、新蓝海打牢基础。

优化研学线路，推进周边基地合作。营地创新"点单式"研学新模式，针对各参训学校需求定制个性化主题研学活动，借助周边资源开展特色研学活动、冬夏令营活动。2023年接待铜陵基地、新疆乌什、四川北川等外市学生7批次，累计1753人天次。组织衢州学生前往杭州、桐乡、建德、绍兴等地参加研学活动7批次，累计3327人天次。

（3）经验与成效

明确研学教育目的，开发特色研学线路。衢州市实践学校在市教育局的指导下立足学生身心的全面发展，始终秉持教育性原则开展研学实践教育，依据其培养目标、办学特色、办学宗旨等确立研学旅行总体的发展道路。利用所处的地理优势、旅游资源、文化特征等开发更多不同主题与种类的研学路线，在扎根本土中获发展。目前，学校已打造南孔文化之旅——探访南孔圣地，弘扬传统文化（孔氏南宗家庙、中国儒学馆、烂柯山）；地质考察之旅——考察地质景观，回顾沧海桑田（三衢石林、黄泥塘"金钉子"）；红色爱国之旅——寻访红色印记，传承红色基因（开化新四军集结红色研学基地、开化浙西革命斗争纪念馆）；浙西生态之旅——寻访钱江源头，探秘浙西生态（古田山国家自然保护区、钱江源国家森林公园）；活力衢州之旅——探究循环经济，立志创业创新（国家级循环经济教育基地、国家及空气动力机械制造基地）；江南乡村之旅——感受农耕文明，体验乡村生活（九华乡农耕文化基地、余东农耕文化园）等主题串联式研学线路。浙江衢州营地学生开展户外生存之野炊活动时的场景见图3-20。

图3-20　浙江衢州营地学生开展户外生存之野炊活动

加大媒体宣传力度，扩大社会各界影响。及时总结、搜集、撰写学校的典型经验和事迹材料，利用报纸、网络等媒体平台传播，扩大社会声誉，提升学校的形象。各学年节日主题活动及冬夏令营等特色活动如《跨越万里情，山海若比邻——乌什县青少年赴衢融情夏令营掠影》被刊登于浙江援疆微信公众号；《中小学生暑期夏令营活动丰富多彩》《万水千山情，山海若比邻》《科技夏令营：在孩子心中种下科技梦》获衢州日报、晚报专题报道。2023年营地在省级平台获11次报道，市级媒体报道20次，各类微信公众号平台发布推送50余篇，各参训学校也通过学校微信公众号发布学生赴基地参加综合实践活动的信息，产生了广泛的社会影响。

加强专业人才培养，壮大研学师资力量。衢州市实践学校依托衢州市中小学实践教育指导中心职能，加大开展每年研学指导老师培训次数，加强各类研学导师的培养。其中，大学生校外实训项目也是研学实践教育专业人才培养的重要渠道。目前，衢州市中小学素质教育实践学校与浙江旅游职业学院已建立友好合作关系，依托丰富的教学资源、优质的实践基地、产教融合等优势，为研学旅行专业的大学生提供实训工作，致力于培养实践能力和创新能力强、适应素质教育发展需要的高质量人才，这既有利于高校人才的创新培养，也能为衢州实践教育带来更多的人才资源。

4 目标指向下的探索与实践

课题研究表明，经过"十二五"期间中央对全国中小学生研学旅行的初步规划和试点实施，该领域逐渐受到了社会各界的广泛关注和普遍认可。在随后的"十三五"和"十四五"期间，国家各部委不仅在政策层面持续为研学实践教育给予支持和引导，而且在资金方面也给予了实质性的投入。地方政府的积极响应和国家级研学实践营地的主动作为，共同推动了研学实践教育的深入发展。

中央专项彩票公益金对研学实践营地项目的支持全面而深入，涉及资金扶持、预算编报、绩效管理、项目设计、教育功能强化、课程与线路创设以及主题内容选定等多个重要环节。这些举措有效促进了中小学生的广泛参与，提升了教育活动的质量，规范了组织管理，夯实了基础条件，确保了安全责任的落实，营造了积极向上的育人环境。这些成果充分展示了研学实践的教育属性和育人功能，为构建中小学生研学实践教育项目的稳健发展机制、运行体系和保障体系提供了坚实的支撑。

在研究过程中，国家级研学实践营地积极响应，主动提供了超过300份详尽的营地建设成果案例，为研究工作提供了宝贵且丰富的素材。同时，经过对提交至"中央专项彩票公益金支持中小学生校外研学实践项目绩效申报与评价系统"的数据进行细致的组织、整合、汇总、提炼以及深入分析，发现各营地均紧密围绕立德树人的根本教育目标，开展了形式多样的研学实践教育活动。这些活动涵盖了优秀传统文化、革命传统教育、国情教育、国防科工以及自然生态等多元主题板块，有效地促进了学生践行社会主义核心价值观，传承和弘扬了优秀文化，加深了对国情的了解，提升了国家安全意识，培养了科学精神，激发了对自然的热爱。这些实践成果充分展现了营地教育在推动学生全面发展方面所取得的积极成效。

经过广泛调研与深入研究，众多案例清晰地表明，在中国特色社会主义现代化建设进入新时代的大背景下，国家级研学实践营地主动提高站位，紧密围绕科教兴国、人才强国和创新驱动三大发展战略展开教育工作。这些营地不仅致力于强化中国共产党的革命传统和精神教育，激发学生的爱国情感和社会责任感，深化对红色文化内涵和价值的理解与感悟，提升思政教育的亲和力和针对性；同时，还特别注重增强文化自信，推动中华优秀传统文化的创造性转化和创新性发展，并大力弘扬劳模精神、劳动精神和工匠精神。在此基础上，他们为研学实践教育赋予了新的价值取向，强化了校内外衔接协同育人的理念，积极开发并利用社会资源，探索了科学的教育方略与实施路径。通过不懈努力，形成了一批值得推广的研学实践教育典型案例，为我国研学实践教育的创新与发展做出了有益的探索。

课题专家组成员对具有代表性的案例进行了深入研究与讨论，梳理了近十年来研学实践教育活动的核心教育目标，归纳为文化传承与创新教育、责任与担当教育、科学技术教育、自然教育以及启蒙教育五个方面的教育目的指向，并从价值取向、校内外衔接、实施路径与方略、校外资源四个维度做了进一步探究与分析。这些成果为我国研学实践教育的未来发展提供了宝贵的参考与借鉴。

4.1 文化传承与创新教育

4.1.1 文化传承与创新教育价值取向

4.1.1.1 文化传承与创新教育的内涵

文化传承是一个系统性的过程，它涉及对传统文化、历史积淀、艺术瑰宝和科学智慧的继承、传递与提升。从广义上讲，文化代表着人类创造的所有物质与精神财富的总和，体现了人类文明的多元与丰富。而从狭义的角度来看，文化则特指人类在科技、哲学、文学、艺术、体育和教育等各个领域中取得的卓越成就和独特贡献。这一过程不仅需要我们对传统文化的深刻理解，还需要我们不断地创新和发展，以适应时代的需求和变化。

传统文化，作为历史长河中文明演进的产物，汇集了各民族独特的文化特质和精神风貌，它反映了各民族在历史长河中形成的各种思想、文化和观念形态。中华民族传统文化，作为中华民族历史文化的瑰宝，其内涵博大精深，主要包括以下几个方面：

①**思想观念**。强调以儒家思想为核心的思想体系，强调道德、仁义、礼智信等价值观。

②**思维方式**。注重整体性思维，强调的是人与自然的和谐相处，注重的是天人合一的哲学理念。

③**价值取向**。强调以家族、群体、社会为中心的价值取向，强调的是团结、和谐、互助的社会关系。

④**道德情操**。注重忠诚、孝顺、节俭、勤奋等道德情操，强调的是人性的自我完善和超越。

⑤**生活方式**。涉及人们的生活方式，包括服饰、饮食、建筑等，提倡适应当地自然环境和生活条件的生活方式。

⑥**礼仪制度**。注重礼仪制度，强调尊卑有序、长幼有别的社会秩序。

⑦**风俗习惯**。涉及人们的风俗习惯，包括节日、婚丧嫁娶、祭祀等，强调尊重传统、保持民族特色的风俗习惯。

⑧**宗教信仰**。涉及人们的宗教信仰，包括佛教、道教、儒教等，强调对天地神灵的敬畏和对祖先的怀念。

⑨**文学艺术**。在文学艺术方面有着丰富的遗产，包括诗词歌赋、曲艺戏曲、书法绘画等，强调艺术的审美和思想的教育意义。

⑩**教育科技**。教育方面强调知识的学习和品德的修养，科技方面强调生产生活的实际应用价值。

习近平总书记将中华优秀传统文化提升为"中华民族的基因""民族文化血脉"和"中华民族的精神命脉"，有力增强了民族自信心、民族自豪感和民族凝聚力。

中华民族传统文化的传承与教育，是指对中华优秀传统文化的深入内化与实践应用。这一过程以弘扬爱国主义精神为基石，注重家国情怀教育和社会关爱教育的人格修养培养。同时，它还强调仁爱共济、立己达人的社会关爱教育，以及集体主义精神和生态文明意识的培养。这些元素共同助力青少年学生完善道德品质，塑造理想人格，提升政治素养。

举例来说，宁夏回族自治区固原市青少年示范性综合实践基地管理中心（简称"宁夏固原营地"）的"重走六盘山红军小道"研学实践课程，巧妙地将红色革命遗迹融入教育内容，进行红色教育。这样的课程引导学生亲身感受党和国家的光辉革命历程，见证祖国改革开放的伟大成就，从而激发学生对党、对国家、对人民的深厚情感。

同样，湖北省宜昌市青少年实践教育基地（简称"湖北宜昌营地"）的"参观辛亥革命武昌起义纪念馆"研学实践课程、黑龙江省伊春市中小学生综合实践学校（简称"黑龙江伊春营地"）的"参观佳木斯日军侵华罪证陈列馆"研学实践课程等，也是通过走进历史革命场馆，让学生更深入地了解民族苦难，发扬民族精神。而内蒙古自治区包头市中小学综合实践教育中心（简称"内蒙古包头营地"）的"参观王若飞纪念馆"研学实践课程、青海省西宁市中小学生社会实践教育中心（简称"青海西宁营地"）的"展开智慧的翅膀，放飞科学梦想"研学实践课程等，则进一步丰富了传承与教育的形式和内容。

这些实践课程旨在让学生更全面地了解中华民族的历史和文化，培养他们的爱国情怀和社会责任感，为他们的全面发展奠定坚实的基础。

文化创新指的是在保持传统文化精髓的基础上，通过创新、改进和发展，使其更加适应现代社会的需求和价值观。习近平总书记强调了推动中华优秀传统文化创造性转化、创新性发展的重要性，以加强社会主义精神文明建设，不断推动中华优秀传统文化的创新发展。

以深圳市育新学校（深圳市中小学德育基地）（简称"深圳育新营地"）的"国防园探秘"研学课程为例，该课程通过参观退役飞机米格15、初教6，引导学生了解飞机基本构造，并借助现代科技手段，深入学习中国现代航空发展历程及航空国防发展现状，旨在提升学生的科学素养和激发爱国情怀。这样的课程设计使得传统文化与军事教育更加符合当代学生的审美和需求。

此外，吉林省四平市中小学社会实践教育中心（简称"吉林四平营地"）的"白山松水，大美吉林——北国科技研学行"线路中的"净月潭人造卫星观测站"课程，安徽省铜陵市示范性综合实践基地（简称"安徽铜陵营地"）的"科技强国，复兴有我"课程，以及山东省威海市中小学生综合实践教育中心（山东省威海市综合实践活动实验学校）（简称"山东威海营地"）的"海洋科创，强国有我"课程，均体现了科学性、生成性、沉浸式等特点。这些课程不断探索新的实施载体、活动方式和成果展现形式，引导学生综合运用多学科知识和技能，为培养全面发展的新时代人才贡献力量。

4.1.1.2 价值取向

教育是文化传承的关键环节，我们必须坚守社会主义教育方向，将社会主义核心价值观与优秀传统文化的精髓深度融合，融入课程体系之中。通过教育，我们要巩固中华民族共同体的意识，引导学生形成健康的世界观、人生观和价值观。我们的目标是培养德智体美劳全面发展的社会主义建设者和接班人，为国家的繁荣和民族的复兴贡献力量。

文化传承与创新的价值取向包括以下内容：

（1）传承文化精髓

文化精髓，作为文化的核心组成部分，承载着文化价值的深厚底蕴。在推进文化传承教育的课程中，我们必须坚定不移地遵循社会主义办学方向，将社会主义核心价值观与优秀传统文化等要素巧妙地融入课程内容之中，实现教育与文化的有机结合。通过这样的教育方式，我们能够深化学生对中华民族共同体的认识，引导他们形成积极向上的世界观、人生观和价值观，努力将他们培养成为德智体美劳全面发展的社会主义建设者和接班人。

对于文化精髓的传承，其重要性不言而喻。它有助于维护文化的连续性和稳定性，保护文化的多样性，并增强我们的文化自信和认同感。通过传承文化精髓，我们能够提升国家文化软实力，为社会的和谐稳定和持续发展提供坚实的文化支撑。

（2）注重知行合一

明朝学者王守仁提出"知识是行动的先导，行动是知识的实现"，强调了知行合一的重要性。知行合一是一种实践导向的教育方法，它通过实地考察、亲身体验等方式，使学生能够深入理解和体验所学知识。在文化传承教育中，课程应重视身体力行，让学生在实践中感知。例如，通过亲身参与传统手工艺制作、参观文化古迹、体验民俗节庆等活动，学生可以更加深入地了解和感受传统文化的魅力。此外，还可以运用学科知识指导探究活动，将学科知识融入学生的认知结构中，并通过实践中的反复验证，巩固和深化课堂所学知识。知行合一的教育方式有助于提升学生的实践能力，促进知识的整合与应用，使学生能够将课堂所学的理论知识与实际情境相结合，从而加深对知识的理解与掌握。同时，这种教育方式也有助于拓宽学生的视野，增强其对社会的认知，帮助学生更好地认识自我，提升其综合素质和能力。

（3）培育创新素养

激发创新思维，培育文化传承，是教育的重要使命。为达成此目标，我们的课程必须紧密贴合现实，启迪学生心智，助其掌握发现问题、分析问题和创造性解决问题的技巧。我们必须引导学生广泛涉猎多学科知识，开阔其视野，并培养其独立思考的能力，避免盲目接受既定观念或权威意见。此外，我们还应鼓励学生勇于尝试新的方法和思路，不畏失败，持续在实践中探索与改进。

同时，我们还应注重培养学生的领导力和团队合作能力，以推动团队创新。通过深入了解传统文化，激发学生的创新意识和创造力，塑造其积极向上的核心价值观，进一步推动中华文化的创新性发展。总之，我们的目标是培养既具备严谨、稳重、理性精神，又能勇于创新、引领未来的优秀人才。

4.1.2 文化传承与创新教育校内外衔接初探

文化传承与创新在校内外教育中的衔接，是指在校外开展文化传承与创新教育实践活动时，需与校内课程设置进行有机融合，以达成预设的教育目标。校内课程涵盖文化课、历史课、艺术课等多个方面，而校外实践则包括访问博物馆、考察文化遗址、观赏艺术展览等多种形式。此种衔接机制使学生能更深刻地领悟文化传承与创新的意义，进而增强文化自信心和认同感，满足文化育人的需求。此外，这一机制还有助于培养学生的创新思维与实践能力，推动中华文化的创新性发展。关于如何实现与校内教育的有效衔接，经过70多个国家级研学实践营地多年的实践与探索，已经总结出一套切实可行的途径与方法。

4.1.2.1 正确把握文化传承与创新教育的内容

优秀传统文化。为了深入弘扬中华优秀传统文化，可以结合文化宫、博物馆、文化遗址等场所，精心策划传统文化实践课程。通过这些课程，学生将有机会亲身参与，深入体验中华文化的独特魅力，从而激发其对传统文化的热爱之情，坚定对民族文化的自信。

中华历史文化。为了让学生更好地领略中华历史文化的博大精深，可以联合文物保护单位、博物馆、历史古迹等资源，开发历史文化实践课程。通过这些课程，学生将能够深刻感知中华历史文化的厚重底蕴，进而培育对中华历史的认同感和自豪感。

红色革命文化。在传承红色革命文化方面，可以充分利用革命纪念地、烈士陵园、会议遗址等资源，开展红色文化课程。通过讲述红色故事、传承红色基因，弘扬长征精神、革命精神、红船精神，我们旨在培养学生的社会责任感和使命感，让他们成为担当民族复兴大任的时代新人。

非物质遗产文化。为了让学生领略非物质文化遗产的魅力，可以依托世界自然遗产地、世界文化遗产地等资源，设计非遗文化体验课程。通过这些课程，学生将能够亲身感受非物质文化遗产的独特魅力，从而自觉传承和保护非遗文化和民间艺术，为弘扬中华优秀传统文化贡献力量。

4.1.2.2　整合好校内校外教育资源

首先，必须充分整合并利用相关的教育规定和政策资源。教育部于2022年发布的《义务教育课程方案和课程标准（2022年版）》以及《教育部等11部门关于推进中小学生研学旅行的意见》（简称"《11部门意见》"）均明确指出，我们的核心任务是落实"立德树人"的教育理念，并以此为基础，发展学生的核心素养。通过实施研学实践活动，我们期望学生能够拓宽视野、丰富知识，增强对自然和文化的感知，提升对集体生活和社会公共道德的体验，从而培养新时代中小学生正确的价值观念、必备的品格和关键的能力。营地和学校需全面贯彻落实国家的教育方针，深入理解和应用国家关于中小学课程设置方案和课程标准的内容，遵循教育规律和目标要求，科学合理地设置课程体系，规范课程内容。

其次，准确掌握好学生信息资源。要做到实践课程与校内教育的有效衔接，务必要做好学情分析，关注学生年龄和学段特点。不同学段学生具有不同认知特点和兴趣爱好，资源利用要体现针对性和适用性，设计的实践教育课程内容才能贴近学生生活经验和认知水平。

小学生具备强烈的好奇心和可塑性，对于新鲜事物展现出浓厚的兴趣。他们已初步接触并了解历史、艺术和非遗文化等领域。因此，在课程设置上，我们应充分利用学生熟知的乡土民情，挑选与之紧密相关的研学资源。通过设计观察与体验为主导的研学活动，重点强化实践、趣味及教育意义，以全面培养学生的综合素养和认知能力。

初中生已具备一定的知识基础和创新能力，对文化传承与创新有基本的认识。为了更好地培养学生的实践能力和探究精神，可以选择实践性和探究性较强的教学资源，设计以探究为主导的实践活动，并与学校内的美术、历史和语文等学科相结合。通过实地考察和设计制作为主的实践课程，可以有效地提高学生的鉴赏能力和审美意识，使他们在自主探究中逐渐形成正确的价值观、必要技能和核心能力。同时，这样的实践活动也有助于培养学生的文化保护意识和责任感，为他们的全面发展奠定坚实的基础。

高中生群体兴趣广泛，具有强烈的创新意识和挑战权威的勇气，他们勇于尝试新事物，展现出无限的活力和潜力。为了有效引导这一群体正确处理守正与创新之间的关系，并将优秀文化与中华民族伟大复兴的目标有机结合，建议设计以自主探究和实践操作为主的课程体系。通过此类课程，学生能够深入了解近现代历史事件、红色革命文化以及民族精神，进而培养他们的跨学科思维。这一课程体系可以与历史、道德与法治、美术、地理、物理等学科进行联动，共同促进学生的全面发展。

最后，地域特色在资源整合过程中起着不可或缺的重要作用。各个地区都蕴藏着独特且丰富的历史遗迹、人文景观和自然景观等宝贵资源。通过对这些资源的深入挖掘和提炼，可以构建出具有鲜明地域特色的研学课程。这样的课程不仅能够让学生亲身感受地域文化的独特魅力，还能在潜移默化中培养他们热爱家乡、热爱祖国的深厚情感。

4.1.2.3 校外实践课程设计与校内课程做到有效衔接

文化传承与创新，作为中华民族持续发展的核心驱动力，其内涵丰富且深远。它囊括了红色文化、非遗文化、黄河文化、生态文化以及历史文化等诸多领域，共同构建了中华民族独具特色的文化体系。为了使学生全面而深入地理解文化传承与创新的重要性，并培养他们的创新意识和实践能力，相关的研学活动需整合学校、社会和家庭等多方资源，形成深入合作与协同的融合模式。通过这种模式，学生能够在实践中感知文化的力量，理解传承与创新的深层价值，进而成为文化传承与创新的积极参与者和推动者。

一是推动校内校外红色文化的深度融合。在传承和创新红色文化的过程中，学生必须深入理解中国共产党光辉灿烂的历史。通过生动讲述党的历史、革命的故事、根据地的故事以及英雄烈士的英勇事迹，我们要将党的理想信念、精神血脉传承下去。这既是对历史的尊重，也是为了强化革命传统教育、爱国主义教育和青少年思想道德教育，使红色基因在新时代焕发出新的生机。例如，山东省潍坊市中小学生示范性综合实践基地（简称"山东潍坊营地"）开发的"追寻烽火足迹，赓续红色血脉——'渤海走廊'探访专线"课程，就是一个很好的例子。该课程采用跨学科单元课程设计与基地红色元素相结合的方式，引导学生走进渤海走廊革命斗争陈列馆和昌邑县抗日殉国烈士祠等国家级研学基地，深入学习和传承"渤海走廊"精神，弘扬社会主义核心价值观。

二是实现校内与校外传统文化及非遗文化课程的有机结合。对于中华优秀传统文化与非遗文化的教育实践，我们既要保持对经典文化的传承，又要展现其实际应用与创新能力，使之与当代社会进步保持同步。传承传统文化与非物质文化遗产，旨在展示中华民族独特的精神特质。通过巧妙融合传统与现代元素，我们可以让非遗文化更具吸引力，更富生命力。此举不仅有助于塑造中国精神、中国价值和中国力量，更能激发新一代的文化创造力。在校外教育方面，我们应充分利用学校非遗馆、传统手工艺工坊等资源，结合学校已有的非遗与传统文化课程，积极引入本地博物馆、文化馆等社会公益资源，为学生提供更加直观和实践性强的学习体验。我们应精心设计丰富多样的课程内容，让学生通过亲身参与非遗文化作品的设计、制作、展示和销售等环节，更深刻地领略传统手工艺和民间文化的魅力，从而培养起对传统文化和非遗文化的保护与传承意识，并为传统非遗文化注入新的创新活力。

校内外课程资源的有效整合，不仅丰富了文化传承与创新教育实践课程内容，还为中华优秀文化的创新发展注入了新的活力。例如，四川省广元市示范性综合实践基地管理中心（简称"四川广元营地"）在利用千佛崖研学实践基地的民间石窟文化资源时，针对小学高年级段学生开发了"赏民间石窟文化"和"金牛蜀道上的遗址"实践课程。这些课程与人教版美术四年级上册第11课"泥玩具"、四年级下册第21课"砖雕艺术"，以及四年级道德与法治下册第四单元第11课"多姿多彩的民间艺术"等内容紧密衔接。此外，上海市金山区青少年实践活动中心开设的传统文化课程"彩绘乡村你我他"，融合了小学美术、语文、自然学科知识，并与五六年级的"烹饪与营养""农业生产劳动""传统工艺制作"任务群的劳动任务清单内容相互对应，深入挖掘劳动育人价值，实现了与劳动实践课程的有机衔接。另外，云南省红河州中小学示范性综合实践基地（简称"云南红河营地"）的"乡村孩子看县城"研学课程，与语文、美术、道德与法治等课程内容相互呼应，使乡村学生能够走出山区，走进县城博物馆、科技馆等实践基地，从而拓宽视野、增长见识。这样的课程设计不仅有助于传承中华优秀传统文化，还能培养学生的爱国情怀和社会责任感。

三是加强历史文化传承与创新教育的结合。 中华优秀传统文化是我国深厚的文化软实力，也是中国特色社会主义的文化根基。历史文化遗产承载着中华民族的基因和血脉，是我们文化传承的精神支柱，是连接过去、现在和未来的重要纽带。习近平总书记明确指出，中华文明是我们独特的精神标识和文化根基，他强调了对历史文化的保护和传承。我们的课程立足于对历史与文化的尊重，致力于实现创新性发展。通过将历史文化与科学文化巧妙结合，我们实现了传统与现代的有机融合。在实践与体验的基础上，学生通过研学实践全面了解了中华历史文化的精髓，激发了他们对历史的热爱，并培养了他们对中华文化的热爱、认同和责任感。我们传承了中华文化的核心思想理念、中华传统美德以及中华人文精神，坚定了学生的文化自信，培育了新时代精神。例如，四川省泸州市教育实践基地（简称"四川泸州营地"）打造了以中国共产党发展史为主题的走廊历史文化课堂，将初中段的中国近现代史知识巧妙地融入系列实践课程中，提升了学生对历史文化的感知兴趣。另外，陕西省西安市中小学校外综合实践活动基地（简称"陕西西安营地"）的"革命印记""华夏寻根""丝路探源"课程，重点解决了学生在课堂教育中难以实现动手实践、科研创新等问题，为学生开辟了一条走出校园、融入社会的绿色通道，形成了特色鲜明的营地研学实践教育课程框架。

四是制定科学的文化传承与创新教育活动设计。积极建立校内校外协同的实践教育研究机制，营地需定期联合教研团队与中小学校，共同研究并制定文化传承与创新研学活动方案及学年度教学计划。在深入理解不同学段学生的校内学科知识掌握情况和课程进度的基础上，确立研学实践课程的目标任务，明确教学内容与方法，合理规划研学线路与时长安排，确保校内校外教育目标的一致性。

实现文化传承与创新教育与校内教育的紧密结合与课程的有机统一，可以充分彰显研学实践教育的核心价值，满足新时代社会发展的多元化需求，从而推动学生综合素质的全面发展。

4.1.3　文化传承与创新教育实施路径

4.1.3.1　实施路径

（1）制定科学的研学方案，突出教学重点

文化传承与创新教育是一项系统工程，其实施需遵循一定的原则与步骤。首先，应充分结合地域特色及学生的兴趣和特点，设立独具特色的研学主题，以此激发学生的学习热情和探索欲望。其次，我们应以"培养全面发展的人"为育人目标，构建以核心素养为导向的研学实践教学目标，旨在提升中小学生在实际环境中解决问题的能力，进而为中国培养实践创新复合型人才、提升教育国际竞争力提供坚实支撑。最后，应开发主题鲜明、连贯的研学实践课程内容，这些内容不仅涵盖了学生需要参与的各种实践活动，还体现了基地的教育价值观和研学实践课程目标，为学生提供直接经验与间接经验相互渗透的综合学习体验。

吉安市示范性综合实践基地、广西壮族自治区玉林市示范性综合实践基地、北京陶瓷艺术馆等聚焦非物质遗产文化，为中小学生量身定制教育活动，旨在加深他们对我国传统文化基础类别的认知，理解传统文化在日常生活中的实际应用与影响，并激发他们对传统文化的兴趣与好奇心，从而培养他们对传统文化的热爱与尊重。

湖南省长沙市中小学素质教育实践基地岳麓营地（简称"湖南长沙岳麓营地"）在研学课程设计方面，秉持"多维育人"的核心理念。该营地以"教育先行课程为主、跨界融合立体多元、动态开放实践育人"为三项目标设计原则，紧密围绕学生的真实成长需求，结合学生发展核心素养，科学设置课程目标，实现课程内容的资源属性最大化利用。

此外，湖南长沙岳麓营地还推出了以"数风流人物"为主题的研学实践活动。该活动通过串联多个研学站点,让学生在参观革命先辈故居的过程中,亲身感受先辈们坚贞不屈、敢于牺牲的革命精神,从而培养他们的崇高思想品德和道德情操。这一活动不仅丰富了学生的学习体验,也为他们提供了深入了解历史文化、传承红色基因的机会。

(2)创设良好的研学情境,升华目标感悟

文化传承与创新教育之重要性,在于确立学生在学习过程中的主体地位,通过研学实践课程,加强对文化和情境的亲身体验与深度理解。只有当学生全身心地参与,才能有效地激发其主观能动性,并通过情境展示等手段,培养学生的联想和想象能力,进而深刻理解文化内涵,并逐步形成专业素养和文化自觉。这将有助于学生更深入地认识并认同所学专业和文化,从而更好地适应社会发展的需求。

以福建省龙岩市示范性综合实践基地为例,其以"探寻黄酒文化 传承工匠精神"为主题的研学实践教育活动,使学生走进沉缸酒古法车间,通过实际操作如使用土砻、谷丰机、石臼舂米等,观察沉缸酒的酿造工艺流程,并了解相关工具。这一实践过程使学生深刻感受到非遗文化的技艺之宝贵,从而培养对中华传统文化的深厚情感。

同样,新疆维吾尔自治区福海县青少年活动中心的"弘扬中国传统文化·相声巴扎之旅"主题研学实践教育活动,通过小组观看欣赏、角色扮演、专业人员指导以及舞台演绎等多种形式,以诙谐幽默和沉浸式体验的方式呈现传统文化。这一活动鼓励学生主动探索,深入感受传统曲艺文化的魅力,进而提升学生对传统艺术文化的兴趣,并深刻领悟中国传统曲艺文化的艺术价值。

(3)培育专业的研学师资团队,提升育人成效

研学师资是在特定领域拥有深厚专业知识与技术,且具备教学资质的人员。关于文化创新与传承领域,研学师资来源大致可分为以下三类:

首先,与研学主题对口的大学生,诸如旅游、师范、历史等相关专业的大学生。他们具备扎实的专业知识与教学技能,能够充分发挥其专业优势。

其次,在文化领域拥有相关技艺的兴趣爱好者,如手工艺、文博历史等爱好者。他们凭借丰富的知识与技艺,以言传身教的方式,凸显其情感优势。

最后,在文化场馆及相关文化项目中担任专职讲解的人员。他们在专业领域具备丰富的知识储备与高超的能力素养,彰显其综合优势。

虽然上述各类人才各具特色与优势,但亦存在不足之处。因此,有必要对专业研学师资进行系统性培训,以确保其能够有效指导学生完成研学任务。

此外,尽管研学营地运营单位多属事业单位,但是仅有四分之一营地能够实现全额事业编制,其余四分之三营地师资则采用"部分事业编+部分合同制"的管理模式。鉴于多数营地实行半军事化管理,其内部除专职教师外,通常还配备一支教官队伍,亦均为聘用人员。

（4）部署精细化组织实施，有序活动开展

研学实践活动是一种创新性的教育模式，旨在连接学校教育与校外教育，实现体验式教育与实践性学习的有机结合。此模式不仅扩展了实践活动的空间，还丰富了其实质内容和形式。作为文化传承的关键载体，研学实践活动在传承文化、提升创新能力方面具备显著优势。

实施研学实践教育不仅涉及课程计划和活动方案的执行，更是一个包含教、学、行、研、创的综合性过程。在此过程中，我们遵循教育性、实践性、安全性、探究性和自主性原则，强调学生的中心地位，注重安全，立足实践，合作探究，使课程回归生活，实现开放与多元，从而确保研学实践课程达到最佳效果。

为了确保课程的顺利进行并取得预期效果，通过制定明确的策略并注重细节和实效性，可以确保研学课程的顺利进行并取得预期效果，有助于培养学生的实践能力和创新思维，提升他们的综合素质和竞争力。

首先，行前策略是研学课程实施的重要准备阶段。在制定行前策略时，我们需要明确课程的原则和目标，确保所有参与者对课程的目的和期望有清晰的认识。此外，探寻课程思路也是行前策略的关键环节，通过深入分析课程主题，确定课程内容的逻辑结构和教学方法，有助于保证课程的连贯性和吸引力。同时，组织策划和分工明确也是行前策略的重要组成部分。通过精心策划和明确分工，可以确保课程的顺利进行，并减少不必要的混乱和延误，此外，行前策略可为行中策略打下坚实基础。

其次，行中策略是研学课程实施的核心阶段。在这一阶段，教师需要密切关注学生的学习进展和反馈，根据实际情况调整教学策略，确保学生能够充分参与和体验课程。此外，行中策略还需要注重培养学生的实践能力和创新思维，通过引导学生进行实践操作和问题解决，帮助他们将理论知识与实际应用相结合。

最后，行后策略是基于行中策略的成果进行延伸和拓展。在这一阶段，需要对学生的学习成果进行总结和评价，以便更好地了解学生的学习情况和进步程度。同时，行后策略还需要注重展示和提升学生的学习成果，通过举办成果展示活动或制作成果报告等方式，让学生有机会展示自己的学习成果和收获。

研学行程的终结并非课程的完结，相反，其后续课程的精心组织与实施对于研学成果的巩固与提升具有至关重要的意义。我们期望通过引导学生开展深刻的反思、系统性的总结以及积极的分享，使学生们能够更深入地领悟和承袭文化之精髓，同时，也期望在这一过程中，有效锤炼学生的实践能力，拓宽他们的国际视野，从而为他们的全面发展奠定坚实而稳固的基础。

以辽宁省盘锦市示范性综合实践基地（简称"辽宁盘锦营地"）为例，其在主题为"赴约红海滩，精彩无极限"的湿地文化主题研学活动中，严格遵循行前思考、行中研究、行后领悟的设计与实施思路。其目的在于引导学生深入理解湿地的重要性，认识保护湿地的必要性，并通过亲身参与和体验活动，获得积极的价值体验，进一步感受生态平衡的重要意义。

辽宁省大连金普新区中小学生综合实践学校（简称"辽宁大连营地"）在汉字大"美"主题课程研学活动中，通过组织"汉字之美"创意设计等活动，引导学生深入挖掘汉字之美和汉字之魂，为传承汉字文化贡献自己的力量。此举旨在培养学生的文化自信，树立正确的世界观、人生观、价值观，培育学生的家国情怀。

（5）确立完善的评价体系，持续优化研学成果

教学是在特定教育价值观指引下，依据既定的教育目标，对教育过程及其结果进行价值评判的过程。在研学实践课程中，教学扮演着引导、诊断、反馈和调控等多重角色，为教学决策提供重要依据。对于文化传承创新研学课程而言，构建有效的教学评价体系具有深远意义。这一体系不仅能够对教师的教学工作（如教学设计、组织实施等）进行全面评估，还能够准确反映学生的学习效果，进而促进学生专业素养和文化自觉的培养，增强其文化自信，从而更好地适应社会发展需求。同时，这一评价体系还能够促进研学师资专业素养的提升，持续优化教学实力，推动研学实践课程改革的深入发展。

4.1.3.2 方略研究

为了有效推进文化传承与创新教育在研学实践中的落实，需要构建一套完整的文化传承与创新教育方略。这一方略应包括明确的教育目标、科学的内容与方法设计、系统的实施体系以及完善的课程体系。同时，这一方略的实施需要学校、营地、基地以及政府部门等多方主体的紧密协作，共同推动文化传承与创新教育的深入开展。

（1）确定文化传承与创新教育的目标

为了设定文化传承与创新教育研学课程的目标，必须首先立足于学生的实际情况，并结合综合研学实践教育、综合实践活动课程以及义务教育学科课程中关于文化传承与创新教育的目标进行深入提炼，从而确立研学实践教育课程的总体目标。这一目标体系包含以下四个维度：

首先，价值体认。通过开展系统的学习和实践体验活动，引导学生深刻理解和认同中华文化的独特价值和深厚底蕴，培养学生对中华文化的尊重和热爱。

其次，责任担当。强调培养学生的社会责任感和使命感，使他们在保护和传承中华优秀传统文化方面发挥积极作用。学生将通过参与文化宣传和实践活动，将文化传承融入日常生活，展现对文化的积极担当。

再次，问题解决。注重实践性教学，通过设计富有趣味性的活动，如游戏、手工制作等，培养学生的问题解决能力。在实践过程中，学生将面临各种情境挑战，通过团队协作、观察记录等方式，锻炼学生独立思考和创新解决问题的能力。

最后，创意物化。通过手工制作、绘画等多样化的创意活动，引导学生将传统文化元素转化为具体成果，培养对文化创意的兴趣和想象力。同时，鼓励学生跨学科实践，将传统文化与现代科技、艺术等领域相结合，推动文化元素的创新性发展，提升综合创造力。

以辽宁盘锦营地的"时令分段式农耕体验"研学课程为例，该课程在目标设定上紧密围绕价值体认、责任担当、问题解决、创意物化四个方面展开，构建了多维度的教育目标体系，实现了传统农耕文化与现代农业科学教育的有机结合，让学生在亲身体验中感悟"农文化"的力量，为文化传承与创新贡献力量。

（2）创造性地设计研学内容与方法

研学实践教育，作为深化素质教育的重要形式，其教育内容与方法具有独特性和创新性，与校内学科教学形成鲜明对比。

在内容层面，紧密围绕国家政策要求。《11部门意见》明确指出，研学实践教育内容的设定应遵循小学阶段以乡土、乡情为主，初中阶段以乡情、市情为主，高中阶段以省情、国情为主的原则。因此，构建了以历史、地理、自然、科技、人文、体验为主要内容的研学实践教育课程体系。这一体系旨在让中小学生在研学实践中深入感受祖国的壮丽河山、中华传统美德、革命光荣历史和改革开放伟大成就，从而增强对"四个自信"的理解与认同。由此将文化传承与创新研学课程内容归纳为四大类别：以非遗场所、博物馆、文化遗址等资源为依托的"传统文化"；以文物保护单位、博物馆、历史古迹等资源为依托的"历史文化"；以革命纪念地、烈士陵园等红色资源为依托的"红色文化"；以世界自然遗产地、世界文化遗产地、国家海洋公园、生态保护区等资源为依托的"生态文化"。这四大类别从不同侧重点为青少年学生提供全方位的文化传承与创新教育和体验。

在方法层面，注重实践与创新。鉴于研学实践教育形式、内容的特殊性以及目标的不同，实施落地所对应的教学策略更加注重以学生为中心，强调运用启发式、情景式和合作学习等方法。紧紧把握教育性、实践性、安全性、探究性、自主性原则，关注学生需求，注重安全保障，立足实践，合作探究，回归生活，开放多元。以湖南长沙岳麓营地为例，该地区结合本地红色教育资源，以"寻伟人足迹"为研学主题，运用PBL教育模式，以学生为中心，创设任务、落实方案、多元探究，鼓励学生主动探究与深入思考，全身心地投入到研学活动中，取得了显著成效。这种注重实践与创新的教学方法，有助于实现研学实践课程的最佳效果。

（3）构建文化传承与创新教育实施体系

在推进文化传承与创新教育的过程中，必须深入考虑教育目标、实施原则、主要内容、教育模式及队伍建设等核心要素。这不仅仅是教育部门单方面的责任，更需要家庭、学校、营地、政府以及社会各界的共同参与和协作。因此，构建这一教育体系应被纳入当前的教育综合改革框架内，以确保其全面、系统地实施。

首先，必须建立一套有效的协同育人机制。这一机制应以政府为主导，同时联合营地、学校以及各类活动场所，形成强有力的支撑。在此过程中，各方应明确各自的职责，以确保育人工作的高效进行。此外，还需要建立一套完善的活动管理制度，涵盖课程体系、过程管理、监督评价以及后勤保障等各个方面。同时，为了保障研学实践教育的顺利进行，还需要建立与文旅、交通、财政、农林、发改等部门的长期合作机制。

其次，为了提升教育质量，需要集结不同专业和领域的专家，形成跨学科、跨领域的协同合作。这些专家可以发挥各自的专业知识和经验优势，为课程开发、师资培养以及实施策略提供全面、深入的指导。他们的参与有助于更好地解决实施过程中遇到的问题，从而帮助学生更好地理解和掌握文化传承与创新教育的相关知识，培养他们的文化传承意识和创新精神。

例如，河北省石家庄市青少年社会综合实践学校（简称"河北石家庄营地"）通过实施"课题式"研学实践教育，成功实践了"营地为枢纽、基地为站点"的协同发展模式，为其他地区提供了宝贵的经验。当地教育行政主管部门对此给予了高度重视，大力推进研学基地建设和研学实践教育的规范化，全力支持"课题式"研学的实践探索。

另一个值得借鉴的例子是山东潍坊营地在文化传承与创新类研学实践活动中进行的项目化学习的探索与实践。他们建立了多方联动机制，共同设计了如"传承文化基因，做自信中国人——杨家埠年画文化之旅""W风筝文化之旅"等十大"文化传承"主题研学课程。这些举措不仅解决了研学实践教育协同联动各自为营、未成体系的问题，还满足了高水平学生的需求，切实提升了研学课程的质量，取得了显著的成效。

（4）构筑全面系统的课程体系

课程，作为研学实践教育的核心组成部分，其构建与发展应秉持开放、普惠、平衡与共赢的原则。通过汇聚各方资源，共同营造一个优质的研学实践教育环境，分享丰富的文化教育资源，推动研学实践教育基地、营地与中小学校之间的深度合作，以构建满足青少年学生文化传承与创新需求的全面系统课程体系。

行前课程的精心策划。学校与营地应紧密合作，设计行前课程，目的在于为学生研学实践做好充分准备。课程内容应涵盖研学实践的背景介绍、目的地概览及研学主题的解读，提供相关文化背景知识，并为学生提供充足的预习材料。学生需明确研学任务，搜集相关资料，规划研究性学习课题与分工，并熟知研学实践中的安全注意事项。

行中课程的生动实施。营地与基地应联合打造行中课程，将学科知识与实际情境紧密结合，探索新型教学模式如项目化学习。通过多样化的活动形式和成果展示方式，结合现代数字化技术，促进学生的个性化学习，使学习过程可视化，知识结构体系化。

行后课程的深入总结。学校、营地、基地等多方应共同参与行后课程的设计，引导学生对研学过程中的知识、经验和感悟进行深入总结与反思。帮助学生将所学知识应用于实际，引导学生思考自身在社会中的角色与责任，认识到个人学习与行为对社会的影响。

同时，研学师资可引导学生对感兴趣的领域进行进一步探索，并提供必要的支持和资源。

以山东省临沂市青少年示范性综合实践基地（简称"山东临沂营地"）为例，其积极推行并优化弘扬沂蒙精神的研学活动，以实践育人为目标，联合学校、基地、家庭等各方力量，打造包括行前、行中、行后在内的全面课程体系。通过这一系列的精心设计和实施，成功实现了预期的教育目标，为学生的全面发展提供了有力支持。

4.1.4 文化传承与创新教育校外资源

文化传承与创新教育作为中华民族进步的核心驱动力，其重要性不言而喻。中华民族的文化版图是一幅绚丽多彩的画卷，它汇聚了红色文化、历史文化、非遗文化、生态文化等多元要素，共同构建了这个伟大民族的独特魅力。为了实现文化传承与创新教育的深入发展，必须积极融合承载各种文化元素的校外资源，构建紧密联动的研学资源网络，引导学生为构建人类命运共同体贡献中国智慧和中国力量。

4.1.4.1 文化传承与创新教育的校外资源类型

红色文化是中华民族的重要组成部分，承载了中国共产党领导人民进行革命、建设和改革的光辉历程。从井冈山的星星之火，到延安的革命圣地，再到新中国的成立和改革开放的伟大实践，红色文化不仅见证了中华民族从站起来、富起来到强起来的伟大飞跃，更激励着一代又一代中国人不断奋斗、砥砺前行。红色文化教育资源包括革命战争时期形成的以改革创新为核心的时代精神，如长征精神、延安精神、井冈山精神等；革命战争时期的武器、装备、生活用品、先烈遗物等历史文物；革命历史时期的文件、报告、日记、书信等文献资料；革命历史时期的照片、影片、录像等；革命历史时期的遗址、遗迹和纪念馆、纪念碑、烈士陵园等。

历史文化是中华民族文化版图中的瑰宝，见证了中华民族五千多年的文明史。从夏商西周的青铜文明，到春秋战国的百家争鸣，再到唐宋元明清的辉煌盛世，历史文化以其深厚的历史底蕴和博大精深的内涵，成为中华民族的文化根脉。它教育我们尊重历史、铭记先辈，不断传承和发扬中华民族的优秀传统文化。

非遗文化是中华民族传统文化的重要组成部分，以其独特的形式和内涵，展现了中华民族丰富多彩的文化创造。从京剧、昆曲到剪纸、刺绣，从茶艺、陶瓷到民间音乐、舞蹈，非遗文化以其精湛的工艺和深厚的文化底蕴，成为中华民族传统文化的明珠。保护和传承非遗文化，不仅是对历史的尊重，更是对中华民族文化多样性的保护和弘扬。

生态文化是中华民族追求可持续发展的生动体现，倡导人与自然和谐共生，追求绿色发展和可持续发展。在中华民族的文化版图中，生态文化以其独特的视角和理念，提醒我们尊重自然、保护环境，实现人与自然的和谐共生。在当今世界面临生态环境挑战的背景下，生态文化更显得弥足珍贵。

4.1.4.2 文化传承与创新教育的校外资源利用

各类营地应积极利用当地的博物馆、艺术馆、历史古迹、老街等丰富的物质文化遗产，通过精心挖掘与整理，重现历史场景，使学生能够更深入地了解并感受传统文化的魅力，传承文化精髓，进而增强文化认同与自信，提升文化软实力。

例如，山西省太原市中小学生综合实践学校（简称"山西太原营地"）通过组织学生探访山西青铜博物馆，鉴赏山西青铜文物，深入探究青铜器铸造技艺，从而让学生领略山西青铜器所蕴含的礼仪文化以及古代工匠们的智慧与创造力。这一活动不仅激发了学生对中国传统文化的继承与发扬，同时也将优秀的传统文化精神理念融入学生的思想与行为中，使传统文化焕发新的生机与光彩。

此外，营地还可以利用当地的非遗文化馆、民俗活动、民间文化等资源，通过实地参观、实践体验等形式，让学生深入了解我国的非物质文化遗产。通过这些活动，学生可以在实践中成为传统文化的传承者与弘扬者，深化对中华文化的价值体认，形成对中华文化的高度认同与尊重，并激发美化生活的愿望与对生活的热爱。

上海市青少年校外活动营地——东方绿舟（简称"上海东方绿舟营地"）在国际学生"寻根之旅"研学实践活动中，以中国传统文化为依托设计课程，选取千年江南古镇朱家角作为文化符号，课程以竹子为载体，从烧制竹筒饭到划竹筏体验，设计竹文化贯穿整个活动环节，注重以文化人的教育意义，帮助学生更加深刻理解中国文化。

同时，营地还需要结合地方文化资源特色，开设主题研学实践活动。例如，山西省大同市示范性综合实践基地（简称"山西大同营地"）紧密围绕"学党史、听党话、感党恩、跟党走"，开发出"探红色大泉山，访东方红色馆"特色课程，让学生通过老物件身临其境地触摸红色历史，接受精神的洗礼与思想的震撼。湘潭市示范性综合实践基地则结合当地红色文化特征，开设了"探寻伟人足迹，传承红色基因"主题研学实践活动，通过实地探访毛泽东纪念馆，让学生了解毛泽东及一家六烈士的光辉事迹与高尚品德，提升民族自豪感与自信心，激发学生的爱国爱家乡热情。

北京市自动化工程学校（简称"北京营地"）则利用生存岛特有的山地资源，契合长征线路和情境模拟，设计了一系列活动项目，组织学生亲身体验红军长征的艰苦历程，激发学生对党、对国家、对人民的热爱之情与民族自豪感，培育学生强烈的爱国主义情怀。吉林四平营地则积极挖掘和研发四平市内及周边的红色教育资源，如四平战役纪念馆、塔子山战斗遗址等，研发了"红色传承，美丽四平"的研学线路及课程。

在现代教育技术的支持下，营地还要加快将文化资源进行数字化处理，利用虚拟现实技术让学生身临其境地感受历史建筑、人类文化遗址等的魅力。同时，与现代设计和科学技术手段相结合，注重创新思维、多元文化、技术发展、社会问题和持续创新等方面的探索与实践，不断推动文化创新的发展，创造出具有时代特色的文化产品，满足学生的精神文化需求，激发创新意识与创造能力，形成积极向上的社会主义核心价值观，推动中华文化的创新性发展。

例如，甘肃省兰州市中小学综合实践教育学校（简称"甘肃兰州营地"）充分利用互联网资源，开设线上课程"兰州太平鼓"，让学生了解兰州太平鼓的发展历史、文化艺术及表演形式等，培育中华优秀传统文化艺术的继承者与弘扬者，指引学生加强民族文化自信与热爱家乡的情怀，推进文化传承创新。湖南长沙岳麓营地在疫情防控阶段，以云端指导、线下实施的方式开启线上研学实践活动，充分利用城市红色文化资源，创新红色教育传播手段，寓教于"网"，开设"建党先声"线上课程，形成以"听演观讲研"为主要手段的红色文化育人模式，增强学生归属感与认同感，筑牢理想信念基础，补足文化精神力量。这一策略旨在推动文化创新，创造出符合时代特征的文化产品，满足学生多样化的精神文化需求，激发他们的创新意识和创造力，培育积极向上的社会主义核心价值观，并推动中华文化不断创新发展。

文化传承与创新教育所具备的资源广泛且多样。这些资源不仅相互关联，而且相辅相成，共同形成推动文化传承与创新教育向前的强大力量。在研学实践教育中，需充分发掘并利用这些资源，通过系统整合和高效利用，为文化传承与创新教育提供坚实的支撑和保障，从而促进文化的持续传承和不断创新。

4.1.5　文化传承与创新教育典型案例

依照区域因素和个别因素的对比性原则，本节选取了河北张家口营地、四川广元营地等6家营地在探索文化传承与创新教育方面的案例，这些营地在育人导向、学科融合、综合素养、育人机制、育人效果等方面都有突出的亮点，在推动文化传承与创新教育实践探索中具有一定参考价值和借鉴意义。

4.1.5.1　河北张家口营地：红色足迹　大道同行

河北张家口营地利用"今日德胜　村中特色民宿"文旅体验区、低碳农业种植养殖示范公园、绿色低碳建筑产业园区、光伏新能源产业园等优势产业开展"红色足迹 大道同行"主题研学实践活动，旨在让广大青少年领略"脱贫攻坚"丰硕成果，感受科技赋能乡村振兴新发展理念的深远意义，促进青少年的全面发展。

（1）背景

"红色足迹 大道同行"主题研学实践活动为纯公益活动，中央彩票公益金全部用于学生研学期间门票、交通、耗材等（不包含餐费）费用的支出，保障研学实践活动开展；帮助中小学生了解国情、开阔眼界、增长知识，着力提高中小学生的社会责任感、创新精神和实践能力。资金的使用应切实做到符合"引领示范、注重绩效、公开公正、规范透明"的工作原则。

（2）主要做法

①研学实践活动经费保障。中央彩票公益金保障学生研学实践活动开展的同时协调相关部门对中小学生研学活动使用的交通工具执行儿童票价优惠政策，对场馆、景区、景点门票实施减免政策，让公益金惠及更多的中小学生，中央彩票公益金的经费保障为学生家长减轻了经济负担，在学生和家长间产生了重要的宣传作用，获得了学生、家长、学校和社会的一致好评。

②健全安全保障机制。研学实践活动为保障学生安全，制订了科学有效的中小学生研学安全保障方案，做到"活动有方案，行前有备案，应急有预案"。每50名小学中高年级段及初中段学生配备1名带队老师、1名研学指导教师、1名安全员，带队老师负责研学活动行程管理及课程安排，研学指导教师负责研学课程开发及教学管理，安全员负责学生安全及日常生活管理。

③提供与学生身心发展相符的课程安排。"红色足迹　大道同行"红色主题线路作为河北张家口营地的精品线路，旨在整合创新红色教育研学资源，走进德胜村，关注乡村振兴，关注科技发展。开展活动过程中根据年龄阶段不同，小学中高年级段学生课程以走近德胜，走进光伏园区，感受变化和体验光伏魅力为主，初中段、高中段学生课程以弘扬民族精神，为脱贫建言献策，感受新村之美，树立科技兴国的价值观为主。河北张家口营地学生在德胜村开展"红色足迹　大道同行"主题研学活动时的场景见图4-1。

图4-1　河北张家口营地学生在德胜村开展"红色足迹　大道同行"主题研学活动

④注重宣传扩大影响范围。学生参与研学实践活动前，向学校提供课程宣传资料和安全告知书。活动过程中激发学生的学习热情，引导学生收集高光时刻和感动瞬间，活

动结束后填写"未来巴士"卡片与家人和老师分享丰富的研学实践活动。闭营仪式后通过微信公众号、短视频和向媒体投稿等形式扩大影响范围，使更多的师生参与研学实践活动，使更多的社会人员了解研学实践活动。

（3）实施成效

学生通过直观了解、认识非遗，感受传统文化的绚丽多姿，领悟民族精神的力量，唤醒他们保护、传承非遗等传统文化的责任感与使命感；通过对沉缸酒博物馆的探索和酿造技术实践体验，让学生们更好地守护、传播和弘扬中华优秀传统文化，把非遗与研学实践融合，促进非遗保护与传承。

"臣之所好者道也，近乎技矣"（庄子《养生主》）庖丁的"技"是"通道之技"。学生的古法酿造技艺非遗学习，所习之"技"为"道"之基础，所悟之"道"为"技"之目的。传承、发展非遗文化，应当"技""道"并举。引导学生反复实践，掌握酿造技艺，认识酿造规律，熟能生巧，得心应手，让非物质文化古法酿造技艺得到更好的传承。

（4）经验总结

①红色教育研学资源内涵提升。德胜村的"蝶变之路"是党的精准扶贫政策的丰硕成果，各类专家学者就当地的地质、气候等方面做过大量的研究和实验，最终形成各类科研成果。目前阶段课程内容涉及的方面主要以观看感受为主，下一阶段课程研发要让学生们通过动手动脑来还原各类成果的研发历程，让学生能更深刻地体会到研发的不易与乐趣。

②活动形式创新提高。红色教育不只是语言直观上的学习，更多的是思想上的提升，在"红色足迹 大道同行"研学实践活动中加入了讲述红色故事的环节，将红色故事与家人分享，与老师交流、与同学共勉，让红色教育在学生的成长过程中发挥巨大引领和启发作用。河北张家口营地学生在研学活动中聆听红色故事时的场景如图4-2所示。

图4-2 河北张家口营地学生在研学活动中聆听红色故事

4.1.5.2 四川广元营地：重走剑门蜀道 探究三国文化

近年来，四川广元营地积极争取教育、文旅等部门支持，优化整合剑门蜀道文化教育资源，围绕"重走剑门蜀道 探究三国文化"主题，依托剑门关、昭化古城、明月峡、皇泽寺等三国蜀道文化基地，开发"游剑门蜀道，品三国故事""行走昭化古城，体验三国文化""探究古驿道""探寻皇泽寺"等蜀道文化、三国文化课程，带领学生走进三国蜀道文化圣地，探寻古蜀道遗址遗迹，传承优秀传统文化，提升民族文化自信。

（1）背景

一条古蜀道，半部华夏史。广元是先秦古栈道文化和蜀道文化的集中展现地、三国历史文化的核心走廊，有140余处三国遗址遗迹，是三国魏蜀争战的主战场和诸葛亮六出祁山的主要通道，闪耀着璀璨的历史文化光芒。"三国迷"们念念在心的"葭萌起蜀汉兴""张飞夜战马超""孔明设关""七出祁山""木牛流马"等故事，都发生在广元。这里有享誉"剑门天下险"的剑门关，誉为"中国道路交通博物馆"、中国道路交通的"活化石"的明月峡古栈道，誉为"巴蜀第一县、蜀国第二都"、古蜀道三国文化"活化石"的昭化古城，蜀道文化、三国文化研学教育资源得天独厚，基础保障坚实有力。

（2）主要做法

①坚持"一核引领"，突出育人导向。作为"国家级中小学生研学实践教育营地"，四川广元营地始终坚持把"立德树人"作为根本任务，并贯穿实践教育工作始终，打造形成了"重走剑门蜀道 探究三国文化"研学实践教育主题系列课程。系列课程以文化传承与创新教育为核心引领，以培养德智体美劳全面发展的社会主义建设者和接班人为目标，旨在通过课程的实施让广大中小学生感受蜀道历史文化、三国文化，增强对中华优秀传统文化的理解与认同，促进学生创新精神和实践能力的提升，使其形成正确的文化观念。

②坚持"两向延伸"，突出学科融合。一是学科延伸。在课程的开发中注重强化学科知识融合与应用，结合政治、历史、地理、科学、生物、美术、音乐等学科知识，探索开展"跟着课本去研学"创新模式。参照《义务教育课程方案和课程标准（2022年版）》，编写了各学段理论篇、技能篇、实践篇、拓展篇研学实践教育活动指导手册，以学科知识融合嵌入提升研学实践教育活动课程实效。二是学段延伸。针对不同年龄段学生学习需求和学情特点，制定符合实际的研学实践教育活动的课程方案和课程目标。研发涵盖小学（低年级、中高年级）、初中、高中不同学段的蜀道三国文化系列研学实践教育活动课程14门，有效解决了同一主题不同学段课程内容不兼容的问题。

③坚持"三链植入"，强化综合素养。一是知识植入。构建整体课程知识框架，在课程设计上注重知识点的嵌入与引导，每个课程单独制定"研学任务单"，实现课程知识清单化。二是能力植入。综合素质与能力提升是实践教育核心导向。在实践体验中，

学生要通过观察、体验、收集、描写、绘制、品味、制作、组装、采集、扮演、调查、分析、总结、评价等多种方式亲历体验，要体现全员参与，心理要充分得到满足。通过发现问题、提出问题、分析问题、解决问题来培养学生动手动脑、听说读写等综合能力。三是品质植入。主题教育更加注重"五育"融合、全面发展的育人宗旨。在研学过程中，教育资源由营地、基地统一配置，学校、家庭在遵循实践性和教育性原则下做好协同配合，从课内课外等全过程培养学生意志品质和学习习惯，引导学生热爱家乡、尊敬师长、热爱生活、敬重生命、尊重他人，树立正确的人生观、世界观和价值观，培育高尚的道德情怀。

④坚持"四方共育"，协同育人机制。建立营地、基地、学校、家庭"四方共育"协同育人机制，确立"1+13+45+N"（1个国家级营地+13个研学承办单位+45个市级研学基地+447所学校+30万名中小学生）研学实践管理体系，明确各方责任，多方联动，齐抓共管。一是营地为中枢。营地科学统筹和协调"重走剑门蜀道 探究三国文化"研学实践教育活动开展和实施。二是基地为站点。作为研学目的地和课程实施场所，基地为研学实践活动提供优质研学资源和保障服务。三是学校为主体。学校是研学实践教育活动课程的实施主体，从课程、计划、实施管理、综合评价等方面具体组织。做到活动有方案、行前有备案、服务有保障、应急有预案、行后有总结，确保课程安全有序进行。四是家庭促协同。家庭需配合学校做好学生行前教育、课程评价和服务保障。家校相互协同、共同配合，强化家校协同育人机制。

⑤坚持"多维评价"，收获育人效果。基于"立德树人"和"全面育人"目标，围绕"重走剑门蜀道 探究三国文化"研学实践教育活动评价的主体、对象、内容和方式构建多元多维评价体系。评价主体由学校、学生、教师、家长、基地共同组成，运用多方参与的评价体系，保证评价结果的客观性和公正性。评价对象包括学生、教师、基地、营地、服务机构，保证各参与主体都有评价和被评价的权利和义务，以达到改善服务、提升质量、促进发展的良好目标。评价内容依据研学实践教育活动课程目标和内容，对教与学的全过程进行评价，注重对学生创新精神和知识能力获取的发现，特别要关注学生参与实践活动过程中的表现和情感态度变化，以及他们的价值体认，指导教师要及时给予肯定鼓励，不过分强调结果。评价方式要坚持过程性、多元性、反思性、激励性等原则，把学生活动成果展示、交流分享、任务完成量化表等作为评价的主要方式，让学生在活动后能及时总结反思，促进情感的升华和态度的改变。

（3）实施成效

围绕"一核引领、两向延伸、三链植入、四方共育、多维评价"实施路径，四川广元营地创新构建了"重走剑门蜀道 探究三国文化"研学实践教育活动品牌，形成了中小学生广泛参与、活动品质持续提升、组织管理规范有序、基础条件保障有力、安全责任落实到位、研学实践教育氛围浓郁的良好态势,通过活动的开展,学生创新精神和实践能力得到了充分锻炼。

自2018年"重走剑门蜀道 探究三国文化"研学实践教育活动开展以来,营地先后组织开展相关研学实践教育系列活动110余期,惠及市内外中小学生、边远山区贫困学生和青海、新疆等地少数民族学生10余万人次,并吸引了大批省外学生赴川入广开展研学,取得了良好的社会效益和评价。"重走剑门蜀道 探究三国文化"作为营地"探寻五迹"研学实践教育品牌的重要创建成果,得到了教育部、省教育厅的充分肯定,广元研学实践教育的经验在全国研学实践教育工作会和四川省研学实践教育工作会上交流推广。四川广元营地学生赴剑门关开展蜀道文化研学时的场景见图4-3。

图4-3 四川广元营地学生赴剑门关开展蜀道文化研学

(4)经验总结

①课程开发坚持学科融合。课程是研学实践教育的灵魂,也是研学实践教育与旅行之间的本质差别。如何做好在目标导向下的研学课程的开发,第一要义就是坚持学科融合,实现校内外育人的有效衔接。四川广元营地在进行蜀道文化课程开发工作的过程中,围绕研学实践教育价值体认、责任担当、问题解决、创意物化四大目标,认真梳理学生校内传统文化课程知识特点,深入研究学生文化传承与创新教育学情特点和学习需求,在研学课程中寻求校内课程知识融合嵌入,在课程目的设计上力求实现学生在文化传承与创新教育方面知识水平、能力水平、情感水平的突破创新。

②资源利用坚持全面统筹。研学资源是研学实践教育开展的基础,研学资源利用和开发的深度是决定研学实践教育质量的重要指标,只有不断挖掘课程内容、基础保障、

安全管理等资源，实现资源利用的全面统筹，才能实现高质量的研学实践教育。四川广元营地深入挖掘周边蜀道文化、三国文化内涵，联动市域各相关资源单位和研学基地，深度开发蜀道文化、三国文化系列课程，科学设计蜀道文化研学线路，取得了良好效果。四川广元营地学生赴昭化古城开展三国文化研学时的场景见图4-4。

图4-4　四川广元营地学生赴昭化古城开展三国文化研学

③实施方式坚持多方联动。研学实践教育是需要全社会共同关心、共同支持的一项伟大事业，需要教育、文旅、交通、农业、林草等多个部门和多个领域的共同参与。为此，四川广元营地创新构建了"1+13+45+N"（1个国家级营地+13个研学承办单位+45个市级研学基地+447所学校+30万名中小学生）研学实践教育体系，明确了以营地为核心的联动体系，确保了各个参与主体的职责和分工，为统筹全市资源提供了坚实的系统保障。

4.1.5.3　上海东方绿舟营地：沪港融情上海行　文化自强增自信

上海青少年校外营地——东方绿舟（简称"上海东方绿舟营地"）作为教育部认定授牌的国际青少年活动中心，肩负着促进国际理解合作、各民族交流融通，提升学生国家认同与国际视野的使命。近年来，上海东方绿舟营地统筹各类文化资源，并将其转化为教育资源，帮助学生增强文化积累、鼓励自我表达、促进团结协作，坚持"五育"并举，着力提升学生综合素质，培养核心素养。

（1）背景

党的二十大提出要"发展壮大爱国爱港爱澳力量，增强港澳同胞的爱国精神""支持香港、澳门更好融入国家发展大局，为实现中华民族伟大复兴更好发挥作用"。在此背景下，上海东方绿舟营地根据中央部委关于香港中小学教育工作的相关文件，特开展"沪港融情上海行　文化自强增自信"香港学生来沪专项活动。旨在通过组织香港学生赴上海开展研学实践，加深两地青少年对中华优秀文化的了解，促进两地教育交流与合作，提高香港学生的优秀传统文化素养。

（2）主要做法

①科学设计教学内容，实现沪港教育衔接。将中华优秀文化建设于活动之中，融教育理念于实践之中。在活动内容的融合设计中，营地结合香港学校教学大纲和课程目标，设计符合香港学生年龄特点和认知水平的主题教育活动。在本活动中，利用必要的学习资料，学生在特定的情境下，借助教师和同伴的帮助获取正面体验，通过意义建构的方式引导学生深入了解上海的发展历程和城市特色，加强其对新时代中国特色社会主义的理解和认识。注重教育教学方法的融合创新。本活动中运用任务驱动、实践体验、情景教学等教学方法，激发学生的学习兴趣和参与热情，让学生在实践中体验和感悟，培养学生对国家的忠诚和热爱。

②自选研学实践场馆，提升教学实践效果。为了确保研学的个性化和针对性，参与学校可根据自身教学需求和学生兴趣自选研学点开展活动。这一做法不仅增加了研学的灵活性，也使得每个学校的研学之旅更具特色。比如除保留具有上海特色的东方明珠、朱家角古镇等研学点之外，还给学校提供了钱学森图书馆、世博会博物馆、广富林遗址、上海国际赛车场等考察点。这样的研学场馆定制化选择极大地增强了学校的自主性，提高了其实践的效果和价值。

③精心编制研学实践手册，助力学生深入探索。为了提升学生们对研学实践活动的参与度，我们精心制作了一套研学实践手册。这套研学实践手册分为个人版和小组版两种类型。个人研学实践手册详尽地介绍了各个研学点的相关信息、历史文化背景以及注意事项，并设计了多种题型帮助学生开展研访。手册不仅内容丰富而且版面设计充满趣味性和美感，确保学生们在实地研访前能够做好充分了解和准备。

④注重团结协作，提升文化体验。龙舟赛作为中国传统文化的重要组成部分，象征着团结与协作。在香港学生研学实践期间，我们特别组织沪港学生开展龙舟赛。通过观摩龙舟与交流互动，香港学生们得以深入了解其背后的历史人物、节日及文化；通过组织沪港学生展开友谊赛，让学生们感受同舟共济的文化精神。

⑤注重活动设计，增强实践体验。为了提升研学实践的知识性和趣味性，对研学实践活动课进行了巧妙的串联。例如，在探究船的发展史时，不选择直接讲授，而是通

过安排学生体验朱家角的传统游船，组织沪港学生龙舟友谊赛，以及参观航空母舰等活动，引导学生自主观察、分析、比较、归纳和总结，从而形成其自身对于各类船舶及航运的认识。此外，外出研学的各场馆也通过小组研学手册得以系统地整合，围绕"红色意趣""生态野趣""历史雅趣"和"国情教育"四个主题，学生们以小组为单位选择一个主题进行深入研究和探索。如图4-5所示，为上海东方绿舟营地学生赴朱家角古镇开展传统文化研学时的合影。

图4-5　上海东方绿舟营地学生赴朱家角古镇开展传统文化研学

⑥互动分享，画龙点睛。在研学实践的尾声，我们精心策划了一场交流分享会，以促进学生们之间的互动与反思。分享会伊始，破冰环节"聊一聊"引导学生们畅谈自己祖辈的家乡以及风土人情、美食佳肴、著名建筑和历史人物等话题。同时引导学生们分享自己对上海的初印象及活动结束后的新感受，并尝试学习上海话，营造一种愉快而融洽的交流氛围。随后，教师带领学生们回顾个人研学手册上的各项内容，通过与学生互动核对答案，不仅巩固了学生们考察中的所看、所想、所学，还促进了彼此观点的碰撞与交流。这场交流分享会不仅是研学的重要组成部分，更是点睛之笔，使得整个研学实践体验更加深刻。

（3）实施成效

截至2024年2月21日，本项目共有五所香港学校学生前往朱家角古镇、上海东方明珠广播电视塔、钱学森图书馆、世博会博物馆等场馆，通过研访这些场馆，学生们更加深入地理解了中华民族的历史和文化，增强了对国家的认同感和自豪感。如图4-6所示，为上海东方绿舟营地学生赴东方明珠开展中国特色社会主义文化研学时的合影。

图4-6　上海东方绿舟营地学生赴东方明珠开展中国特色社会主义文化研学

（4）经验总结

项目得到了学生、老师、学校及香港教育局的一致好评。学生们表示，通过参与这次研学实践，他们拓宽了自身的视野，加强了对于祖国的了解，还结识了新朋友，收获了珍贵的友谊。老师们认为，研学实践活动为学生们提供了一个很好的学习平台，有效提升了学生们的综合素质，同时还提高了学生们的传统文化素养，提升了文化自信和价值认同。香港教育局对这一成功的教育合作项目给予了高度评价。

4.1.5.4　甘肃白银营地：探寻黄河文脉　根植文化自信

黄河是中华民族的母亲河，千百年来，无数先民在这里繁衍生息，他们不仅创造了灿烂辉煌的中华文明，也培育了伟大的民族精神。党的十八大以来，习近平总书记多次实地考察黄河流域生态保护和发展情况，并发出了"让黄河成为造福人民的幸福河"的伟大号召。

（1）背景

黄河文化是白银文化之根，沿黄流域内文物古迹星罗棋布，人文景观串连成珠，彩陶、岩画、古寺、古城、沿黄自流渠等文化遗存富集，构成了特有的黄河文化符号。在研学实践活动中让学生探寻白银黄河流域的历史文化、自然景观、经济社会等的孕育形成，深入挖掘黄河文化的丰富内涵和蕴含的时代价值，讲好"黄河故事"，延续历史文脉，坚定文化自信，为实现中华民族伟大复兴的中国梦凝聚精神力量。

（2）主要做法

①紧扣时代主题，凸显育人导向。甘肃白银营地秉承"创新、协调、绿色、开放、共享"的新发展理念，进一步丰富中小学生研学实践教育资源，整合域内黄河流域文化资源，打造"探寻黄河文脉　根植文化自信"主题研学线路，把赋能传承中华优秀传统文化、感悟华夏文明精髓等纳入研学实践活动线路设计和课程研发中，引导中小学生深入理解和践行社会主义核心价值观，充分发挥研学实践教育活动在立德树人中的重要作用，促进研学实践教育活动高质量发展。

②融合研学主题，创新实践课程。甘肃白银营地在研学实践教育活动中融入黄河流域传统文化主题、铸牢中华民族共同体意识教育主题等，不但丰富了研学实践教育活动的课程内容，而且增加了研学实践活动的开放性。以项目化学习形式驱动学生深度参与研学实践，融入"仰韶文化""马家窑文化""大汶口文化""龙山文化""裴李岗文化"等系列传统文化课程，开展主题研学实践教育活动，使融合后的课程更加规范化、系统化，形成了具有地域特色的一套完整的研学实践教育课程体系，为区域内更多的学校做出更为科学、优质的示范性引领。

③融合多元文化，创新实践模式。以习近平总书记关于加强和改进党的民族工作重要思想为指导，开展铸牢中华民族共同体意识主题研学实践教育活动，以甘肃省民族团结进步创建"一廊一区一带"为研学资源，覆盖全省14个地（州）市，组织市内6209名中小学生赴陇东南民族团结提升区（陇南市、天水市、庆阳市、平凉市）、沿洮沿黄民族团结进步创新区（临夏回族自治州、甘南藏族自治州、定西市、兰州市、兰州新区、白银市）、河西走廊民族团结进步示范区（武威市、金昌市、张掖市、酒泉市、嘉峪关市）开展"探寻黄河文脉　根植文化自信"研学实践教育活动。先后邀请临夏回族自治州临夏县628名高中生、和政县256名中学生、新疆维吾尔自治区乌鲁木齐市32所学校42名中小学生来甘肃省参加"探索丝路文明，根植文化自信"铸牢中华民族共同体意识主题研学实践教育活动，还邀请兰州大学"一带一路"国家43名留学生来白银市参加"感知中国——甘肃中部重镇"文化体验研学实践教育活动。同学们通过与不同文化背景的研学同学进行对话，在构建人际关系的同时，拓展出新的"学习空间"，在实现自我突破与成长的同时提升中华民族文化理解力，有利于促进各民族师生广泛交往、全面交流、深度交融，切实铸牢中华民族共同体意识。如图4-7所示，为甘肃白银营地学生赴永泰龟城参加"探寻黄河文脉　根植文化自信"研学实践活动时的场景。

图4-7　甘肃白银营地学生赴永泰龟城参加"探寻黄河文脉　根植文化自信"研学实践活动

（3）实施成效

①开创营地＋研学实践教育活动模式。构建"研学实践教育营地＋教育"模式，与教育部命名的21家营（基）地相互联动，与省内外12所大学、科研机构、社会服务机构积极推动资源共享和区域合作，建立健全共享开放机制，逐步形成布局合理、互联互通的研学实践教育网络，为研学实践教育活动提供高质量、常态化的资源支撑。如图4-8所示，为甘肃白银营地学生赴古浪八步沙治沙纪念馆参加"讲好黄河故事，弘扬黄河文化"研学实践活动时的场景。

图4-8　甘肃白银营地学生赴古浪八步沙治沙纪念馆参加"讲好黄河故事，弘扬黄河文化"研学实践活动

②中心助力，护航研学。甘肃白银营地根据各县（区）学校和学生数量比例，制定各县（区）参加研学实践教育活动学生数，由各县（区）教育局统计贫困和特别需要资助学生并全员纳入资助名单，并由各县（区）青少年校外活动中心审核资助条件。2023年度开展以黄河流域研学为重点的研学实践教育活动108场次，组织20246名学生参加研学实践教育活动，总人数达到37352人天，完全覆盖市内小学低年级段、小学中年级段、小学高年级段、初中段、高中段5个段次，减免贫困和特别需要资助学生伙食费等个人应承担的费用，惠及特殊需要资助学生或贫困学生不少于参加研学实践活动学生总数的90%，充分体现研学实践教育活动公益性。

③以课题研究促创新，以课程竞赛促发展。引导教师坚持在研学实践教育活动中开展教育教学研究，在课题中进行实践，目前多项课题已结题，并将研究成果及时推广到研学实践教育活动中，取得了良好的社会效益。此外，研学实践活动课程多次入选教育部教育装备与研究发展中心、黄河流域征集的精品研学课程。通过组织优秀案例评选活动、优质课竞赛及校本课程研课活动，提升了教师的跨学科知识整合能力，观察、研究学生的能力，指导学生规划、设计与实施活动的能力，课程资源的开发和利用能力等，提高了研学实践课程实施的有效性。

（4）经验总结

①加强研学实践教育活动宣传引导。甘肃白银研学营地创新宣传内容和形式，积极宣传研学实践教育活动的典型经验，向家长宣传研学实践教育活动的重要意义，向学生宣传"读万卷书、行万里路"的重大作用，营造全社会关心和支持研学实践教育活动的良好社会环境和舆论氛围，不断提高参与研学实践教育活动的学校、学生、家长的满意度。

②注重课程教育性，体现育人导向。甘肃白银研学营地坚持以立德树人为育人目标，履"行为党育人，为国育才"的初心使命，在研学线路设计、课程研发中融入社会主义核心价值观，加强学生思想政治、道德品质、心理健康教育，培育正确的道德判断和道德责任，提高道德自觉践行能力；引领学生树立和坚持正确的民族观、国家观、文化观，不断增强其做中国人的骨气、底气和朝气；讲好黄河故事，用中华优秀传统文化滋养自己，增强文化自信和价值自信，为更好地共圆中国梦、构建人类命运共同体，作出新的更大的业绩和贡献。

4.1.5.5 福建晋江营地：弘扬华侨文化 传承家国情怀

习近平总书记说："华侨一个最重要的特点就是爱国、爱乡、爱自己的家人。这就是中国人、中国文化、中国人的精神、中国心。中国的改革开放，中国的发展建设跟我们有这么一大批心系桑梓、心系祖国的华侨是分不开的。"把华侨文化作为青少年研学实践教育的组成部分，是对华侨爱国爱乡精神的一种传承和发扬，具有重要的现实意义。

（1）背景

泉州是中国著名侨乡，宋元时期，泉州是东方第一大港，是中国对外交流的桥头堡。明代，郑和从泉州启程"下西洋"，打开了泉州人的视野。从明末开始，许多泉州人就"下南洋"谋生。泉州籍华侨现有950万人，主要分布在世界170多个国家和地区。他们在异国他乡爱拼敢赢、艰苦创业。事业有成后，用各种方式反哺家乡，来表达海外游子爱国爱乡爱家的情感依归。研学实践教育活动是连接华裔青少年与家乡交流的重要桥梁，是弘扬华侨爱国爱乡精神的重要阵地。营地通过开发利用、深入挖掘、传承弘扬，将华侨文化融入研学实践教育课程，让青少年学生传承弘扬华侨爱国爱乡和爱拼敢赢的精神。

（2）主要做法

①立足校内基础，链接研学资源。从小学、初中、高中不同学段学情出发，对照课标和自然教育的目标指向，遴选了闽台缘博物馆、晋江华侨博物馆、海上交通博物馆、侨批馆、爱国楼、梧林古村落番仔楼群、同心桥、成美小学等泉州市内200多个典型的华侨历史资源，遴选了3批共50个华侨文化主题的研学实践教育实践基地，开发了"海外创业，爱拼敢赢""兴学助教，为国育才""回国创业，反哺家乡"3个主题共30门华侨文化研学实践教育系列课程。

②做好学情分析，研制实施路径。泉州有950万华侨，侨二代、侨三代由于出生、成长环境的差异，对中国、对家乡的了解以及认同感、归属感需要进一步加强。营地与泉州统战部、外事办、侨联等共同开发了"走访刺桐古城""体验闽南非遗""闽南姓氏渊源""家乡的古早味"等30门主题课程，联合打造海外华裔青少年"寻根之旅"。承接来自世界各地的华裔青少年回乡寻根问祖，深入了解自己祖先的出发地，真切感受中华文化的博大精深和故乡泉州的风土人情，以及海内外泉州人血浓于水的深厚感情，进一步增强"根"的观念，筑牢民族魂，共圆中国梦。

③整合营地资源，打造侨乡特色。营地华侨文化底蕴丰厚，营地内有爱国侨领李清泉家族捐建的"闽南第一所花园式学校"成美小学，营地的前身石圳华侨中学，也是爱国华侨李昭拔组织旅菲华侨共同捐建，营地本身就是一段可歌可泣的华侨爱国爱乡的故事。成美小学已被晋江市政府列入第五批文物保护单位，打造成晋南华侨博物馆，成为第一个建在营地内的华侨博物馆。营地把李清泉、李昭拔等爱国爱乡华侨的创业经历、反哺家乡的壮举，通过视频、故事等形式融入营地20多门主题教育课程里，打造具有华侨特色的营地文化。

（3）实施成效

①有力弘扬传承华侨精神。通过营地开发的"探寻华侨足迹　厚植爱国精神"等10条华侨文化主题研学线路，出版了《晋江出发向八闽》《研学闽南》等研学实践教育专

著2部。每年为省内外6万多名中小学生开展华侨文化等主题的研学实践教育课程，让青少年学生了解华侨的海外奋斗历程和反哺家乡的赤子心，引导学生传承发扬华侨爱拼敢赢和爱国爱乡的精神，增强爱党爱国信念。如图4-9所示，为福建晋江营地学生在晋江侨史馆开展"海外创业，爱拼敢赢"华侨文化主题研学活动时的场景。

②搭建华裔学生交流桥梁。营地承办的"寻根之旅"，每年组织500名左右来自世界各地的华裔青少年，走进泉州，寻根问祖。近三年，通过"英林心"基金会、海外同乡会等平台，营地共组织5批本地青少年学生前往美国、马来西亚、菲律宾等地开展研学活动，与当地华裔青少年进行互动交流，累计有600名本地青少年学生参加了上述研学活动。

③激发华侨反哺家乡的热情。华侨文化主题研学活动的开展，让华侨的奋斗历程和反哺家乡的无私奉献精神，在社会中得以广泛传播，让更多的爱国华侨感受到国家、社会的认可和赞誉，进一步促进了华侨返乡捐赠、返乡投资的热情。

图4-9 福建晋江营地学生在晋江侨史馆开展"海外创业，爱拼敢赢"华侨文化主题研学活动

（4）经验总结

①华侨史迹场景化。把华侨的史迹转换成视频、故事，融入营地课程。利用华侨捐赠的馆室，建设华侨博物馆或纪念馆，集中展示华侨史迹。

②华侨资源活动化。积极与侨联对接，做好与泉州旅外同乡会、泉州旅外校友会、华侨慈善基金会等华侨社团的互动，发挥好华侨社团热爱家乡、热心公益的爱国爱乡热情和丰厚的社会资源等优势，引导华侨资源对研学交流活动的支持。

③主题活动持续化。"寻根之旅""英林心·晋江中学生世界名校行""晋江——金门红十字青少年夏令营"等主题活动每年持续开展，活动主题化、持续化开展，只有持

续开展，才能深入人心，让越来越多的青少年学生获益。如图 4-10 所示，为福建晋江营地学生在海上交通博物馆开展"海上丝绸之路起点"华侨文化主题研学活动时的场景。

图 4-10　福建晋江营地学生在海上交通博物馆开展"海上丝绸之路起点"华侨文化主题研学活动

4.1.5.6　福建三明营地：牢记重要嘱托　守护文化遗产

为全面贯彻党的教育方针，大力培育和践行社会主义核心价值观，结合中央彩票公益金中小学生研学实践项目，依托"闽人之源"万寿岩旧石器时代遗址，三明市综合实践学校开展以"牢记重要嘱托　守护文化遗产"为主题的研学实践教育活动。让学生自己能够在实践活动中发现问题、提出问题、解决问题，综合运用所学知识，主动地去探索、发现、体验、重演、交往、亲力亲为，获得解决现实问题的真实经验，从中培养实践能力。

（1）背景

万寿岩遗址位于福建省三明市岩前镇岩前村西北的石灰岩孤峰上，是中国南方典型的洞穴类型旧石器时代遗址，是中国重要的史前人类活动遗址。它出土石制品一千余件，包括石核、石片等砍砸器与刮削器，同时还出土了多种哺乳动物化石，年代距今 20 万到 3 万年前，并发现了早期古人类为改善自身居住条件而铺设的石铺地面遗迹，其丰富的文化遗产资源非常适合作为初中学生开展时长 1 天的研学实践活动。本主题活动以 PBL 项目式学习方式，采用"大问题+小问题"的形式展开，引导学生自主合作探究、发现和解决问题。从研学实践活动的视角，把研学活动分为课前、课中、课后三个阶段；从研学教育理论的视角，把研学课程分为确定目标、选择资源、课程实施、课程评价四个环节。学生们通过研学，深度解读家乡、热爱家乡，进而为家乡代言，培养学生的文化自信。

（2）主要做法

①校内外课程有效衔接。对照课标，初中段在文化传承与创新方面提出"认识中华文化丰厚博大，汲取智慧，弘扬社会主义先进文化、革命文化、中华优秀传统文化，建立文化自信"的培养目标。本研学主题课程与校内教育衔接内容如下：1.人教版七年级历史上册第一单元"中国境内早期人类与文明的起源"；2.人教版七年级生物上册第三单元第六章"爱护植被　绿化祖国"；3.人教版八年级生物上册第六单元第二章"认识生物的多样性"；4.人教版八年级生物上册第六单元第三章"保护生物的多样性"；5.人教版八年级语文上册第五单元第19课"苏州园林"；6.人教版八年级语文上册"综合性学习　身边的文化遗产"；7.人教版八年级地理下册第七章"南方地区"；8.教科版八年级艺术下册第六单元"江山如此多娇"；9.人教版九年级道德与法治上册第三单元第5课"守望精神家园"。

②实施路径与方略。根据《教育部等11部门关于推进中小学生研学旅行的意见》要求，研学课程以"牢记重要嘱托　守护文化遗产"为载体，从价值体认、责任担当、问题解决、创意物化的四维目标出发，通过自主、合作、探究、启发、讨论、参与、体验不同的学习方法，根据初中学段学生的身心发展特点，设计项目式实践课程，按照前置学习、小组探究、实践体验、展示分享、拓展延伸等开展实践教学活动。拓展学生视野、丰富课外知识，增加对集体生活方式和社会公共道德的体验，培养学生的自理能力、创新精神和实践能力。

一是组织前置学习。根据教师提供的四个课题，学生提出自己感兴趣的小课题，小组选择小课题进行探究；通过自主学习、小组探究，让学生了解万寿岩的相关故事。

二是开展研学实践。通过小组探究、实地研学操作等方式，开展研学课程，提升学生的学习能力、研究能力、团队协作能力。具体如下：1.从习近平总书记保护万寿岩的故事开始，认识万寿岩与三明市之间的发展轨迹，思考万寿岩遗址对于闽台同源的意义，理解文物保护的重要性，开展"远古传奇——探究人工石铺地面"研学主题课程。2.认识船帆洞中的地质地貌和人工石铺地面，思考成因和逻辑推断过程，理解万寿岩遗址的独特价值及对于福建的意义，开展"根脉传承——寻迹万寿岩博物馆"研学主题课程。3.带领学生观察森林中不同物种的分布情形，理解丛林法则、生物之间的共生关系，开展"绿都印象——畅游生态森林海洋"研学主题课程。4.带领学生认识中国园林构成元素，进而理解中国建筑的美学及南北方的差异，开展"咫尺乾坤——品读中华园林文化"研学主题课程。

三是组织总结交流。通过体验交流、总结分享，让学生探究古代人类的劳动智慧，就地取材搭建微型模拟园林开发学生思维，以诗歌、心得体会等方式抒发情感，形成动手实践创造美好生活的整体认识，学会做人、学会做事、学会生存、学会探究、学会创造，促进学生健康成长。

③校外资源深度利用。万寿岩洞穴。万寿岩古人类遗址由灵峰洞、龙津洞和船帆洞等遗址组成,跨越年代分别为18.5万年、10万年、3万年,洞穴形态完整,周围环境良好,保存了大量远古人类生活的重要信息。在船帆洞发现3处人类生活的痕迹,下层出土石制品400多件,主要类型有石锤、石核、石片、刮削器、尖状器、砍砸器等。在船帆洞发现的人工石铺地面遗迹举世罕见,周边的"U"字形排水沟槽清晰可见,从痕迹上明显可看出其系经过人工修凿加工而成。由于船帆洞是个熔岩洞,洞里的钟乳石不断滴水,地面潮湿,难以居住,石铺地面是当时的人类为了改善自身的居住条件和生活环境有意铺设的。石铺地面是人类建筑的萌芽形态,充分显示了远古人类改造自然的聪明才智,被誉为中国最早的"室内装修",适合初中学生实地探究古人类遗迹。如图4-11所示,为福建三明营地学生在万寿岩船帆洞探究中国最早的"室内装修"时的场景。

图4-11 福建三明营地学生在万寿岩船帆洞探究中国最早的"室内装修"

万寿岩遗址博物馆。万寿岩遗址博物馆是福建省唯一的旧石器时代遗址专题博物馆,博物馆的建筑理念来自三明土堡外方内圆的形式。万寿岩遗址博物馆占地5600平方米,展厅面积1120平方米,展线总长330米。博物馆分为两个展厅:第一展厅主要展示万寿岩出土的文物,包括1000多件旧石器时代石制品、1000多件哺乳动物化石、人类最早的室内装修人工石铺地面等;第二展厅主要展示全省各地出土的石制品、1000多件哺乳动物化石和闽台史前文化等文物。万寿岩遗址博物馆印证了海峡两岸史前文化的渊源关系,是闽台同根同源的有力证明,适合初中学生全面认识万寿岩文化遗产价值。

万寿岩森林。万寿岩所在地三元区岩前镇的森林资源丰富、树木茂密、树种繁多、植被丰富,适合初中学生辨识各类花草树木,了解乔木、灌木、地被等植物的生长特点,探究树木癌症之谜,充分认识地理环境对植被的影响,提高学生的环保意识,增强对祖国大好山河的热爱之情,厚植爱国主义情怀。如图4-12所示,为福建三明营地学生在万寿岩森林探究树木癌症之迷时的场景。

图4-12　福建三明营地学生在万寿岩森林探究树木癌症之谜

万寿岩园林。万寿岩景区园林充分体现了中国园林的特色：用人工的力量来建造自然的景色，布局形式以自由、变化、曲折为特点，追求建筑与自然美的结合、诗词的情趣、艺术的含蕴，模仿自然又可以达到"虽有人作，宛自天开"的艺术境界。园林中除大量的建筑物外，还凿池开山，栽花种树，用人工仿照自然山水风景，或利用古代山水画为蓝本，参以诗词的情调，构成许多如诗如画的景，是建筑、山池、园艺、绘画、雕刻以至诗文等多种艺术的综合体，适合初中学生提升对中国园林文化的感悟鉴赏。

（3）实施成效

研学活动为学生创新品质的形成提供了更为宽松、自由的空间。在研学课堂上，学生始终处于主体地位，自己去发现问题，自己去搜集资料，自己去解答问题。经过研学课程后，学生的想象力和创造力可以充分发挥出来，他们不断地有所发现、思考。研学课程的设计要以转变学生的学习方式为出发点，按照"前置学习，实地研学，总结成果"的顺序安排课程。完成研学实践活动课程后，学生通过撰写实践心得体会、画思维导图、制作美篇、拍摄视频等巩固提升实践成效，为他们不久后要发光发热的未来，埋下一颗种子。

（4）经验总结

根据主题教育性、实践性、安全性、科学性、整体性等研学活动原则，创设研学目标、核心素养、知识链接、前置学习、研学课题、实地探究、辅助活动、研学感悟、总结分享等多个环节，编制菜单式课程，按小学、初中、高中学段学生思维螺旋式上升特点提炼研学课题，以课题为推手深化校内外教育衔接。

①研学课题化。对每一个研学基地，先进行现场考察，查找相关资料，提炼9个以上研学课题，将其分别作为小学、初中、高中进行的研究小课题，供学生选择，也可以让学生自己选择课题。例如万寿岩博物馆，我们设计了9个研学课题：1.追寻习近平总

书记保护万寿岩的故事；2.探究中国园林景观文化；3.探究为什么有"北有周口店南有万寿岩"的说法；4.探究为什么称万寿岩为海峡两岸的远古家园；5.探究溶洞的成因之谜；6.探究世界最早的室内装修与水利工程之谜；7.探究森林癌症之谜；8.体验古人类的衣食住行；9.探究万寿岩博物馆建筑艺术。

②活动手册化。每天组织学生去2~3个研学基地开展外出研学活动，制作一本《研学手册》，设置研学须知、行前准备、安全事项、研学课题、研学感悟、研学评价等项目，供学生外出研学使用。

③学习合作化。学校建设了配备500台电脑的信息化教室，外出研学的前一个晚上，要求师生到信息化教室进行外出研学的前置学习。从《研学手册》提供的研学课题中选择一个自己喜欢的小课题，或是自己独立寻找研学课题，如可通过在网络上搜索关键词、查询相关资料寻找自己感兴趣的研学课题。由10~15名同学组成一组，通过分享、讨论达到集体合作学习的目的。

④师资内部化。外出研学过程中，车辆、保险等相关工作先行通过招标委托给第三方负责。由参训学校教师、实践学校教师和教官作为研学导师，第三方机构不参与承担研学导师的角色。外出研学保证每班一个教官、一个教师参与，全程陪同学生研学。外出前一天，教师、教官也同学生一起参与前置学习，每周五进行一次研学培训。

⑤过程分享化。外出前、研学中、研学后，每一次前置学习、破冰、研学过程中，都要学生、教师进行分享，锻炼学生的阅读能力、表达能力，提升学生的观察力、理解力和总结能力。

⑥成果书面化。研学后，每位学生撰写一份研学实践教育报告，以训练同学们在语言文字方面的逻辑与组织能力。

4.1.5.7 山东潍坊营地：习孔孟之道 做有德少年

山东自古以来就是孔孟之乡、礼仪之邦，拥有深厚的中华优秀传统文化历史底蕴，为中小学生研学实践提供了丰富资源。围绕孔孟之学中的思想精华，山东潍坊营地开展传统文化主题等系列研学实践活动，让2500年来的儒家思想焕发新的光彩，为当代青少年个人品德和社会公德的养成与提升提供优秀传统文化滋润。

（1）背景

习近平总书记强调，"优秀传统文化是一个国家、一个民族传承和发展的根本"，要"'以古人之规矩，开自己之生面'，实现中华文化的创造性转化和创新性发展"。习近平总书记的讲话为推动中华文化展现出永久魅力和时代风采提供了根本遵循。

（2）主要做法

①实地探访历史遗迹，学习儒家文化。考察和开发儒家文化研学课程，组织并带领学生到曲阜的孔府、孔庙和济宁邹城的孟府、孟庙等儒家文化代表性研学基地进行实地

探访，开展学习儒家礼仪、诵读儒家经典等研学活动，通过看历史遗迹、听教师讲解、探究儒家文化等方式，让学生深入了解儒家文化的历史背景、发展过程和文化精髓，丰富中学生的传统文化内涵，增强国家认同感和民族自信心。如图4-13所示，为山东潍坊营地学生认真聆听孟子的故事时的场景。

②举行演讲交流，传播儒家文化。引领和鼓励学生学习《论语》《孟子》等儒家经典，并通过班级读书交流会、分享感悟、演讲比赛、绘画等方式，让更多的学生了解和认识儒家优秀文化，自觉担负起传承和发扬中华优秀传统文化的历史责任。

③学而时习之，做有德少年。用优秀的儒家文化影响和提升自己。在家庭生活中培养礼仪、仁爱等良好的道德品质和人格修养；在学校中讲究与人为善、讲究诚信，积极构建和谐的人际关系；关注社会问题，积极参与公益活动，以实际行动践行儒家文化中的社会责任感和担当精神；通过反思不足和向榜样学习不断优化自己、提升自己和完善自己。

图4-13　山东潍坊营地学生认真聆听孟子的故事

（3）实施成效

①盘活优质资源。山东潍坊营地积极承担国家级研学营地的责任与使命，打通地域壁垒，盘活优质资源，主动发挥示范引领作用，不断创新协同育人新路径，探索优质研学资源联动新模式。省外，与20多家国家级营地联动；省内，与31家国家级研学基地、200多家省级研学基地联动。着力实现优质资源共建、共研、共享、共用，合力开发一批育人效果突出的研学旅行活动课程，聚力打造一批具有影响力的研学旅行精品线路，建立一套合作共享、互利共赢的优质研学资源联动新模式。

②研发精品课程。山东潍坊营地坚持落实课程中心，把研学课程建设作为研学实践的根本性工作，围绕立德树人根本任务，立足地域特色，积极对接曲阜孔庙、孔林、孔府和邹城"三孟"等省内外国家级研学基地、营地。近年来，营地研发实施68条研学线路、200门精品研学课程，其中34条研学路线获省级奖励，辐射带动9所联盟营地积极研发并实施相关研学课程。如图4-14所示，为山东潍坊营地组织学生定期开展走进孟子之乡主题研学实践活动的合影。

③提升研学价值。山东潍坊营地立足地域特色，深挖研学价值，坚持"研学潍坊"品牌建设和"省际研学圈"模式探索，每年面向4万多名中小学生开展文化传承与创新等系列主题研学活动，综合满意度99.7%以上，年均接待60余批3000多人次到校考察调研或跟岗学习，完成新疆、西藏、四川、重庆、山西等省际研学实践20余期，出版《一起去研学》等学术著作4部，在全国研学实践教育营地经验交流座谈会等省部级会议上典型发言21次。

图4-14　山东潍坊营地组织学生定期开展走进孟子之乡主题研学实践活动

（4）经验总结

①优秀文化的深入了解。研学实践活动让学生更深入了解儒家文化，传承中华传统美德，同时也帮助他们正确区分中华民族传统文化中的精髓与糟粕，提高对中国传统文化的鉴别能力。通过实地参观"三孔""三孟"等历史文化遗址，结合导师讲解，让学生们深入了解儒家文化的思想内涵，意识到优秀传统文化在现代社会中的价值与意义。

②创新思维的深度培养。学以致用是我们学习中华儒家文化的根本目的，在活动中，鼓励学生将优秀传统儒家思想与现代生活相结合，探求如何在现代社会中践行优秀儒家道德理念，通过小组讨论、角色扮演等互动形式，学生们激发了创新意识，学会了将古代智慧转化为解决现实问题的方法。这种创新思维的培养对学生的学习和生活具有重要意义，进一步提高文化自信，有助于他们在未来的社会中发挥更大的作用。

③德行修养的深化传承。"正心笃志、崇德弘毅"是儒家优秀文化传统的精髓，尤以其中的"崇德"思想对青少年人格修养教育有重要的借鉴作用。"做有德少年"是本次研学实践活动的核心目标之一。学生们通过学习儒家的仁、义、礼、智、信等传统美德，深入理解"正心"并参与志愿服务、社区互动等公益活动，将这些美德落实到实际行动中。这些经历让学生们体会到了德行修养的重要性，也让他们在日常生活中更加注重自身的道德修养和行为规范。

4.2 责任与担当教育

4.2.1 责任与担当教育价值取向

责任与担当教育是研学实践课程的教育目的性指向之一，旨在培养学生的使命感和社会责任感，使其成为具有社会责任感和创新精神的现代化人才。

4.2.1.1 概念界定

"责任的确立及其践行"源于主体的伦理自主性，体现一种基于社会发展、人类幸福和自我完善的普遍价值关怀而产生的责任感[①]。责任是每个人应该担负的使命，要求每个人做好不同身份的自己；担当是自觉地将责任付诸行动，知道责任是第一步，把责任担当好是最终目标。责任与担当教育是育人领域的一个主题，它是一项长期性的教育。

党的二十大报告指出："以中国式现代化全面推进中华民族伟大复兴"[②]。面对现代化浪潮对人类社会的全方位冲击，教育作为引领现代化社会发展的轴心板块，亟须自觉承担新时代赋予的使命任务，以高度的责任感和使命感，为个人美好生活和社会高质量发展开创中国式教育现代化道路。在开展研学实践教育活动中，坚持中国共产党的领导、坚持中国特色社会主义道路、弘扬民族精神和时代精神、凝聚中国力量、树立远大理想，立志报效祖国、肩负时代使命，则成为研学实践中非常重要的教育指向之一。具体来说体现在以下几个方面：

坚持党的领导：在研学实践中，要始终贯彻党的路线方针政策，落实立德树人的根本任务，引导学生树立正确的世界观、人生观、价值观。

坚持中国特色社会主义道路：在研学实践中，要注重培养学生的爱国主义情感，增强他们的民族自豪感和使命感，使其了解中国特色社会主义的基本方略和实践路径。

弘扬民族精神和时代精神：在研学实践中，要注重传承中华优秀传统文化和革命文化，同时也要关注当代中国的创新发展成就，让学生在学习中感受时代的脉搏和气息。

凝聚中国力量：在研学实践中，要注重培养学生的团结协作意识和集体主义精神，让他们学会尊重他人、关心他人、帮助他人，共同完成研学实践活动中的

---

① 田秀云，白臣. 当代社会责任伦理 [M]. 北京：人民出版社，2008.
② 习近平. 高举中国特色社会主义伟大旗帜为全面建设社会主义现代化国家而团结奋斗——在中国共产党第二十次全国代表大会上的报告 [R]. 中国人大，2022，（21）.

各项任务。

树立远大理想：在研学实践中，要注重激发学生的求知欲和探索精神，引导他们树立崇高的理想信念和正确的人生目标，培养其成为有志向、有追求的人。

4.2.1.2　价值取向

"立德树人"是教育的根本任务，是教育的立身之本。研学实践教育活动中责任与担当教育板块的价值取向，着重从以下几个方面生成逻辑：

增进国家认同：通过研学实践，让学生深入了解国家的历史、文化和现状，培养他们的国家意识和爱国情感。

增进政治认同：通过研学实践，让学生了解国家的政治制度、政策和发展战略，培养他们的政治意识和政治素养。

增进历史认同：通过研学实践，让学生了解国家的历史和文化传承，培养他们的历史意识和文化素养。

增进文化认同：通过研学实践，让学生了解国家的文化多样性和文化特色，培养他们的文化意识和文化素养。

4.2.2　责任与担当教育校内外衔接初探

4.2.2.1　全面构建一体化"立德"体系

2018年全国教育大会上，习近平总书记围绕培养什么人、怎样培养人、为谁培养人这一根本问题作了全面阐释。一体化"立德"需要校内外教育人全面领会并贯彻习近平总书记关于教育改革发展的思想精髓，把握"为党育人、为国育才"的新时代育人使命，遵循教育规律，形成全员、全过程、全方位的体系支撑。

研学实践教育活动中的责任与担当教育是校内德育工作的有效拓展与延伸。研学实践教育活动将理论知识与实际应用相结合，使学生在真实环境中亲身体验和实践责任与担当的重要性。许多单位对校内外衔接初探、实施路径、可利用资源、方略研究等方面进行了实践探索，但研究的深度还有待加强。

如晋中市中小学生综合实践学校围绕五大教育目的指向确定研学主题，围绕研学主题分学段设计研学课程。在课程的设计上，注重研学课程与研学线路的关联，确保课程名称、活动目的、活动形式与研学主题紧密相关。在课程内容上重视学科知识与研学资源的有效衔接，在教法学法上突出校外活动课程与校内课程的统一，形成一系列有机协调、梯度分明、独具特色的研学实践教育课程，构筑了系列化课程体系。

又如潍坊市中小学生示范性综合实践基地充分发挥研学实践教育价值，着力提升学生核心素养，积极探索五维联动优质研学资源共享新模式，打造了一批示范性研学旅行精品线路，建立了一套合作共享、互利共赢的优质研学资源联动新模式[①]。五维联动分别指与国家级营地联动、与国家级基地联动、与学校联动、与科研院所联动、与社会联动，致力于实现共享研学资源，建立合作联动；共研研学资源，开发优质课程；共优研学资源，提升研学价值。在"研学游"中实现"研学优"，让学生在"行走的课堂"中不仅增长见识、丰富体验，还能认识自我、联结世界，更实现书本知识和生活经验的有机融合，提高他们的社会责任感、创新精神和实践能力。

再如广元市示范性综合实践基地管理中心按照国家基础教育改革发展方向，坚持"立德树人、五育并举"工作思路，始终将中小学生校外研学实践教育工作作为营地发展的第一要务，全力推进中小学生实践教育改革创新，精心构建管理体系，整合优质研学资源，打造精品研学线路，紧扣课程核心要素，形成独具特色的"1+13+45+N"（1个国家级营地+13个研学承办单位+45个市级研学基地+447所学校+30万名中小学生）研学实践管理体系，建立营地、基地、学校、家庭"四方共育"协同育人的良好发展态势。

4.2.2.2 建立"一元二维"培育路径

校内外协同提倡以"一元两维"为主线的培育路径，即坚持以习近平总书记关于青年工作的重要思想为指导，以"理论知识+研学实践"为主要培养措施，将思政教育融入研学实践中，厚植学生爱国主义情怀。

如大同市示范性综合实践基地在开展中小学生研学实践的过程中，聚焦学生成长全阶段，丰富实践载体，拓展实践视野，深化"三同四起来"主题教育模式——"三同"，即推动综合实践小课堂与思政大课堂"同频共振"，促进红色研学实践和游山西读历史活动"同向同行"，引导全体参训师生坚定不移地与以习近平同志为核心的党中央"同心同路"；"四起来"，即"学起来""唱起来""讲起来""行起来"，传承红色基因，赓续红色血脉，矢志不渝学党史、听党话、感党恩、跟党走，取得了显著成效。

又如包头市中小学综合实践教育中心盘活乌兰夫早期革命活动旧址、王老太太故居、支援前线模范馆、王若飞纪念馆等资源，通过拼装红船模型、完成壁画拼图、记录英雄事迹等研学体验活动，帮助学生理清敕勒川地区历史发展脉络，全面、生动地了解敕勒川地区的文化。

4.2.2.3 实施"认识→意识→行动→价值体现=培养目标"培育策略

校内外教育应当以德育为核心，德智体美劳"五育并举"不断提高教育质量。加强责任与担当的培养教育与引导，积极探索建立"认识→意识→行动→价值体现=培养目标"的培养教育模式，如图4-15所示。

---

① 鞠克亮.基于项目化学习的综合实践活动课程设计［M］.济南：济南出版社，2022：10-11.

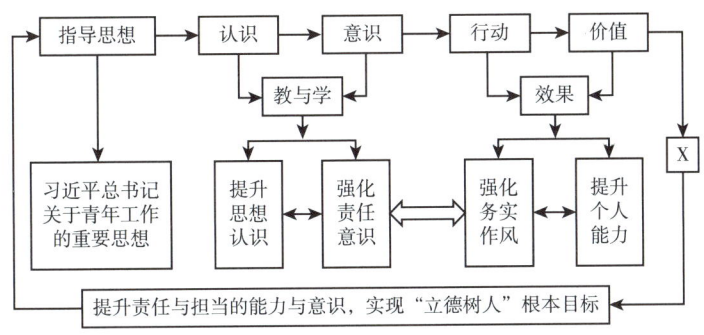

图 4-15 "认识→意识→行动→价值体现=培养目标"培养教育模式

如盘锦市示范性综合实践基地结合地域特色，因地制宜开发了体现家乡特色的"水稻的一生"系列研学课程。其中包含水稻种植课程、稻谷到大米的现代加工课程、水稻种子结构、做米饭等研究课程，构建了由表层体验到深层次探究的农耕研学实践课程体系。

在实施中分段式沉浸课程体验，激发学生们的劳动热情。通过水稻生产的各个环节的劳动教育实践活动（"育苗—整地—插秧—除草—追肥—排灌—收割"的过程），使学生掌握简单的劳动技能，让学生享受自主观察与探索的乐趣，体验劳动收获的快乐，激发学生的劳动热情，培养学生的劳动意识和劳动能力。

4.2.3 责任与担当教育实施路径与方略

4.2.3.1 教学研究

一是政策分析。为了规范和加强中央专项彩票公益金支持中小学生校外研学实践活动项目管理，提高资金使用效益，发展素质教育，提升校外教育质量，落实立德树人根本任务，根据《中华人民共和国预算法》及其实施条例、《彩票管理条例》及其实施细则、《彩票公益金管理办法》等有关规定，制定《责任与担当教育校外研学实践教育政策》。

该政策明确规定，本办法所称"中小学生校外研学实践活动项目"，是指使用中央专项彩票公益金支持"全国中小学生研学实践教育基地"和"全国中小学生研学实践教育营地"，开展中小学生研学实践教育活动，帮助中小学生了解国情、开阔眼界、增长知识，着力提高中小学生的社会责任感、创新精神和实践能力。

二是责任与担当教育教学现状分析。责任与担当校外研学实践教育教学已经得到了广泛的关注和重视，但在实际操作中仍存在一些问题。

首先，部分研学实践活动过于注重形式，缺乏实质性的教育内容和目标。这导致学生在参与过程中缺乏深度的体验和思考，无法真正提升责任与担当意识。

其次，学校和机构在组织研学实践活动时，缺乏有效的评价和反馈机制，无法准确评估活动的实际效果，也无法及时发现和解决问题，影响教学质量。

最后，缺乏专业的研学教师，导致学生无法得到有效的指导和讲解，影响学习效果。

责任与担当教育是一个重要的教育领域，需要得到广泛的关注和重视。只有加强内涵建设、评价反馈和师资力量等方面的建设，才能不断提升教学质量，为培养具有责任与担当意识的优秀人才做出贡献。

三是责任与担当教育教学成效分析。责任与担当校外研学实践教育教学在实践中取得了一定的成效。

通过研学实践活动，学生能够更好地了解社会、开阔眼界、增长知识，提升社会责任感和创新精神；在实践中学生需要与同伴、教师和当地居民进行交流和合作，共同完成任务和解决问题，有助于提高学生的沟通能力和团队合作意识。

此外，研学实践活动还能够提升学生的实践能力和解决问题的能力。学生在实践中需要动手操作、观察分析、思考创新，有助于提高学生的实践能力和解决问题的能力。

如库尔勒市青少年示范性综合实践基地整合社会资源，提升资源聚合力，不断拓宽研学实践渠道，形成了完整的社会教育资源有效开发的体系与路径，因地制宜地打造社会教育资源，充分发挥爱国主义、优秀传统文化、军事国防等教育基地以及高等学校、科研机构、现代企业等方面资源的育人作用，拓展研学的空间网络，让学生从广阔的社会实践课堂中学习，培养适应终身发展和社会发展需要的人才。

4.2.3.2 教学设计

（1）活动主题确定

责任与担当教育的研学实践活动课程必须要主题明确，课程设计能够帮助学生更好地理解责任与担当的内涵，培养社会责任感、集体意识、领导力。

如广元市示范性综合实践基地管理中心提出主题应开门见山，不能含混不清，不能假大空，转弯抹角，如"广元米凉面的制作方法""黄柏的由来与保护""剑门关地质的演变""绣毯的制作工艺""县官审案""梨树的栽培""红军强渡嘉陵江""木门会议""红军城的由来"等。

（2）确定开发课程内容

结合相关文件要求，责任与担当教育校外研学实践教育课程内容涵盖社会责任意识、团队协作能力、实践创新能力、挫折教育、环保意识教育、生命教育等方面，通过实践活动，使学生了解社会、关注社会，提高自我调节能力，培育社会责任感。

如辽宁大连营地认为，在中学课本里对于中日甲午战争的描述，仅限于史实概述，远远不能满足学生"知其然，知其所以然"的渴求。通过组织学生参观中日甲午战争展馆及侵华日军两次登陆遗址，认识到历史上清政府失败的原因，知道《马关条约》的主要内容，深刻认识到《马关条约》的签订给中国带来的严重危害及影响。学习邓世昌等民族英雄英勇抗击侵略、不怕牺牲的爱国主义精神，培养学生"为中华民族崛起而奋斗"的信念、培养学生正确的历史观；教导学生要树立远大的理想目标，珍惜和平，为维护祖国安宁世界和平而奋斗。

又如四平市中小学社会实践教育中心通过开展主题红色研学教育研学活动，激发同学们爱国、爱党、爱家乡的热情，让学生们感受祖国在不断的奋斗下各个区域发生的巨大变化与快速发展，培养他们正确的价值观、爱国主义精神和民族自豪感，使他们成为有魂、有根、有为、有力的中华民族伟大复兴中国梦的建设者和中国特色社会主义的接班人。

（3）制定实施策略

研学实践活动课程的实施，应从以下几个方面考虑：

①明确教学目标：确保学生能够理解责任与担当的重要性，培养责任感和担当精神。

②实地考察：让学生亲身体验社会实践活动，感受责任与担当在实践中的具体体现，增强社会责任感。

③合作学习：引导学生通过小组内的合作与交流，培养团队合作意识，提升协作能力。

④反思与总结：在实践活动结束后，组织学生回顾在活动中的表现，分析不足之处，促进学生自我成长。

⑤评价与反馈：建立合理的评价体系，对学生的表现进行及时评价和反馈，鼓励学生积极进取，提高其自信心和责任感。

如上海市青少年校外活动营地——上海东方绿舟营地根据不同年龄段学生的特点，进行红色教育的合理分层，细化活动的内容和形式。面向小学生开展"识党旗、认党徽"教育，主要开展"革命英雄在我心中""我心目中的长征小英雄"故事比赛等，让每一位学生在自己的心目中树立起崇拜的英雄人物，帮助学生树立正确的人生观；面向初中生开展"明党史、知党情"教育，主要开展"革命歌曲大家唱"歌咏比赛、"重走长征路""湘江突重围""巧渡金沙江""飞夺泸定桥"等系列活动；面向高中阶段开展"感党恩、跟党走"教育，侧重于开展针对性强、形式活泼、具有特色的"红色"主题队会、军事模拟演习，参观爱国主义教育基地，听革命传统报告讲座等丰富直观的研学系列活动，激发学生把自己的成长自觉地同爱党、爱国有机结合起来。

4.2.3.3 研学师资培育

通过综合培训、专题培训和行业培训三种渠道的系统培训，提高研学教师研学课程线路设计能力、研学课程教学能力、安全管理与指导交往能力，更好地为学生成长服务。

如广元市示范性综合实践基地管理中心充分利用现有师资，切实发挥各学校骨干教师专业优势，有效发挥民间艺人、行业专家、劳动模范、非遗传承人等人员所具备的技能优势，多渠道培训和建设实践教育师资队伍，取得了较好的成效。

又如潍坊市中小学生示范性综合实践基地注重研学教师的职业素养与岗位技能提升，坚持线上与线下相结合、坚持营地与学校相促进、坚持专职与兼职相补充，挖掘线上线下教育资源，构建"理论+实践"跨界融合的培养课程体系[①]，实施"营地+基地"贯通培养机制，形成了运作成熟的研学教师培养方案。

4.2.3.4 项目组织实施

责任与担当教育的核心理念在于培养学生面对社会、环境以及个人生活积极承担责任和担当的能力，校外研学实践为学生提供了走出教室、投入实践的机会，使他们在真实场景中感悟责任与担当的价值。

项目组织实施的关键环节可以划分为行前、行中和行后三个阶段。项目组织实施可整合为"三阶七步"实施程序。

（1）研旅准备阶段

研旅准备作为研学活动中的首要阶段，旨在展开以学生、学校教师和研学教师三方为主体的前期筹备工作。学生除个人行李外，还应准备与研学主题相关的资料，以便在实地深入学习；学校教师需提前与学生家长沟通，辅助研学教师提供学生信息；研学教师需要完成研学前期的整体协调工作，例如车辆和研学点对接、研学知识及研学任务卡的筹备、应急车与医疗物品的准备工作等。

（2）主题选定阶段

在主题选定阶段，作为主导者的研学教师需要深入研究社会问题，关注社会热点，结合本地研学特色，详细规划主题的涵盖范围、研究目标和预期成果，选择具有代表性和实践性的主题，确保选定的主题既具有教育深度又紧扣社会责任与担当的核心理念，确保设计的主题与学科内容对应，能引起学生兴趣。例如，"钢铁之城，工匠之魂""我是非遗传承人""多样的职业体验""铸牢中华民族共同体意识"等主题，既贴切生活，又能够引领学生深度参与关注社会问题。

（3）小组计划阶段

本阶段旨在促使学生形成协作的小组，共同讨论、分组合作，培养学生的团队合作能力。通过在小组内的讨论和计划，学生有机会深入研究选定的主题，理解问题的多个层

---

① 鞠克亮.一起来劳动——劳动教育指导手册[M].济南：济南出版社，2023：123.

面，并为后续的实践活动做好准备。例如，在"赵长城拾遗"研学课程中，学生需要以小组为单位讲述长城故事，分组对长城遗址进行探寻，最后分享每组的收获。在活动中，各个小组通过演绎讲解长城故事，不仅培养小组团队合作的能力，还加深了对长城的认知。

（4）集体体验阶段

通过实际活动让学生直观感知和体验，从而加深对相关概念和现象的理论认知与理解。

（5）分组探究阶段

在探究阶段，学生通过调查研究、实地考察、文献资料收集等多种方式，对所选主题进行深入挖掘和分析。学科导师或专业人士提供专业知识指引，确保学生在研究中有更加深刻的理解。

（6）成果总结阶段

学生对自己的收获和感悟进行总结，并通过观察报告、调研结果等形式进行成果展示。教师出示明确的评价标准，并对研究成果进行点评。

4.2.3.5 质量监控与评价

在质量监控与评价中，把立德树人成效作为质量监控与评价的根本标准。考察学生在学科学习、团结合作、社会责任等多个层面的表现，以确保在知识和品德上的双重提升，突出"思政教育"和"思政使命"，强化路径创新、强化思政导向、强化责任担当，同时注重预设性目标的达成度、社会需求的适应度、师资和条件的保障度、课程体系的有效度、学生研学的有效度。

如眉山市青少年综合实践基地以基地、机构动态管理和年度考核为常态化工作机制，以活动开展定人、定岗、定职为基础保障，以全闭环的研学保险为活动开展提供底线保障。四要素保障促内涵创新，让研学从简单的旅游参观和单一的户外拓展活动内化为真正的研究性学习和体验式课程教学，增强了研学育人实效，有效提升了师生的综合素养，保障了研学活动的安全和质量。

又如张家口市示范性综合实践基地设计的"红色足迹 大道同行"主题研学实践活动，在课程规划上充分利用了德胜村的红色教育研学资源，围绕新旧变化对比，走进"德胜印象"展厅，学生体会从脱贫攻坚到乡村振兴的重要变化和意义；探秘绿色低碳产业园，学生通过研究低碳建筑原理感受建筑魅力、关心科技发展；收集光的能量，学生通过制作光伏小车、光伏LED探究光伏原理。丰富的课程内容，让红色主题研学活动更加多彩，从红色教育拓展到科技和能源，使每一名学生都能研有所思、学有所获、感悟英雄初心。

4.2.3.6 责任与担当教育方针

落实校外研学实践活动中责任与担当教育应当从中国传统文化中汲取理论根源。家国情怀是中华优秀传统文化的基本内涵之一，无论是"修身、齐家、治国、平天下"的人文理想，还是"先天下之忧而忧，后天下之乐而乐"的大任担当，都是责任担当教育的理论根源。在校外研学实践教育中落实责任与担当教育，可选择中华传统文化作为理论基础，从耳熟能详的古诗文中激发学生的爱国情怀，例如将边塞诗与古长城的研学实践相结合，有助于培养学生热爱祖国、传承文化的责任感，激发他们探寻历史、弘扬传统的兴趣，进一步提高学生的综合素质。

4.2.3.7 责任与担当教育策略

责任与担当教育可采用产生式、替代式教学策略，引导学生从内心认同教育目的，自主安排学习活动，提高自主学习能力，增强学习动力。

如包头市中小学综合实践教育中心设计的"知包头 爱包头 话包头"研学课程中，学生需要在包头规划馆中了解自己的家乡，分小组寻找地理包头、历史包头、自然包头及工业包头的信息，最后每组绘制一张城市名片，介绍自己的家乡，成为一名合格的家乡推荐官。在活动中学生能通过自己的发现和观察，来了解家乡的发展变化和取得的成就，让学生更加深刻地认识到中国特色社会主义道路给人民生活带来的幸福感，从而增强对社会主义道路的认同。

再如威海市中小学生综合实践教育中心构建生命安全、素质拓展、科学实践、文化创意、劳动技术以及国防教育六大主题教育板块，100多门丰富多彩的综合实践活动课程，开发了"七色"研学课程体系，即"甲午志·红色行""人防梦·白色行""海洋梦·蓝色行""田野情·绿色行"以及"民俗魂·黄色行"等，涵盖了优秀传统文化、革命传统教育、乡情教育等版块，实现了营地课程与校外课程的联动，丰富了实践教育内容，在活动中落实全环境立德树人，促进学生全面健康发展。

4.2.4 责任与担当教育校外资源

实施责任与担当教育活动的领导者、组织者和实施者都应特别关注可被用于开展此项教学活动的教育资源。

4.2.4.1 红色教育馆藏资源

红色教育馆藏资源在教育目的性指向过程中突出把"社会主义核心价值观教育""人生价值与理想信念教育""中小学生六种素养培养"作为研学实践的主要教育目标，用以增强红色教育资源对青少年学生教育的现实意义。

基于深度学习的红色教育馆藏资源可通过问题导向模式、任务导向模式、素养导向模式实施，充分调动学生已有知识经验，在情境理解中构建红色价值观。

如晋中市中小学生综合实践学校通过校内外协同育人，将优质红色文化资源转化、升华，再进一步转化成系统、逻辑的红色研学课程；联合"营地为枢纽、基地为站点、校外活动场所为支撑"的校外研学育人网格，充分挖掘保护利用好红色文化资源，让红色文化资源活跃起来，发挥红色研学教育合力。

又如重庆市铜梁区青少年综合实践基地服务中心以红军长征及重庆红岩精神为核心开发了具有地方代表性的红色研学线路50余条，精品研学线路10余条。"传承红色基因 追寻科技之路"研学课程中，学生参观遵义会议会址、娄山关等红色革命地址，亲身体验长征的艰辛和困难，感受先烈为建设新中国而舍生取义的大无畏革命精神。

再如渭南市示范性综合实践基地邀请革命老前辈，以"互动式"课堂让红色基因、红色精神入脑入心，使学生在赓续红色血脉中汲取奋进力量，筑牢"信仰之基"，补足"精神之钙"，努力成长为堪当民族复兴大任的时代青年，让革命薪火代代相传。

4.2.4.2 城市规划馆藏资源

在城市规划馆藏资源中，学生可通过阅览图文展板、听取讲解、观看现代化数字沙盘展示和生动影片等，对城市历史人文、城市建设、旅游资源等方面知识有更加广泛而直观的理解，从而见证一个城市的"前世今生"。

基于实践要求，城市规划馆藏资源可从讲好城市故事、办好城市展览等维度进行迁移探究，用案例打动学生，用信仰的温度感染学生。

如白银市中小学生综合实践基地携手县区青少年活动中心，充分利用城市规划馆藏资源，研发县区内精品研学线路，设计优质研学实践课程，创新开发以红色教育、科技兴农教育、黄河治理教育、高校体验教育、丝路文化传承等为主题的研学实践活动线路。

又如汉中市中小学综合实践基地以场馆教育为框架、以汉中地域文化为主线、以城市规划馆藏资源为依托、以主题实践活动为载体，根据课程场馆化、场馆课程化的设计理念，规划建设了生命安全、科技实践、人文艺术、专题教育四大类14个主题教育场馆。场馆设计与中小学课程体系相结合，作为学校教育的有效补充，项目内容的设置将根据学校的课程安排整合社会教育资源，提升学生综合素质教育。

4.2.4.3 历史博物馆藏资源

通过历史博物馆开展责任与担当教育，不能简单地让孩子们听讲解、看文物，而是要通过一系列与实际生活息息相关的活动，探究文物背后的优秀历史文化，从而树立正确的人生观和价值观。

用好历史博物馆藏资源，需要厘清历史博物馆的作用功能。聚焦场馆内容，由物生情，触摸历史；行走场所，体验完整过程，形成整体认知；漫步场景，通过线上线下相融合的方式实现深度学习。

如甘肃兰州营地、贵州贵阳营地等用好历史博物馆藏资源，以革命英雄人物为榜样，积极培育中小学生红色偶像。通过中小学生党史学习的教育氛围，借助红色教育资源进一步强化中小学生理想信念，引导学生清楚认识当今中国所处的历史方位和自己所应担负的历史责任，增强听党话、跟党走的思想和行动自觉，厚植爱党、爱国、爱社会主义的情感。充分挖掘本地红色文化资源，特别是革命英雄先烈、革命历史文物、红色遗址等，面向全体学生讲好身边的党史故事、革命故事、英雄故事，大力弘扬英雄模范人物事迹，引导学生以英雄模范人物为榜样，传承和弘扬革命英雄精神。

又如伊宁市青少年综合实践教育中心开展以"行走边疆伊犁，感悟家国情怀"为主题的研学活动，引导学生前往伊犁州博物馆、林则徐纪念馆、霍城县伊犁将军府、察布查尔县锡伯古城博物院、小白杨哨所等研学场所，深入开展爱国主义教育、国防教育和国家安全教育以及民族团结教育，同时了解西迁文化、感悟屯垦戍边精神。目前已累计组织5000余名师生参加了此次主题活动。

4.2.4.4　国防教育资源

国防教育可供利用的资源包括精神资源、人力资源、物力资源和课程资源四类，国防教育精神资源有爱国主义、革命英雄主义、民族自强、爱军习武、艰苦奋斗等精神，集中体现了军事历史和民族文化；国防教育人力资源是指从事或参与高校国防教育工作的人员，主要由国防教育师资队伍和学生国防社团组成；国防教育物力资源是指为普通高校国防教育中可供组织、开发和利用的物质，如国防教育设施、国防教育基地等；国防教育课程资源包含中小学军事训练和军事理论课程。

如张掖市综合实践学校（张掖市示范性综合实践基地）、遵义市青少年示范性综合实践基地等通过再现长征历程，使学生进一步熟悉中国工农红军长征的路线，了解长征途中重大历史事件，聆听可歌可泣的长征故事，学唱催人奋进的长征歌曲，再吟气势磅礴的长征诗词，拓展军事知识、历史知识。通过创设模拟场景、角色分配、小组分工合作和全班交流来培养学生自主探究、团结协作的精神和创新意识，使学生在活动中发现和肯定自己的价值和学习潜力，激发学生继承和弘扬长征精神的深厚情感，磨炼意志品质，培养艰苦奋斗、吃苦耐劳、不怕困难、坚韧不拔、自强不息、勇往直前的革命精神。

又如乌鲁木齐市青少年综合实践教育中心组织开展"致敬海洋英雄　厚植爱国情怀"研学实践活动，联合乌鲁木齐市教育局、乌鲁木齐市退役军人事务局主办，乌鲁木齐市青少年综合实践教育中心共同承办，参观海军博物馆，在海军英雄广场举行向人民海军英烈致敬仪式。学生代表敬献鲜花，向为捍卫万里海疆英勇牺牲的海军英烈致以深切缅怀，向为海军事业做出重要贡献的退休退役人员致以崇高敬意，向为建设强大海军勠力奋斗的全体海军将士致以诚挚问候；登陆军舰，参观军舰驾驶室、官兵宿舍、食堂等处，近距离参观武器装备。

4.2.5　责任与担当教育典型案例

习近平总书记在纪念五四运动100周年大会上号召："新时代中国青年要珍惜这个时

代、担负时代使命，在担当中历练，在尽责中成长。"责任与担当教育是校外研学实践教育的主要目的之一，山东潍坊营地、陕西西安营地、安徽滁州营地、湖南长沙雷锋纪念馆、上海市江南制造展示馆等在这一方面开展了有效探索，形成了一系列可复制、可借鉴的经验做法和成果，为责任与担当教育的组织实施提供了参考。

4.2.5.1 山东潍坊营地：赓续红色血脉 牢记初心使命

（1）背景

党的十八大以来，习近平总书记反复强调要"用好红色资源，传承好红色基因，把红色江山世世代代传下去"。红色基因是中国共产党人理想信念和家国情怀的集中体现，是新时代中小学生思想政治教育的天然载体、鲜活教材和生动榜样，与中小学生思想政治教育具有高度的契合性和内在的一致性。研学营地是红色基因传承的重要阵地，营地致力于通过开发利用、深入挖掘、传承弘扬，将红色基因融入课堂教学、日常教育、校园文化、研学实践，构建红色基因传承的育人体系，培养担当民族复兴大任的时代新人。

（2）主要做法

①融入课程建设，打造体验式红色教育。充分发挥营地丰富的实践教育资源优势，建设红色教育资源库，提升课程思政育人实效。一是开发红色研学课程，挖掘省域周边研学基地的红色教育资源，开发实施沂蒙精神、淮海战役纪念馆、王尽美纪念馆、海军博物馆、渤海走廊等20多条红色研学线路，打造行走中的红色教育课程体系。二是融入营地内实践课程，在微电影、军事拓展、电烙画等60多项实践课程中融入红色教育元素，在实践体验环节设计红色教育主题，让学生在潜移默化中接受红色教育熏陶。山东潍坊营地红色研学线路图如图4-16所示。

②融入队伍建设，培养勇担使命的团队。营地把红色教育和师资队伍培养相结合，倡导全员参与红色教育研究，提升全体教职工的思政育人水平。常态化开展"七个一"活动，在每周的实践教育中，开展一次魅力讲堂思政教育活动、组织一次重走长征路徒步活动、组织一次"五老进校园"党性教育报告、组织一次红色教育线路研学、观看一部爱国主义题材影片、拍摄一个红色影视短剧、参加一系列融合红色教育的实践课程，引领教师在多样的红色教育体验活动组织实施过程中提升个人的思政教育素养。通过系列活动的开展，探索符合时代特点和营地特色的红色教育新方法，探索红色教育和教育教学融合发展的新途径。

③融入文化建设，提升全环境育人实效。学校着力搭建思政育人的校园文化环境，让红色教育元素遍布校园的各个区域，提升全员全程全地全时全事的全环境育人实效。一是设计打造了以"我和我的祖国"主题雕塑、"永远跟党走"主题雕塑、中国精神谱系长廊、渤海走廊长廊、红色影视基地等为代表的红色教育主题文化活动，使身处校园各处的学生随时都能受到红色精神的感染。二是组织全体教师开展红色研学精品课程评

选、红色教育案例征集等活动，全体教师轮流担任红色研学带队教师，班子成员带头全员参与红色研学活动，努力实现全员育人主体最大化。

图4-16　山东潍坊营地红色研学线路图

（3）实施成效

①更多学生受益。山东潍坊营地全年开发实施"根植红色基因　勇担时代使命"等20多条精品红色教育研学线路、"同唱一首红歌篝火晚会"等60多项红色教育实践课程，为省内外4.47万名中小学生开展红色教育等主题实践教育课程，尤其是特殊教育学生、困境学生、希望工程受助学生群体等红色公益研学6000多人次，覆盖了山东所有地市和全国10余个省（自治区、直辖市），通过开展红色教育培育时代新人，引导学生厚植爱国主义情怀，增强爱党爱国信念。如图4-17所示，为山东潍坊营地组织学生开展"红心向党，星火薪传"红色教育主题研学实践活动时的合影。

②更优教师成长。近三年营地累计开发实施了红色教育等60条研学线路180多门研学课程，其中34条研学路线获省级以上奖励，出版《一起去研学》研学实践指导手册等著作4部。仅2023年，39项成果（案例、活动设计等）100多人次获省部级奖项，10多位教师获评全国学科领军教师、齐鲁名校长等省部级荣誉或称号，40多人次在省市级研学教育类成果评选中获奖。

③更好学校发展。营地依托红色教育等主题研学实践教育活动的融合实施，打造"永远跟党走"主题雕塑等35处红色文化打卡点，建成"我和我的祖国"等12处风采展示平台。学校先后获评"全国国防教育示范学校""全国人工智能教育基地""山东

省精品旅游研学示范范围"等省部级综合荣誉40项，在教育部校外实践教育调研、全国研学实践教育营地经验交流座谈会等省部级会议上典型发言21次。年均接待全国各地10多个研修（考察）团3000多人次到校考察调研或跟岗学习，示范引领全国实践教育发展。

图4-17　山东潍坊营地组织学生开展"红心向党，星火薪传"红色教育主题研学实践

（4）经验总结

①红色教育品牌创新化。转变教学理念，丰富教学内容，创新教学模式，与时俱进，将时代精神、社会需求和个人发展融为一体。

②红色教育形式广泛化。建设红色教育资源库，丰富红色教育开展形式，提升课程思政育人实效，帮助学生收获学校、家庭、书本之外的知识、见识、学识和胆识。

③红色教育主旨鲜明化。厚植爱国情怀，强化使命担当。在研学实践中，充分利用营地及周边红色教育资源优势，开展爱国教育主题研学，进一步推进寓教于游、寓游于教，构建贴近学生生活的"行走的思政课"。

4.2.5.2　陕西西安营地：探寻西安古城　传承中华文明

（1）背景

党的十八大以来，以习近平同志为核心的党中央站在实现中华民族伟大复兴中国梦的战略高度，提出"中华民族共同体"理念，把"铸牢中华民族共同体意识，实现各民族共同团结奋斗、共同繁荣发展"写入党章。党的二十大报告也指出，以铸牢中华民族共同体意识为主线，坚定不移走中国特色解决民族问题的正确道路，坚持和完善民族区域自治制度，加强和改进党的民族工作，全面推进民族团结进步事业。作为研学营地，高质量组织新疆少数民族学生开展研学实践活动，沉浸式体验伟大祖国的悠久历史文化及日新月异的发展变化,以提升学生的"民族共同体"意识,树立"强国必定有我"的责任担当。

(2)主要做法

①准备之旅,精心细致安排布置。为做好新疆学子的接待工作,营地从后勤服务、车辆安排、人员配备、活动组织等方面进行了精心的部署,强化责任意识,让学生有一个愉快而安全的研学之旅。特别组织课程专家团队对研学线路及课程进行了研究提升,力求在突出西安地域特色、传播中华民族优秀历史文化的同时,体现多民族共建美丽祖国的场景,让新疆学子真切感受到祖国的发展是全国各族人民共同努力的结果。

②破冰之旅,别具一格开营仪式。初来西安的新疆学子们,由于远离故乡,第一次跟随老师跋涉3000多公里,踏入陌生的地方,显得腼腆而拘束。为了打破学生们的心理隔阂,我们改变了以往的模式,将开营仪式安排在场地宽广、鸟语花香的大操场,给学生创造宽松的环境,以"突破自我,建立自信"为主题的团建活动开场,营造和谐温馨而又充满激情的氛围,不仅让学生更好地融入了团队,同时为研学活动的开展开了好头。

③经历之路,切合实际责任意识。在研学活动过程中,我们根据学生实际需要,及时进行了多次调整。首先是衣食起居保障,学生在食堂第一次用餐结束后我们发现,学生们都喜欢荤菜类食物而很少添加素菜类食物,为此,营地及时调整菜单,在保证每餐有一两个素菜的基础上,增加荤菜的供应。其次是可供选择的丰富课程,营地精心遴选了西安半坡遗址博物馆、陕西历史博物馆、西安关中民俗艺术博物馆,革命圣地延安,明城墙、阎良航空科技馆、华清池、西安关中民俗艺术博物馆等极具西安元素的研学线路,带领新疆学与悠久的历史互动,与灿烂的文明互动。如图4-18所示,为新疆学子参观延安革命馆时的合影。

图4-18 新疆学子参观延安革命纪念馆

④回归之路,无处不在欢声笑语。研学活动过程中,学生们遵守活动纪律,积极参与各项活动,认真完成研学任务,真正从内心深处获得了感动。活动结束后,同学们高唱"我爱北京天安门",踏上了愉快而又收获满满的回归之旅。

(3)实施成效

①文化与文化的融合。陕西西安营地先后接待了来自新疆的7个批次1000余名学生的研学实践教育活动,以切实行动为促进民族大融合贡献了力量。通过参与研学实践活动,新疆学子不仅了解了西安独具特色的历史文化,感受了祖国的飞速发展,接受了革命传统教育,体认到中华民族历史文化源远流长,增强了民族认同感,实现了文化的融合。如图4-19所示,为学生在研学导师的指导下学习半坡时期的木屋搭建时的场景。

图4-19　学生在研学导师的指导下学习半坡时期的木屋搭建

②精神与精神的沟通。新疆是多民族聚居的地区,具有独特的文化观念和社会习俗,在研学活动过程中,我们精心将科技、文化、革命和自然进行融合,让学生感受到伟大祖国的悠久历史文化及日新月异的发展变化,实现了精神的沟通。

③思想与思想的碰撞。研学活动中,同学们对西安的非物质文化遗产产生了浓厚的学习兴趣,认真聆听辅导老师的讲解,主动热情参与各类实践活动,并将西安的历史文化与新疆的历史文化进行对比研究,将祖国的发展和新疆的发展横向联系思考,碰撞出了全新的火花。

(4)经验总结

①认识到位,凸显民族特色。通过接待新疆学生的研学活动我们认识到,只有在尊重民族文化和历史的基础上,才能将56个民族拧成一股绳,更好地实现民族的融合发展。研学实践教育活动的组织,就是将各民族文化进行融合,形成"中华民族共同体"

的实践过程，极大地促进了各民族的共同发展。

②安排到位，体现民族关怀。在自媒体充分发展的今天，民族融合问题显得尤为突出。研学活动组织过程中的哪怕一个细小的失误，都有可能带来较大的社会问题，因此在组织活动中，要充分彰显我们伟大祖国在民族政策上的优势，更多地体现党和国家的关怀政策，将"多民族共同发展"贯穿始终，为促进民族融合贡献力量。

③多元思考，实现育人目标。在组织少数民族研学活动过程中，我们深刻认识到，不能仅仅考虑民族文化的差异问题，更多的是要进行多元思考，在尊重民族文化特色的同时，将国家的民族政策更好地贯彻到活动之中，充分彰显中华文化的向心力和凝聚力，实现培养社会主义合格接班人的目标。

4.2.5.3 雷锋纪念馆：践行雷锋精神 争做服务先锋

（1）背景

习近平总书记在全国宣传思想工作会议中强调要抓住青少年价值观形成和确定的关键时期，引导青少年扣好人生第一粒扣子。雷锋纪念馆开展"雷小锋种子工程"系列志愿服务项目，围绕"埋下志愿的种子""传承文明的精神"等系列主题活动，让前来参加社会实践活动的每一个参与者感受"学习雷锋，奉献他人，提升自己"的服务理念，以实际行动赓续、传承、弘扬雷锋精神。

（2）主要做法

①紧扣雷锋精神育人，分学段志愿初体验。雷锋纪念馆为中小学生设计了"五个一"实践环节，即学唱一首雷锋歌曲、聆听一次事迹讲解、完成一张雷锋试卷、参加一堂公益课程、参与一次志愿体验，并根据来馆参与研学实践活动的中小学生志愿者的不同学龄，量身打造了不同的研学活动内容，如为小学低年级组（小学1~2年级）设计"爱惜粮食，从我做起""感恩主题教育""交通安全"等公益课程；小学中年级组（小学3~4年级）开设"传统文化 文明礼仪""垃圾分类""杜绝舌尖上的浪费"等公益课程；小学高年级组（小学5~6年级）开设"反霸凌与防踩踏自我保护""自然灾害自救知识"等；初中组（初中1~3年级）为志愿讲解员，参加志愿讲解培训，为来馆参观的游客做志愿讲解；高中组（高中1~3年级）为雷锋精神志愿研究员，观看雷锋主题电影，撰写观影感言，开展主题班会，加深对雷锋精神的理解，促进雷锋精神的挖掘与传承。

②紧扣实践教育促学，馆校企联动开课程。"雷小锋"种子工程系列志愿服务项目一经推出，就吸引了全市66所中小学校36782名学生、家长及老师参加。雷锋纪念馆持续发力，与湖南师范大学、湖南工商大学等大中院校达成合作协议，为寒暑假期间青年志愿者的数量和质量提供了有效保障。同时，雷锋纪念馆与长沙市实验小学、国网湖南省电力公司长沙分公司、南航湖南分公司、长沙职业技术学院积极协商、共同开发推出了

针对中小学生教育的"电力课堂""垃圾分类""普法知识课堂""航空知识"等精品公益课程，积极联合发动社会各界力量，不断做大做强。

③紧扣个性特点促行，大小志愿者共成长。以"志愿者服务志愿者"为基本理念，面向社会，主要是在校大学生招募青年志愿者，经过培训上岗后为来馆参加志愿服务体验的中小学生志愿者提供服务。雷锋纪念馆为青年志愿者策划了5个志愿服务岗位（志愿接待员），负责组织和引导中小学生社会实践团按流程完成好社会实践，负责签到点名；志愿讲解员为中小学生志愿者提供参观讲解；志愿授课员负责在馆内为社会实践学生团教授暑期公益课堂或者进社区开讲公益课堂；志愿宣传员负责用图片、影像、文字等方式对活动进行跟踪记录并为活动的宣传报道及时按要求提供素材；志愿联络员，负责活动预约报名登记排班与电话确认，活动记录资料的存档汇总。如图4-20所示，为青年志愿者为"雷小锋"讲解雷锋生平事迹时的场景。

图4-20　青年志愿者为"雷小锋"讲解雷锋生平事迹

（3）实施成效

①体验更加个性。雷锋纪念馆不仅为参加志愿服务的青年志愿者提供岗前培训，还根据个人特点和意愿分配不同的志愿服务岗位，为他们提供了展现自我和能力锻炼的平台；还充分考虑来馆参加志愿服务体验的中小学生的学习接受能力，根据不同学龄量身打造不同的志愿服务体验岗位，以学促行，以行促学，有效保证了志愿体验项目的学习效果，使学生能通过实实在在的志愿服务真正受到教育。

②管理更加自主。以"志愿者服务志愿者"为基本理念，雷锋纪念馆招募"大志愿者"为"小志愿者"的志愿服务实践提供服务，不仅有利于志愿服务精神的接力与成长，在一定程度上减轻了旅游接待与志愿者管理的压力，更是志愿者实现自我组织、自主管理的一次有益尝试。雷锋纪念馆运行模式具有充分的可复制性和可推广性，对于志

愿服务精神的传播与传承，志愿事业的良性发展具有良好的促进作用。如图4-21所示，为青年志愿者带领"雷小锋"学唱《学习雷锋好榜样》时的场景。

图4-21　青年志愿者带领"雷小锋"学唱《学习雷锋好榜样》

（4）经验总结

2023年，雷锋纪念馆依托"正兴学雷锋志愿服务中心"，广泛吸收正在从事和有志于从事志愿服务的团体和个人，共同组建"正兴学雷锋志愿者联盟"。根据不同志愿者的不同特点，策划了不同的志愿服务岗位，制定了联盟工作计划，修订了志愿者管理制度和奖惩办法，目前已为20多个来自不同企业、社区和学校的老、中、青志愿服务团队授旗。联盟的成立和发展壮大为"雷小锋"种子工程系列志愿服务项目的开发提供了坚实的群众基础，"雷小锋"种子工程系列志愿服务项目品牌效应持续扩大。

4.2.5.4　安徽滁州营地：重温改革历程　凝聚奋进力量

（1）背景

改革开放精神凝聚着中华优秀传统文化的思想精华，包含解放思想、实事求是、开拓创新、勇于担当、开放包容、兼容并蓄等，内涵丰富、意蕴深刻，是当代中国人民最鲜明的精神标识。党的二十大报告强调，要坚持深化改革开放，并将其作为前进道路上必须牢牢把握的重大原则之一。

安徽省滁州市凤阳县小岗村是我国农村改革开放发源地。作为决定中国命运关键一招的改革开放，其历史进程应为广大中小学生所熟悉。安徽滁州营地通过和国家级研学基地小岗村合作，通过开展"重温改革之路，牢记使命担当"小岗村国情省情市情教育主题研学活动，让学生来到小岗村，追溯四十年前中国农村改革开放之路，聆听"十八颗红手印"的改革故事。同时，通过参观滁州规划馆、科技馆、苏滁产业园等开阔眼界，了解祖国现代化建设成就，争做时代新人，树立报国理想，为实现中华民族伟大复兴的中国梦而奋斗。如图4-22所示，为安徽滁州营地学生在滁州科技馆了解家乡的发展历程和未来规划时的场景。

图4-22　安徽滁州营地学生在滁州科技馆了解家乡的发展历程和未来规划

（2）主要做法

①打造营地+研学教育课程体系。基于教育部《中小学综合实践活动课程指导纲要》和《关于推进中小学生研学旅行的意见》文件要求，安徽滁州营地研究青少年成长实际需求，区别于学校教育、家庭教育和少年宫艺术教育，出于打造青少年隐性知识体系的目的，研发室内和户外相结合、研学和营地相结合、校内和校外相结合的课程。安徽滁州营地开展的"重温改革之路，争做时代新人"小岗村研学营，让学生从安徽滁州营地走进农村改革开放发源地凤阳小岗村，通过采用聆听改革开放故事、观摩祖国现代化建设成就的方式，让学生了解国情省情市情，感受祖国发展繁荣，立志为实现中华民族伟大复兴的中国梦而奋斗。如图4-23所示，为安徽滁州营地学生走进凤阳小岗村大包干纪念馆了解改革开放历史时的合影。

②四层管理确保活动安全。为确保小岗村研学营活动顺利开展，安徽滁州营地制定了四层管理方阵，具体为国内知名营地教育专家研发营地和研学课程；具有多年营地教学经验的专业教官教练和研学导师负责学生日常研学活动开展；营地心理辅导老师帮助学生建立自信和健康心态；安全运营与后勤保障团队为学生提供自救他救的生存技能和安全保障。同时，安徽滁州营地制定细致的安全预案，如备好相应医药急救包、做好应急演练、为学生购买保险等。

图4-23 安徽滁州营地学生走进凤阳小岗村大包干纪念馆了解改革开放的历史

③大数据系统助力科学评价。安徽滁州营地构建营地云大数据系统，建立"线上+线下"的活动评价体系，实现对学生参与活动的全方位把控，同时通过数据分析，进一步改进课程，提高研学活动满意度。

（3）实施成效

2023年安徽滁州营地已实现对滁州市凤阳县当地适龄学生全覆盖，充分发挥示范性引领作用，辐射带动周边市外、省外20多个地区的3万多名中小学生受益。

（4）经验总结

弘扬开拓进取精神，以锐意进取、担当有为的精气神展现中华民族的时代气象，"重温改革之路，牢记使命担当"小岗村研学营的开展，让广大中小学生在研学实践中了解新中国发展历程，传承红色基因；聆听改革故事，学习小岗村村民的首创精神和沈浩同志乐于奉献、敢于担当的崇高品质；参观科技馆、博物馆，了解现代化建设成就，增进对国家的情感，坚定"四个自信"，传承改革精神，为实现中华民族伟大复兴的中国梦而奋斗。

4.2.5.5 江南制造展示馆：铸大国匠魂 育时代新人

（1）背景

随着《关于全面加强新时代大中小学劳动教育的意见》《大中小学劳动教育指导纲要（试行）》等国家政策性文件的发布，劳动教育成为新时代人才培养的重要内容。江南制造展示馆（以下简称"展示馆"）深入挖掘自身资源，设计课程模块，将学生研学实践活动扩展至青少年价值观引导与生涯规划等领域。落实中小学生研学实践项目，不仅令更多青少年近距离接触研学实践内容，感受大国工匠精神，更引导青少年感受大国制造的魅力，树立并践行社会主义核心价值观。

（2）主要做法

①铸大国匠魂，培育时代新人。展示馆为青少年搭建了丰富的爱国主义教育和科创教育实践平台，针对青少年综合素质培养设计了多条研学实践线路，包括手工体验、职业体验、劳动教育、社会实践等，让青少年从活动中学习工匠技艺，提高动手能力及团队协作能力，加深对船舶的了解与认知，厚植工匠精神。在参访活动中定期邀请江南造船大国工匠、生产一线造船工程师、退役船长等劳模与学生们面对面交流，分享"工匠精神""劳动精神""劳模精神"。如图4-24所示，为上海进才中学在江南造船展示馆开展"走进大国制造，船承工匠精神"研学实践活动时的合影。

图4-24　上海进才中学在江南造船展示馆开展"走进大国制造，船承工匠精神"研学实践活动

②强化责任担当，讲好工匠故事。讲好工匠故事，传播工匠精神。展示馆打造了一支强有力的宣教团队，研学导师长期扎根一线，以饱满的精神状态，将工作中所见所闻与展馆资料相结合，向学生们讲述国之重器背后平凡而伟大的"红色故事汇""馆长说""千里眼与风筝线""建局那些事""小红帽讲故事"等多主题责任与担当的故事。此外，研学导师还结合工匠成长成才故事，创立了"江南造船影像工程系列"影像，以"朋友"般的平视化视角还原大国工匠的技能本色和责任担当。

③践行知行合一，弘扬工匠精神。深入挖掘自身资源，结合场馆优势，展示馆组织开展了"天工开物"主题系列研学实践活动。在"参观远望一号，体验科技魅力"研学实践活动中，同学们登上荣归故里的"远望一号"航天测量船，近距离观察船舶设施，通过操作互动，理解"远望一号"重要的历史意义和技术价值，感叹中国科技的快速发展，体验"科技是第一生产力"的魅力，并在互动交流中学会了绳结的多种系法，提升

生存技能。在"传承工匠精神，提升社会责任"研学实践活动中，通过聆听全国劳模、大国工匠陈景毅高级工程师的"工匠精神报告会"，观看线上资源课程"蒙面焊将"，知晓我国大国制造的发展，体悟工人阶级的成就，增强民族的自豪感，坚定民族复兴的信心。

（3）实施成效

2023年展示馆为全国7万余名中小学生开展红色教育等主题实践教育课程，依托江南造船微信公众号、官方微博、博雅网、红途等多媒体平台，及时发布项目信息和动态，持续扩大教育影响，先后被上海第一教育、上海崇明、研学实践百科、中国船舶股份、崇明教育等多家媒体转载报道。荣获"2023年上海市劳动教育基地"荣誉称号，荣获首批区级"大思政课"实践教学基地、科学家精神教育基地和廉洁文化教育基地等荣誉称号。2023年，展示馆是上海市唯一一个成功入选全国20个中小学生校外研学实践活动项目资金支持基地的单位。如图4-25所示，为退役船长带领同学们开展"走进大国制造，船承工匠精神"研学实践活动时的合影。

图4-25　退役船长带领同学们开展"走进大国制造，船承工匠精神"研学实践活动

（4）经验总结

发挥营地研学实践教育的优势，有效培养青少年创新思维能力，增强学生创造能力，提升学生综合素质和学习能力，从而形成以实践能力带动文化学习的能力。以研学课程学习的成果为具体载体，扩大课程学习的外延，赋予课程学习更多的内涵，着力打造具有鲜明中国工业文化特色的工匠文化。把工业文化、工匠精神"动于手、化为形、

融入心"，让学生系统地进行课程学习、探究主线，结合图文、音画资源等在线学习资源，为学生提供开放式、可探究的交互学习内容，使学生在深刻体验、充分感受工业文化精髓和魅力的同时，通过模拟工艺流程，加强学生的探究和创新应用能力，进一步提升学生的综合素养。

4.3 科学技术教育

4.3.1 科学技术教育价值取向

科学技术教育，以科学与技术为主要内容，是现代教育的重要组成部分，主要包括科学教育与技术教育，二者相互联系又有所区别。科学教育的目标是培养学生的科学精神与态度，获得科学的方法和知识，以及增强科学创新精神与意识；技术教育的目标是培养劳动观念、基本技术操作技能，以及发展技术发明和技术革新的意识及能力。

4.3.1.1 科学技术教育的重要性

21世纪以来，科学技术发展突飞猛进，产生了大量的高精尖科技创新项目，对青少年教育产生了重要影响。科学技术教育在整体教育体系中占据着举足轻重的地位，它不仅是实施"科教兴国战略"的关键环节，更是强化现代化建设人才支撑、统筹推进教育强国、科技强国、人才强国的重要途径。科学技术教育比传统教育更注重知识迁移理解和实践动手能力，更注重引导学生观察、实践、探究、思考与合作，让青少年在具体的项目实践中将各种学科知识进行融合，逐渐形成对综合学科知识的整体驾驭能力，具备对事物的宏观视角和综合优化能力，激发学生的科技创新精神和实践能力。其深远价值在于推动科学技术的发展，使学生们掌握科学的基本概念，学会科学的研究方法，并培养他们应对现实中科学与社会问题的能力。这为青少年学生适应现代科技的迅猛发展，以及理解科学技术的实践应用提供了坚实的基础。

4.3.1.2 校外科学技术教育的内涵

校外科学技术教育与义务教育科学课程之间的关系是相辅相成的，共同构成了学生科学教育的重要组成部分。学校课程着重培养学生的科学观念、思维方式和实践能力，而校外教育则提供更丰富多样的学习过程。二者共同为学生提供更加全面、丰富的科学教育体验。校外科学技术教育不仅是对学校科学课程的补充和延伸，更是培养学生科学素养、科学思维、探究实践能力和社会责任感的重要途径。

校外科技教育能培养学生的价值体认、责任担当、问题解决、创意物化能力。在活动中，学生面对真实问题，通过团队合作、创新思维、实践操作、解决问题并拓展视野和知识面,深化对科学知识的理解,了解科学知识的实际应用和社会价值。此外,参与活动也培养了学生的责任和担当精神,对培养社会责任感有重要意义。

4.3.1.3　科学技术教育研学实践的价值

研学实践中融入科学技术教育具有不可或缺的意义。一方面,它能有效培养学生的科学思维和技术技能,使学生在获取知识的同时,提升实践操作能力和创新思维。另一方面,科学技术教育帮助学生将理论知识与实际操作紧密结合,使他们在实践中更深入地理解和掌握科学知识。此外,它也有助于学生形成责任与担当意识,促使他们在学习科学技术的过程中,形成积极的科学态度和良好的道德观念。最终,科学技术教育为学生提供了应对现代科技快速发展的基础支撑,有助于他们更好地适应社会的快速发展,为未来的生活和工作做好充分准备。

4.3.2　科学技术教育校内外衔接

在建设新时代教育强国背景下,只有不断整合挖掘校内外各类科学技术教育资源,强化优势互补和有效衔接,才能真正使科学技术教育发挥应有的育人功效,培养出适应新时代发展需要的现代化科技人才。

4.3.2.1　坚持求同存异,把握校内外教育目标一致性

校内外科学技术教育虽在内容、形式、方法上存在差异,但总体目标一致,均致力于培养学生的科技知识、独立思考、动手实践、创新精神等核心素养。为了实现有效衔接,需坚持目标导向,结合地方特色和实际,发挥各自优势,科学合理地选择和利用不同教育途径和方法,对学生进行全面而有效的科学技术教育。

四川泸州营地、甘肃白银营地、河北省邢台市中小学综合实践学校以及吉林省白城市示范性综合实践基地,在研学实践教育活动的规划与执行中,均注重维系校内教育的规范性、系统性与全面性,同时凸显校外研学实践教育的实践性、探索性与创新性。两者相辅相成,互为补充,共同推动学生的科学技术素养发展。这三个营地虽各具特色,却都共同遵循着研学实践教育活动的核心理念,即融合校内教育的规范性与校外教育的实践性,以实现学生的全方位发展。在这些营地所组织的活动中,学生不仅能够汲取书本知识,更能在实践中锤炼各项技能,从而达到真正的全面发展。

4.3.2.2　坚持政府主导,落实管理机制衔接的制度保障

为确保校内外科学技术教育有序衔接,必须构建一套完善的管理保障机制。首先,地方教育主管部门与相关行业部门需携手合作,共同制定相关政策和规定,为校内外科学技术教育的衔接提供坚实的制度保障,并全程监控、指导和评估衔接工作。其次,学校应秉承"三全育人"理念,构建一套校内外科学技术教育联动机制,确保教学计划、课程实施及教师评价等要素在衔接过程中发挥关键作用。最后,校外资源单位及教育机

构应依托自身优势，建立科学、全面的评价体系，采用多元评价手段，对教师、学生、家长和学校等参与者进行综合评价。评价内容应涵盖活动课程质量、教师教学效果、整体服务质量及教育效益等方面，并将评价结果作为单位评优评先和个人职业发展的重要依据，以推动校外科学技术教育质量的持续提升。

在广元市教育局的积极协调下，四川广元营地与文化旅游、科技、交通等部门建立了高效的协作关系，旨在构建校内教育与研学实践教育之间的紧密联动。这一机制的建立，不仅促进了校内外教育的顺畅融合，还为学生的学习与成长提供了良好的环境和条件。营地充分发挥自身优势，积极利用国家级研学实践基地的资源，并结合地方特色，组建了一支专业的课程研发团队。该团队遵循科学的课程设计原则，不断推动课程的研发与优化，以确保课程质量的持续提升，为学生提供更加丰富和深入的科学技术学习体验。

4.3.2.3 坚持协同育人，促进科技教育资源整合联动

校外科学技术教育所具备的场所、器材、技术以及人才等资源优势不容忽视。在当前社会经济飞速发展和科技日新月异的大背景下，众多科学技术教育资源如高新技术产业园、研究院、高精尖科技公司、航空航天基地等如雨后春笋般涌现。然而，由于缺乏顶层设计和资源整合的策略，以及正确的宣传引导，这些珍贵的资源在很大程度上被浪费和忽视。同时，科学技术资源单位与学校、家庭之间的协同育人潜力也未得到充分挖掘。

鉴于此，地方政府与教育行政部门需要紧密合作，统筹规划和调动各类校外资源。通过制定和实施有效的激励措施和办法，积极引导和鼓励社会力量参与青少年学生的科学技术教育工作。此举不仅有助于促进教育资源的优化配置和效益最大化，更能实现校内外资源在科学技术教育领域的深度融合和联动发展。

山西晋中营地积极与学校、教研室及高校构建紧密的合作关系，旨在实现资源共享与优势互补。营地严格遵循国家课程标准，深入分析受教育者的学习状况，并结合其在校内的教育基础，精心策划科技类研学的教学内容。在确定活动安排和教学方式时，注重创新，力求为学生提供丰富多样的学习体验。此外，山西晋中营地与学校、教研室及高校还共同研发了"追逐科技之光 勇担时代重任"等研学线路，以及涵盖基础、拓展、提升等多个层级的阶梯性课程，如"科学启蒙声光电""神奇的'光'家族"等十余项跨学科、项目式课程。这些课程旨在培养学生的科学素养和创新能力，为他们的全面发展奠定坚实基础。

4.3.2.4 坚持内外结合，提供适应学生需求的活动项目

学校教育以"课程"为核心载体，而校外教育则侧重于"活动"这一形式。活动作为特定时间和地点的体验提供者，具有独特价值，而课程则展现出更为系统和持久的教育安排。两者各有优势，互补性强。要实现科学技术教育的校内外有效衔接，须遵循主

体性、实践性、科学性、主导性和过程性原则，结合校内外科学课程和科普教育活动，激发学生的科技创新意识，培养他们的科学态度和精神。因此，将学校课程与校外活动形式有机结合，实现教育形式的多样性和互补性，是达到最佳教育效果的关键。

另外，学生的成长需求与学校的教育教学实际需求是推进科学技术教育校内外衔接的基础和动力。在策划校外活动时，必须充分考虑学生的年龄和学情特点，不同区域和学校的资源特色，对接国家、地方、学校各级课程目标，研究开发校外科学技术教育活动项目，设计参与度高、体验感强、教育意义深远的活动内容，不断创新活动形式，使校外教育与学校教育形成互补与延伸的关系。

如山西大同营地，在科学技术类研学实践活动中，结合学生校内学习情况，充分将校内学科知识与校外研学课程相衔接。对于小学生，山西大同营地通过数学和科学等学科的研学活动，让孩子们在观察、实验、探索中感受科学的魅力。对于初中生，山西大同营地则通过物理和生物等学科的研学活动，进一步拓展学生的知识视野，不仅让学生们对学科知识有更深入的理解，也培养了他们的动手能力和实验精神。对于高中生，山西大同营地则通过化学和信息技术等学科的研学活动，引导学生们进行更为深入和专业的探索，不仅让学生们对学科知识有更深入的理解，也培养了他们的创新思维和解决问题的能力。

在科学技术教育研学实践中，山西大同营地注重结合学生校内学习情况，精心构建校内学科知识与校外研学课程的衔接体系。对于小学生，特别设计了数学和科学等学科衔接的研学实践活动，旨在让孩子们在观察、实验、探索的过程中感受科学的魅力，激发他们对知识的兴趣和好奇心。对于初中生，则通过与物理和生物等学科衔接的研学实践活动，进一步拓展学生的知识视野，深化他们对学科知识的理解，同时培养他们的动手实验能力，提升他们的科学素养。对于高中生，山西大同营地更是通过化学和信息技术等学科支撑的研学实践活动，引导学生们进行更为深入和专业的探索研究，不仅让他们对学科知识有更深入的理解，还培养他们的创新思维和解决问题的能力，为他们的未来发展奠定坚实基础。

4.3.3 科学技术教育实施路径

科学技术教育研学实践巧妙地将科学研究、技术创新和实践活动三者结合，致力于培养学生的科学素养、创新思维和实践能力。在设计科学技术教育研学实践的实施路径时，须全面考虑科技教育活动的评估、研学师资队伍的专业素养、校内外科技教育资源等多项因素。

4.3.3.1 制定科学技术教育活动的评估模式

建立全面而严谨的评估模式，以确保科学技术教育研学实践活动的质量与效果。该模式主要包含学生表现评价和实践成果评估两大方面，并采用系统、科学、有效的监控与评价方法。应用该评估模式，能够及时掌握学生的学习进展和效果，为学生的全面、主动、和谐发展提供有力引导。同时，该模式也有助于促进教师的专业成长，为营地自我发展提供持续动力。为不断促进科学技术教育研学实践活动的深入开展，应持续完善该评估模式。

①**设定明确的目标和标准**。制定科学技术教育的目标和标准，明确学生应该达到的知识、技能和态度的提升程度。

②**选择适当的活动**。选择与科学技术教育相关的校外研学实践活动，确保活动内容和学生的学习需要相匹配。

③**制定评价指标**。根据科学技术教育的目标和标准，制定相应的评价指标，用于监控和评价学生在校外研学实践活动中的表现。

④**进行实时监控**。在校外研学实践活动中，教师和指导者可以通过观察、记录和反馈等方式，实时监控学生的学习情况，及时发现问题并进行调整。

⑤**提供适当的支持和指导**。根据学生在校外研学实践活动中的表现，提供个别化的支持和指导，帮助他们克服困难，提高学习效果。

⑥**进行综合评价**。根据评价指标，对学生在校外研学实践活动中的学习成果进行综合评价，包括知识掌握、实践能力、创新思维等方面。

针对研学实践课程的评价不再是检查表层知识的掌握，而是运用多种评价方式来将内隐的核心素养转化为可观察可感知的外在表现，聚焦实践能力、科学思维能力、团队协作能力等几项关键核心素养，具体如表4-1所示。

表 4-1　　　研学实践教育学生科学技术能力评价指标说明

学生关键能力评价指标	校外研学实践活动可以通过学生的实践能力评价来判断他们在科学技术方面的掌握程度
科学思维	校外研学实践活动可以通过评价学生的科学思维来判断他们在科学技术方面的发展情况
团队协作	科学技术教育往往需要学生进行团队合作，校外研学实践活动可以通过评价学生的团队协作能力来判断他们在科学技术方面的合作能力
创新能力	科学技术教育强调学生的创新能力，校外研学实践活动可以通过评价学生的创新能力来判断他们在科学技术方面的创新能力

4.3.3.2　提升师资队伍专业素养

科学技术教育对学生科学素养、创新能力以及实践技能的培养具有举足轻重的作用。为了实现科学技术教育的持续深入发展，培养更多具有创新精神和实践能力的高素质人才，必须加强对科学技术教育研学师资队伍建设的重视。应以提升教师的科学技术教育理念和教学能力为核心，精心设计和实施一系列专业化的师资培训项目。还要搭建跨区域的研学实践营地间的教师交流互学平台，促进教学资源和经验的共享，以推动营地研学实践教育师资队伍的整体建设和发展。

培训项目要聚焦于教学方法的改进、课程设计的优化以及实验指导能力的提升等多个方面，力求全面提高教师的教育教学水平和专业素养，更好地推动科技教育的蓬勃发展。

如辽宁盘锦营地，建立指导教师培训制度，开展对营地教师的培训，明确培训目标，努力提升教师的跨学科知识整合能力，观察、研究学生的能力，指导学生规划、设计与实施活动的能力，课程资源的开发和利用能力等。根据教师的实际需求，开发相应的培训课程，组织教师按照课程要求进行系统学习。不断探索和改进培训方式方法，倡导参与式培训、案例培训和项目研究等，不断激发教师内在的学习动力。再如，大兴安岭地区中小学综合实践学校、福建省三明市综合实践学校（简称"福建三明营地"）、陕西西安营地等营地，积极推动教师素养提升，通过举办培训班、研讨会等活动，提升教师的专业素养，激发他们的教学热情和创新能力。同时，还建立多营地教育教师的交流平台，促进教学资源和经验的共享，推动营地研学实践教育教师队伍的建设和发展。

辽宁盘锦营地、镇江市青少年活动中心、温州市学生实践学校等其他相关教育单位，均专注于建立健全教师专业发展培训机制，其核心目的在于精确提升教师的组织研学实践教育的能力。在培训过程中，特别强调教师需要掌握的关键技能，包括科学技术教育中跨学科知识整合、学生观察研究、活动规划设计与实施，以及课程资源开发利用等。为了满足教师个性化的发展需求，辽宁盘锦营地、镇江市青少年活动中心、温州市学生实践学校等其他相关教育单位量身定制了相应的培训课程，并要求教师严格按照课程规定进行系统学习。

大兴安岭地区中小学综合实践学校、福建三明营地和陕西西安营地等单位，均在积极探索并优化培训方式，大力推行参与式、案例式和项目研究式等培训模式，以充分激发教师的学习热情和内在动力。通过各种形式的培训班、研讨会等，积极促进教师开展研学实践素养的全面提升，进一步激发其教学热情和创新能力。

科学技术教育研学实践课程的设计旨在培养学生对科技的兴趣和创新思维能力。济源市示范性综合实践基地、儋州市教育示范性综合实践基地管理中心等单位，通过科技知识普及、科技实践项目、科技讲座和沙龙、科技竞赛和展览等方式，提高学生的科技实践能力和解决问题的能力。同时，采用启发式、实践导向和团队合作等教学方法，培养学生的创新思维、动手能力和团队合作精神。通过学生的反馈评价和作品展示评价，不断改进和提高课程设计，实现科技类研学课程的有效实施和教学效果的提升。

科学技术教育研学实践课程设计，可采用科技知识普及活动、实践项目、专题讲座与沙龙以及科技竞赛和展览等形式；注重启发式、实践导向以及团队合作等教学方法的运用；重视对学生的表现和作品的评价反馈，将其作为改进和提高课程设计的重要依据，以确保科技类研学课程的有效实施和教学效果的持续提升。

①**设计富有挑战性的任务**。为学生提供具有一定难度和挑战性的科学技术任务，激发学生的学习兴趣和动力。例如，让学生设计和构建一个简单的机器人，或者解决一个

实际生活中的科学问题。

②**强调实践与实验**。科学技术教育最好通过实践和实验来进行。在校外研学实践中，可以设计一系列与科学技术相关的实践活动，例如参观科技企业、科学实验室或科技博物馆，进行实际操作和观察。

③**鼓励团队合作**。科学技术教育强调团队合作和合作解决问题的能力。在校外研学实践中，可以组织学生进行小组合作，共同完成科学技术任务，这样可以培养学生的团队合作精神和解决问题的能力。

④**引导学生的自主学习**。在校外研学实践中，教师应该充当引导者和促进者的角色，鼓励学生自主学习和探索。例如，在参观科技企业时，教师可以提出一些问题或任务，引导学生进行思考和研究。

⑤**结合实际应用**。科学技术教育应该与实际应用相结合，使学生能够将所学知识应用到实际问题中。在校外研学实践中，可以设计一些与实际应用相关的任务。例如，设计一个能够解决环境问题的科技产品。

⑥**提供反思和总结机会**。在校外研学实践结束后，教师应该提供反思和总结的机会，让学生回顾所学知识和经验。例如，可以组织学生进行小结报告或展示，分享收获和体会。

科学技术教育研学教师在设计课程内容的时候要注意以下教育目标（见表4-2）。

表4-2　　　　　　　　　　科学技术类教育目标

提高学生科学素养	通过校外研学实践活动，培养学生的科学思维能力和科学方法论，提高学生的科学素养水平
激发学生科学兴趣	通过实际操作和观察，让学生亲身体验科学实验和科学探索的乐趣，激发学生对科学的兴趣和热爱
培养学生科学实践能力	通过参与科学实验和科学探索活动，培养学生的观察、实验、分析和解决问题的能力，提高学生的实践能力
培育学生科学创新思维	通过开展创新性的科学项目和实践活动，培养学生的创新思维和创新精神，鼓励学生在科学领域中进行创新和发现
培养学生科学伦理意识	通过讨论科学伦理问题和科学道德问题，引导学生树立正确的科学伦理观念，培养学生的科学伦理意识
增强学生科学交流能力	通过参与科学项目和实践活动，培养学生的团队合作和沟通能力，提高学生的科学交流能力和表达能力
培养学生科学与社会的联系意识	通过参观科技企业、科研机构等，让学生了解科学技术与社会的联系，培养学生的科学社会观念和责任意识
培养学生科学问题解决能力	通过参与实际科学问题的解决活动，培养学生的问题意识和解决问题的能力，提高学生的科学思维和创新能力
培养学生科学实践的习惯	通过长期的校外研学实践活动，培养学生对科学实践的兴趣和习惯，促进学生对科学的持续学习和探索

组织研学活动具体的开发设计流程,可以分为六个步骤:需求调研-线路预设—实地考察—修订完善—线路试行—总结定稿。

在这个过程中遵循以下几个方面,具体如表4-3所示。

表 4-3　　　　　　　　　研学活动开发设计流程

定义学习目标	明确科学技术教育的学习目标,例如培养学生的科学探究能力、创新思维能力等
确定主题和内容	选择与科学技术相关的主题,例如生态环境保护、机器人制作等,并设计相应的活动内容,切合学生的年龄和能力水平
确定活动形式	根据学习目标和活动内容,确定适合的活动形式,例如实地考察、实验探究、科技展示等
确定时间和地点	确定活动的时间安排和地点选择,确保学生能够参与其中并获得实践经验
确定资源和设备	确定所需的资源和设备,例如实验器材、参观场所等,并做好准备工作,确保活动的顺利进行
设计学习任务	根据学习目标和活动内容,设计适合学生完成的学习任务,例如提出问题、进行观察和实验等
提供指导和支持	为学生提供必要的指导和支持,例如提供相关的学习资料、指导学生进行实验和观察等,确保他们能够有效地参与实践活动
提供总结展示机会	为学生提供总结和展示的机会,例如组织学生进行成果展示、写作报告等,鼓励他们分享自己的学习经验和成果

4.3.3.3　强化研学师资的实践能力

安排师资参与科学技术教育相关的实践活动,如科研项目、科技展览等,有助于提升师资在实践中的能力和经验,为学生提供更好的教学指导。

科学技术教育研学师资培育需兼顾科学研究与科学教育学习,重在发展教师将科技资源应用于教学实践的能力;在学习形式上,除集中面授和科研院所参观走访以外,更加注重与科学家、科学教育研究者、一线教师和教研员之间的深入交流,以及面向真实课堂的教学实践活动,以帮助参训教师开阔科学视野,增强科学探究实践能力,提高科学教育水平。

①**建立师资交流平台**。组织科学技术教育相关的师资交流活动,如教研组会议、学术讲座等,促进师资之间的沟通和合作,共同提高教学水平。

②**联合优秀师资资源**。与科学技术领域的专家、学者、企业等建立合作关系,邀请他们参与校外研学实践活动,为学生提供专业的指导和教育资源。

③**定期评估和反馈**。建立科学技术教育师资培育的评估体系,定期对师资进行评估和反馈,发现问题并及时进行改进和提升。

④**提供持续的培训机会**。为师资提供持续的培训机会,包括参加学术会议、研修班、培训课程等,保持师资的学习热情和专业素养的更新。

⑤**建立师资储备库**。建立科学技术教育师资储备库，及时补充和更新师资队伍，确保师资资源的稳定供应。

如宁夏固原营地、山东省乳山市中小学综合实践学校（简称"山东乳山营地"）等单位，组建中小学校、营地、基地专业教师共同参与的"科技智囊团"，构建营地研学导师培养平台、健全研学导师培养标准、建立研学导师培训监测体系、健全导师激励机制，强化科技研学指导教师的专业技能和职业素养。

4.3.3.4　整合校内外科学技术教育资源

为推动科学技术教育研学实践与学校教育的深度融合，需要强化政策引领，探索实践模式，促进育人融合联动。多部门需联动协同，拓展科技教育融入学校教育的资源路径，引导博物馆、科普场馆等与学校对接，形成工作合力。应通过开展研学实践教育活动，引导学生走出传统课堂，走进社会生活，实现学校教育与校外教育的有机结合。充分将营地的科技教育类主题场馆和市内外可用的资源有效整合，根据课程总体计划、学生的年龄，选择与科学技术相关的主题，制定明确的学习目标，确定一系列与科学技术相关的实践活动。

如四川广元营地，组织学生参观科技博物馆、实验和观察自然现象。根据年龄和能力，选择适合的教学策略，将"研—学—德—做—安"融入每次研学活动。学生带着研学主题问题参与，并撰写报告，此为"研"。课堂知识与课外实践相结合，以课堂知识指导实践，此为"学"。教师挖掘德育点，实现德与智一体化，此为"德"。提供动手实践机会，实现心、手、脑融合，此为"做"。注重安全，包括乘车、行走和工具安全，此为"安"。

又如北京营地，持续深化产教融合，积极推动与数字化产业的合作，构建更高层次、更高水平的研学实践活动。北京营地通过与多家数字化产业领军企业建立战略合作关系，共同研发了一系列与数字化产业紧密结合的研学项目。这些项目不仅涵盖了云计算、大数据、人工智能等前沿技术领域，还注重培养学生的创新思维和实践能力。学生们在参与项目的过程中，不仅能够接触到最新的技术知识，还能在实践中锻炼自己的问题解决能力和团队协作能力。

《11部门意见》指出，以立德树人、培养人才为根本目的，以预防为重、确保安全为基本前提，以深化改革、完善政策为着力点，以统筹协调、整合资源为突破口，因地制宜开展研学实践，要着力开发一批育人效果突出的研学实践活动课程，打造一批具有影响力的研学实践线路，建立一套规范管理、责任清晰、多元筹资、保障安全的研学实践工作机制和良好的教育发展体系。各营地通过探索研究科学技术教育的策略与方法，不断提高教学质量和效果，为学生的全面发展提供了有力支持。

实践育人，目标是导向，课程是核心，构建"一核引领、两向延伸、三链植入、四方共育、多维评价"育人体系，做到五个坚持。

（1）坚持"一核引领"，突出育人导向

作为"国家级中小学生研学实践教育营地"，把"立德树人"作为根本任务，并贯穿实践教育工作始终。课程以"立德树人"为核心引领，以培养德智体美劳全面发展的社会主义建设者和接班人为目标，旨在通过课程的实施让广大中小学生感受祖国大好河山、中华传统美德、革命光荣历史和改革开放伟大成就，增强对"四个自信"的理解与认同，促进学生创新精神和实践能力的提升，使其形成正确的世界观、人生观和价值观。

（2）坚持"两向延伸"，突出学科融合

一是学科延伸。在课程的开发中注重强化学科知识融合与应用，结合政治、历史、地理、科学、生物、物理、化学、美术、音乐等学科知识，探索开展"跟着课本去研学"创新模式。参照《义务教育课程方案和课程标准（2022年版）》，编写了各学段理论篇、技能篇、实践篇、拓展篇研学实践教育活动指导手册，以学科知识融合嵌入提升研学实践教育活动课程实效。

二是学段延伸。针对不同年龄段学生学习需求和学情特点，制定符合实际的研学实践教育活动的课程方案和课程目标。研发涵盖小学（低年级、中高年级）、初中、高中不同学段的研学实践教育活动课程170余门，有效解决了同一主题不同学段课程内容的兼容问题。

（3）坚持"三链植入"，强化综合素养

一是知识植入。构建整体课程知识框架，在课程设计上注重知识点的嵌入与引导，每个课程单独制定"研学任务单"，实现课程知识清单化。

二是能力植入。综合素质与能力提升是实践教育核心导向。在实践体验中，学生要通过观察、体验、收集、描写、绘制、品味、制作、组装、采集、扮演、调查、分析、总结、评价等多种方式亲历体验，要体现全员参与，心理要充分得到满足。通过发现问题、提出问题、分析问题、解决问题来培养学生动手动脑、听说读写等综合能力。

三是品质植入。实践课程更加注重"五育"融合，全面发展的育人宗旨。在课程实施中，教育资源由营地、基地统一配置，学校、家庭在遵循实践性和教育性原则下做好协同配合，从课内课外等全过程培养学生意志品质和学习习惯，引导学生热爱家乡、尊敬师长、热爱生活、敬重生命、尊重他人，树立正确的人生观、世界观和价值观和高尚的道德情怀。

（4）坚持"四方共育"，协同育人机制

建立营地、基地、学校、家庭"四方共育"协同育人机制，明确各方责任，多方联动，齐抓共管。一是营地为枢纽。营地科学统筹和协调科学技术类研学实践教育活动课程开展和实施。二是基地为站点。作为研学目的地和课程实施场所，为研学实践活动提供优质研学资源和保障服务。三是学校为主场。学校是研学实践教育活动课程的实施主体，从课程、计划、实施管理、综合评价等方面具体组织，做到活动有方案、行前有备案、服务有保障、应急有预案、行后有总结，确保课程安全有序进行。四是家庭促协同。配合学校做好学生行前教育、课程评价和服务保障，相互协同、共同配合，强化家校协同育人机制。

（5）坚持"多维评价"，收获育人效果

基于"立德树人"和"全面育人"目标，围绕科学技术类研学实践教育活动评价的主体、对象、内容和方式构建多元多维评价体系。评价主体由学校、学生、教师、家长、基地共同组成，运用多方参与的评价体系，保证评价结果的客观性和公正性。评价对象包括学生、教师、基地、营地、服务机构，保证各参与主体都有评价和被评价的权利和义务，以达到改善服务、提升质量、促进发展的良好目标。评价内容依据研学实践教育活动课程目标和内容，对教与学的全过程进行评价，注重对学生创新精神和知识能力获取的发现，特别要关注学生在参与实践活动过程中的表现和情感态度变化，以及他们的价值体认，指导教师要及时给予肯定鼓励，不过分强调结果。评价方式要坚持过程性、多元性、反思性、激励性等原则，把学生活动成果展示、交流分享、任务完成量化表等作为评价的主要方式，让学生在活动后能及时总结反思，促进情感的升华和态度的改变。

如新疆库尔勒营地，采取线上与线下相结合的方式对参与的学生、家长及学校进行回访工作。内容围绕活动聚焦的核心点提出，如时长、内容、实践性等，直观反映活动存在的问题及活动对象的评价。同时，根据调查对象进行分类设定，确保分类调研更有针对性，采集数据更精准。丰富线下满意度调查形式，采取书面调查、电话回访、座谈会等形式进行学校与家长的调研，确保实现学校、学生、家长一体化联动。

4.3.4　科学技术教育校外资源

"社会即学校"是陶行知生活教育理论的核心命题，强调生活处处是教育，整个社会都是教育的场所。教育资源是教育活动的基石，包括构成教育内容或支持教育过程的因素，直接关联教育目标和功能的实现。科技教育资源则特指支持科技教育目标实现的自然资源和社会资源。

科学技术教育资源涵盖多个层面和领域，分布于学校、家庭、社区及社会各领域，主要包括校内资源和校外资源两大类。校内资源涉及科技课程、多样化的科技活动以及校园科技环境，如实验室、图书馆和实践基地等。校外资源则涵盖公共图书馆、博物馆、展览馆、科技馆、少年宫、社区科技教育中心，以及科学家、工程师和各类媒体资源。

4.3.4.1　营地内丰富教育资源

科学技术教育首先需要丰富的教育资源，包括教材、教具、实验室设备等。教材是科学技术教育的基础，应该根据不同年龄段的学生的认知特点，编写具有趣味性、实用性和启发性的教材。教具和实验室设备则可以帮助学生更好地理解和掌握科学知识，提高实验能力和动手能力。

辽宁大连营地历经三年，整合社会资源建立15个场馆，采用"基地+"的科技研学模式。这些场馆包括科普教室、健康教育馆、禁毒法治教育基地等。通过签署共建共享协议，辽宁大连营地成功争取到各行业支持，将社会资源转化为科普资源，增强科普力量，减少资源浪费。

山东临沂营地内设有创客科学馆、环保科普馆等多个实践体验场馆。湖北宜昌营地则包括影视厅、机器人体验馆等科技体验场馆。这些营地均为学生提供了丰富的实践活动和科技学习机会。

这些科普体验场馆的设立，无疑为学生们提供了一个广阔的实践平台，让他们在学习之余能够更深入地理解和探索科技、自然和人文的奥秘。

4.3.4.2 市内可利用的社会科普资源

市内的社会科普资源在科学技术教育研学领域具有丰富多样性，为学生和公众提供了广阔的学习与探索平台。这些资源不仅全面覆盖了自然科学的各个学科领域，同时也涉及技术创新、环境保护以及医疗健康等关键领域。这些资源的充分利用，有助于推动科学技术知识的普及，提升公众的科学素养，进一步促进社会的科技进步与创新发展。

市内拥有诸多的科普场所，其中博物馆与科技馆尤为突出。这些地方珍藏了丰富的历史文物与科技成果，通过精心策划的展览与互动体验，使广大市民能够深入了解科学的发展历程和前沿技术。不仅如此，博物馆还定期举办科普讲座和展览，为公众提供与科学家面对面交流的机会，从而激发他们对科学的浓厚兴趣。

此外，科研机构与高等院校亦在科普工作中扮演着重要的角色。这些机构汇聚了丰富的科研资源与人才储备，能够为公众提供前沿的科研动态和最新科技成果。部分科研机构和高校还设立了科普开放日，使公众能够亲身感受科研的氛围与魅力。

同时，企业与科技园区亦成为科普资源的重要来源。随着科技的日新月异，众多企业开始重视科技创新与人才培养。通过设立科普教育基地、开展科技实践活动等方式，这些企业为公众提供了了解科技发展动态的机会，同时也推动了科技创新成果的社会普及与应用。

除了上述资源外，还有诸如科普公园、科技体验馆等特色资源，为公众提供了丰富多彩的科普体验。这些资源巧妙地将自然、文化与科技结合起来，使公众在轻松愉快的氛围中学习科学知识，从而提升科学素质。

山东潍坊营地在规划"科技强国 筑梦未来"线路时，将自身作为枢纽，与山东航天科技、山东省科学技术宣传馆等基地合作。深圳育新营地则选择中国科学院深圳先进技术研究学院、深圳市科学馆等作为主题和线路，与华大基因等科技企业合作，开展研学实践，让学生了解科技发展并领略奋斗精神。杭州市萧山区青少年素质教育实践中心在规划"未来已来 让科技更美好"线路时，利用地理位置优势，与杭州国际博览中心、杭州低碳科技馆等基地互联互通。

科技教育资源的多样性和丰富性为学生的学习和探索提供了无尽的可能。应当充分利用这些资源，发挥它们的最大价值，为培养具有创新精神和实践能力的未来科技人才贡献力量。

4.3.5 科学技术教育典型案例

开展科学技术教育研学实践，是提升青少年科技素养和创新意识的有效途径，也是培养未来科技人才的重要举措。

西安、滁州、盘锦、太原、红河等营地的典型案例具有系统性、深入性和可推广性，案例主题契合科学技术教育目的，能让学生掌握科学概念、方法，培养科学态度和创新精神，了解科技实践应用。此外，这些营地的典型案例库内容丰富，能结合地方特色，利用当地科技资源，进行多样的科技教育，帮助学生理解科技对生活的影响，养成科学思维习惯，提升实践能力和思维探索能力，增强区域认知和社会责任感，实现研学育人目的。

对这些案例的分析和解读，可为开展科学技术教育研学实践提供借鉴和参考。

4.3.5.1 陕西西安营地：三航科技筑国防 飞天巡洋任翱翔

（1）背景

习近平总书记多次强调建设航空航天强国，实现航空航天梦想。随着科学研究的进步，人类对宇宙空间的探索不断加强，我国在航空航天事业上取得了瞩目的成绩。航空航天事业是一个国家科技实力和综合国力的体现，因此，未来社会对航空航天领域的人才需求将不断增强。航空航天教育更应从学生抓起，使学生初步了解航空航天知识，拓展视野，培养学生的科学精神，增强学生的社会责任感，提升学生的核心素养。

西北工业大学（简称"西工大"）三航科技主题研学依托西北工业大学三航（航空航天航海）文化底蕴，是国内首个以三航科技为核心的高校研学实践项目，紧紧将西北工业大学名校文化与独具优势的三航特色结合在一起，注重课堂知识与动手实践相结合，传统课堂学习与创新科技活动的相辅相成，激发学生无限的创意潜能和学习热情，培养学生对名校的向往和报效国防的爱国情怀，同时提高学生创新实践能力与科学探索精神，促进青少年内心三航梦想的萌芽与发展。

（2）主要做法

①参观校史馆。活动伊始，学生们在校史馆中了解了西工大的发展历程和三航领域的辉煌成就。校史馆通过丰富的图片、实物展示和多媒体互动，生动地展现了学校在不同历史时期的办学特色和科研成果。这不仅增强了学生的归属感和自豪感，也激发了他

们对三航领域的浓厚兴趣。

②参观翱翔实验室。随后，学生们在航海学院老师的带领下，参观了翱翔实验室。实验室的老师详细介绍了实验室的研究方向、实验设备以及取得的科研成果。学生们亲身感受到了航海技术的先进性和复杂性，对航海领域有了更深入了解。

③沉浸系列活动。观看飞行表演、三航观影、三航讲座、填写课程任务单，激发学生的浓厚情趣和职业认同感以及报效祖国的爱国情怀。如图4-26所示，为陕西西安营地组织参加研学活动的学生观看飞行表演时的场景。

④制作体验活动。制作飞机模型和竞速比赛。在工程师的指导下，学生们亲手制作了飞机模型。这一环节不仅让学生们了解了飞行器的构造和工作原理，还培养了他们的动手能力和团队协作精神。在制作过程中，学生们互相交流、互相帮助，在竞速比赛中检验成果，共同完成了目标任务。

图4-26 陕西西安营地组织参加研学活动的学生观看飞行表演

（3）实施成效

①促进了科学技术教育类课题研发。全年开发了"精工铸就中国制造，传承大国工匠精神"等科学技术类精品线路6条，组织多所学校走进科技类研学基地开展活动，其中涵盖西安市十三区县的全部特殊教育学校，培养全民国防意识，增进民族自豪感。

②增强了学生对三航领域的认知。通过参观校史馆和翱翔实验室，学生们对三航领域有了更加全面和深入的了解，对专业知识的兴趣也得到了进一步激发。

③提高了学生的实践能力。在制作飞机模型的体验活动中，学生们不仅学到了理论知识，还锻炼了自己的动手能力和解决问题的能力。

④促进了学生的团队协作精神。在制作飞机模型的过程中，学生们需要相互协作、分工合作，这不仅培养了他们的团队精神，也增强了他们的沟通能力。

⑤社会效益优等。通过对《满意度调查表》的分析，学生满意度达到98%以上。同时，西安市教育电视台对活动开展过程进行了报道，活动得到社会一致认可和好评。

（4）经验总结

陕西西安营地组织的西工大三航主题研学实践活动的成功开展，得益于以下几点经验：

①提前知识储备。营地在组织研学前，印发关于三航主题研学的课本知识链接、课外知识链接和航天航空航海的相关知识准备，让学生带着储备的知识来实践、来研学。

②精心安排人员。陕西西安营地邀请了经验丰富的西工大辅导老师和工程师担任活动指导，向学生讲解了我国航空航天科技的发展历史和未来前景，保证了活动的质量和效果。

③举办专题讲座。通过专题讲座形式，老师们不仅结合自身科学研究，向学生们讲解了"航天精神"的本质和内涵，使学生们接受了精神的洗礼，同时还让学生感受到科学发展和祖国的强大与自己息息相关。

④注重学生参与。在研学活动中，营地注重学生的参与和体验。通过亲身参与和实践操作，让学生们更好地了解三航领域的知识和技术，树立了努力学习、报效伟大祖国的雄心壮志。

⑤强化宣传教育。营地组织学生对西工大校史馆、实验室等场所的参观学习，使学生们更加深入地了解了三航领域的发展历程和前沿技术，增强了他们的专业认同感和使命感。

陕西西安营地组织的西工大三航研学活动是成功的科技主题研学实践探索，不仅增强了学生的专业素养和实践能力，也为学校的人才培养工作积累了宝贵的经验。未来，陕西西安营地将继续深化探索研学活动课程内容、管理模式、安全保障制度，为学生的全面发展提供更多的科技主题研学实践机会和平台。如图4-27所示，为西北工业大学教授、工程师为学生开展专题讲座时的场景。

图4-27　西北工业大学教授、工程师为学生开展专题讲座

4.3.5.2 安徽滁州营地：展开创意之翼　扬起科技风帆

（1）背景

党的二十大报告中，习近平总书记提出"我们要坚持教育优先发展、科技自立自强、人才引领驱动，加快建设教育强国、科技强国、人才强国，坚持为党育人、为国育才，全面提高人才自主培养质量，着力造就拔尖创新人才，聚天下英才而用之。"科技和教育是国家强盛、民族复兴的必由之路，当代青少年要从小树立"科技创新、强国有我"的志向，立志投身科技强国的建设中。安徽滁州营地在主题设计上另辟蹊径，以"科技与人文"为主题，打造了将科技探索与人文关怀相融合的独特体验。科技，作为人类智慧的集中体现，是推动社会不断前行的核心驱动力；而人文，则致力于探索人类的精神内核、文化的延续与社会的价值导向。安徽滁州营地认为在科技发展中，科技与人文并非孤立存在，而是相互渗透、相互影响的，我们更需要关注人的需求、尊重人的价值，以实现科技与人文的和谐共生。

（2）主要做法

①深入开发科技与人文研学课程。安徽滁州营地充分利用营地周边丰富的研学资源，结合科学技术教育目的指向，深入开发注重科技与人文的融合研学课程。例如，在滁州科技馆的研学课程中，安徽滁州营地采用探索启发式、探究式、体验式、项目式教学方式，介绍讲解新科技革命和产业变革特点，不仅让学生了解技术的原理和应用，还引导学生思考这些技术对社会、对人类生活的影响，以及如何正确使用科技服务于人类社会的发展。如图4-28所示，为安徽滁州营地组织学生在合肥科技馆开展研学活动时的场景。

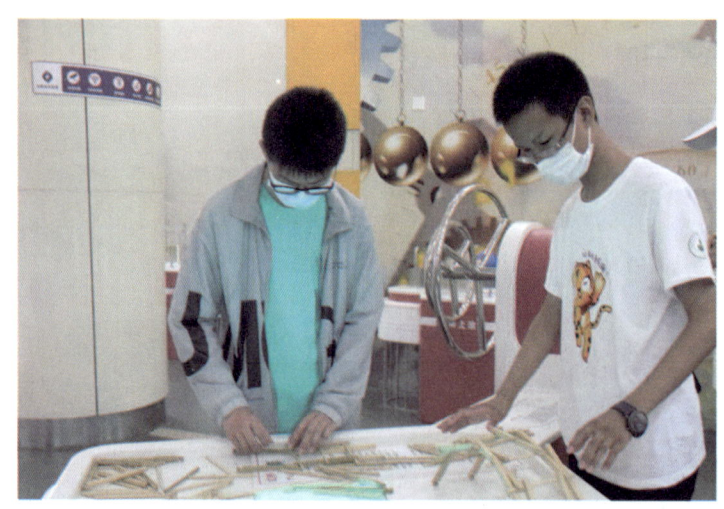

图4-28　安徽滁州营地组织学生在合肥科技馆开展研学活动

②高度重视实践活动的实施。安徽滁州营地高度重视实践活动的实施，通过组织学生参观合肥科技馆、滁州规划馆等场所，让学生直观体验科技的神奇之处，并引导他们

深入思考科技背后的文化意蕴和社会意义。此外，在安徽创新馆的研学活动中，积极鼓励学生参与科技创新项目，旨在培养他们的实践能力和创新精神，使他们在实践中深刻领悟科技与人文的交融。

③采用四层管理方阵确保活动安全。为确保研学活动顺利开展，安徽滁州营地制定了四层管理方阵，具体为国内知名营地教育专家研发营地和研学课程；具有多年营地教学经验的专业教官教练和研学导师负责学生日常研学活动开展；营地心理辅导老师帮助学生建立自信和健康心态；安全运营与后勤保障团队为学生提供自救他救的生存技能和安全保障。同时，安徽滁州营地还制定了细致的安全预案，备好相应医药急救包，做好应急演练，为学生购买保险等。

（3）实施成效

①继续扩大活动覆盖面。安徽滁州营地自启用以来认真按照"服务素质教育，服务中小学生健康成长"的指导方针，秉承公益性、普惠性、全覆盖性的原则，积极贯彻素质教育政策，不断扩大活动覆盖范围，深入研发综合实践和研学实践课程，大力培养和引进营地教育和研学教育人才，取得了良好效果。2023年，安徽滁州营地共组织41期共计4.21万人次学生参加各类研学实践活动，取得了良好效果。"科技与人文之旅"国防科工主题研学营开展了2期，每期3天，服务中小学生200人（600人次天）。

②精心设计研学实践活动。安徽滁州营地开发实施30余项科技与人文主题课程，通过精心设计的研学实践活动，为学生提供了全面而深入的学习体验。这种以实践为核心的学习方式，不仅使学生亲身感受到科技的魅力，还引导他们关注科技背后的文化内涵和社会价值，让学生认识到自己在科技发展中的重要角色和责任，激发他们为国家和人类的未来贡献力量的使命感。如图4-29所示，为安徽滁州营地学生在实景课堂体验VR技术时的场景。

图4-29　安徽滁州营地学生在实景课堂体验VR技术

③广泛获得社会好评。安徽滁州营地针对每期活动均设计了调查问卷，涉及学生对研学课程和营地后勤服务的满意度、学校带队老师对营地教官教练和研学导师的满意度、学生家长对研学课程整体情况满意度等。经过统计分析，学生、家长和学校带队老师对研学课程满意度均达到96%以上，各级媒体都对安徽滁州营地点赞。2021—2022年，国家级媒体人民网对安徽滁州营地"科技与人文之旅"国防科工主题研学营进行报道，对安徽滁州营地研学实践教育工作给予高度评价。

（4）经验总结

①坚持教育与实践相结合。安徽滁州营地在设计研学课程时注重教育性、系统性、知识性、科学性和趣味性，在进行活动安排时注重实践性、参与性、体验性，引导学生走出去，在不同的环境中拓展视野，丰富知识，了解社会，亲近自然，为学生全面发展提供良好成长空间。

②坚持全方位安全把控。安徽滁州营地建立了可靠的安全保障机制，设有医务室和专职医生，落实安全保障措施，为学生购买保险，配备经验丰富的班主任、研学导师、教官教练和随队医护人员，招标采购交通运输服务，从课程、食宿、交通、医疗等各方面确保学生安全。

③坚持打造专业师资团队。安徽滁州营地注重师资团队培养，2023年带领师资团队前往浙江杭州洞桥营地、上海东方绿舟等营地与同行进行经验交流学习；多次组织说课比赛、课程研发活动、专业技能培训等，提升团队教学水平、专业水平，以保障营地研学实践教育课程的安全有效实施，提升营地课程丰富度。

4.3.5.3 辽宁盘锦营地：探秘科研基地　点燃科技梦想

辽宁盘锦营地充分利用了地域特色，深入贯彻了辽宁红色六地精神，通过与辽宁科技馆、沈飞航空博览园、鞍钢博物馆等科学技术类研学基地的紧密合作，精心设计了以"探秘科研基地，点燃科技梦想"为主题的科学技术类研学实践教育活动，为学生们提供了一次难忘的研学体验。这次活动不仅让学生们了解了辽宁的红色历史，还传承了红色基因，激发了科学探究精神。

（1）背景

教育部等十八部门联合印发《关于加强新时代中小学科学教育工作的意见》（以下简称"《意见》"），作为全面部署新时代中小学科学教育的专门文件，《意见》是贯彻习近平总书记关于"在教育'双减'中做好科学教育加法"重要讲话精神的具体行动，是深化"双减"改革、加强科学技术普及工作、提升全民科学素质的战略举措，对推进新时代中小学科学教育高质量发展具有重大开创性、全局性意义。"科教兴国"战略是中国发展的重大战略和基本国策，培养学生科技创新精神，加强中小学科学教育是实现高水平科技自立自强的奠基工程，为兴国强国注入强大持久动力，奏响时代强音。

辽宁盘锦营地站在国之大者的高度，思考科学教育与科学技术类研学实践教育活动的融合。科学教育最重要就是培养科学思维与科学精神，研学活动作为教育途径，具有非常突出的跨学科实践性、情境性及问题解决导向的特征，把研学实践与科学教育相融合，才能真正实现科学教育的目标，真正实现人才培养的目标。

（2）主要做法

①资源整合，优势互补。辽宁盘锦营地以营地为枢纽，联动市内、省内营地和基地资源，多方位辐射周边地区，协同辽宁科技馆、沈飞航空博览园、鞍钢博物馆等研学基地开发线路、课程，营地与学校、教研室、高校建立合作机制，实现优势互补。通过优化资源配置，最大化发挥各方资源的独特优势，相互补充，弥补单一教育模式的不足，为学生提供更多元化、全面化的研学实践教育活动体验。辽宁盘锦营地规划科技类研学的教学内容、确定活动安排、创新教学方式，共同研发"科技筑梦　智引未来""探秘科研基地　点燃科技梦想""传承红色基因　引领科技创新"等研学线路5条。研发涵盖基础、拓展、提升的多层级、阶梯性课程，如"磁悬浮灯泡""探秘科技馆""解锁生命密码"等10余项跨学科、项目式课程。如图4-30所示，为辽宁盘锦营地学生在辽宁科技馆体验科学小实验时的场景。

图4-30　辽宁盘锦营地学生在辽宁科技馆体验科学小实验

②红色基因，引领科技。根据"共和国工业奠基地"这一红色背景，辽宁盘锦营地结合校内课程，针对高中化学必修一第3课"金属材料"的内容，特别设计了一节名为"钢铁是怎样炼成的"的研学课程。在鞍钢博物馆，一幅幅历史照片、一件件实物展示，将师生们带回到了那段艰苦卓绝的岁月。他们聆听着讲解员深情讲述的鞍钢工人在新中国建设初期的艰辛奋斗，感受着那份为国家、为民族、为人民无私奉献的精神。这种精神，正是辽宁红色六地精神的生动体现，也是学生们需要传承和发扬的红色基因。鞍钢博物馆见证了辽宁工业的发展历程，也承载着鞍钢精神的传承，学生们通过丰富的展品和生动的讲解，深入了解了鞍钢的发展历程、技术创新以及对国家工业化的巨大贡

献。在探访钢铁工厂的过程中，学生们目睹了钢铁是怎样炼成的，了解了从矿石开采到炼铁、炼钢、轧制等各个环节的技术要点和难点，不仅感受到了钢铁工人的艰辛和不易，还更加珍惜生活中所使用的各种金属制品。同时，学生们还结合"金属材料"的知识点，深入了解了金属材料的性质、分类和应用，增强了学科知识的实践性和应用性。

③形成合力，共建共享。辽宁盘锦营地开展"科学家精神专栏"活动。为普及科学知识，进一步提升青少年科学素质，弘扬科学精神，辽宁盘锦营地充分利用属地资源，多次邀请大连理工大学、鞍钢博物馆、辽宁科技馆等科技专家走进营地，以问题为导向，从科普需求出发，着重于知识的实际应用，开展了主题明确、科学规范、互动充分且氛围热烈的系列科普课程。

逐步构建了研学教师培养平台，制定了健全的研学导师培养标准，建立了研学导师培训监测体系，并完善了导师激励机制。为了不断提升这支队伍的专业素养和教学能力，经过精心策划与组织，辽宁盘锦营地汇聚了营地、中小学校、基地等单位的科技专业教师资源，选拔出了一批在科技领域具有丰富经验和深厚学识的教师、专家、学者，共同构建了规模庞大的科技教师队伍。辽宁盘锦营地这些举措旨在强化科技研学教师的专业技能和职业素养，为培养更多优秀的科技人才提供坚实的师资保障。

（3）取得成效

2023年，辽宁盘锦营地共组织22期共计19415人次天学生参加各类研学实践活动，取得了良好效果。"探秘科研基地，点燃科技梦想"科学技术主题研学开展了6期，每期3天，期均400人以上。"探秘科研基地，点燃科技梦想"研学实践活动新颖且吸引人，广大师生热情参与，体验科学的乐趣，激发对科学的兴趣。如图4-31所示，为辽宁盘锦营地学生在沈飞航空博览园体验歼15模拟驾驶时的场景。

图4-31　辽宁盘锦营地学生在沈飞航空博览园体验歼15模拟驾驶

（4）经验分享

①推动研学资源合力化建设。研学资源合力化资源库建设是开展科技研学活动范式的基础，是实现"本地资源走出去"和"外地资源请进来"的前提和保障。将不同地区的文化串联起来，形成研学合力，打造完整研学体系，开发出区域内通用的、可共享的科学技术资源。

②加快形成研学实践新质生产力。未来，辽宁盘锦营地将进一步加快推动数字化建设，不断革新多媒体技术，着眼于研学线路开发、研学课程创新等方面，让新技术与研学教育的理念更加贴合，让研学实践得以更好更快发展。此外，辽宁盘锦营地积极探索新模式、新业态，力促营地研学课程向智能化、科技化转型，形成研学实践新质生产力，塑造科学教育新动能、新优势，不断拓展科学教育研究的广度和深度。

4.3.5.4 山西太原营地：科技赋能 让传统文化更"出圈"

（1）背景

当今世界，科学技术是第一生产力，第一竞争力。党的十八大以来，以习近平同志为核心的党中央把提升原始创新能力摆在更加突出的位置，把科技自立自强作为国家发展的战略支撑，强调要走出一条从人才强、科技强，到产业强、经济强、国家强的发展道路。习近平总书记强调，以科技创新开辟发展新领域新赛道、塑造发展新动能新优势，是大势所趋，也是高质量发展的迫切要求，必须依靠创新，特别是科技创新实现动力变革和动能转换。科学技术与中小学生的关系是密不可分的。研学营地、综合实践课程作为科技创新的重要阵地，致力于通过开发利用、深入挖掘、传承弘扬，将科学技术融入课堂教学、日常教育、校园文化、传统文化、研学实践活动中去，从而提升文化自信，培养具有创新精神、实践能力、团队合作精神以及高度社会责任感的人，以适应科技快速发展的时代需求，为推动社会进步和发展做出积极贡献。

（2）主要做法

①融入课程建设，打造科技与传统文化深度融合教育课程。充分发挥山西太原营地丰富的实践教育资源优势，建设思政教育资源库，提升课程思政育人实效。一是开发科技赋能深度融合传统文化研学课程，挖掘省域周边研学基地的传统文化教育资源，利用营地特有的场馆开发实施载人航天精神、太原博物馆、山西晋韵砖雕艺术博物馆、太原古县城、中国煤炭博物馆等20多条红色研学线路，打造行走中的思政教育课程体系。二是融入营地内实践课程，在微电影、国防教育、无人机、模拟飞行、机器人、趣味科学等20多项实践课程中融入思政、科技教育元素，在实践体验环节设计科技与传统文化深度融合教育主题，让学生传承、发扬、创新传统文化，提升文化自信，增强民族自豪感和自信心。如图4-32所示，为山西太原营地学生在砖雕博物馆开展"科技赋能 传承、弘扬、创新砖雕文化"主题研学活动时的场景。

图4-32 山西太原营地学生在砖雕博物馆开展"科技赋能 传承、弘扬、创新砖雕文化"主题研学活动

②融入队伍建设,培养勇担科技使命的团队。山西太原营地把科技创新发展教育与师资队伍培养相结合,倡导全员参与科学技术教育研究,提升全体教职工的思政育人水平。在营地航空航天教育体验中心常态化开展"航天技术教育"活动,提高全体教职工的国际和国家安全观。在每周的实践教育中,开展一次航天技术教育活动、组织一次重走太原卫星发射中心活动、组织全校教职工轮流进行"精神谱系"宣讲活动、组织一次科技创新教育线路研学、观看一部科学技术题材影片、参加一系列融合传统文化的科技创新的实践课程,引领教师在多样的科技教育体验活动组织实施过程中提升个人的科技、传统文化、思政教育素养。通过系列活动的开展,探索符合时代特点和营地特色的科技创新教育的新方法,探索科技创新、文化交流、思政教育融合发展的新途径。

③融入文化建设,提升全环境育人实效。学校着力搭建思政育人的校园文化环境,让科技创新元素遍布校园的各个区域,提升营地全员全环境育人实效。一是设计打造了以"行知书屋"主题图书馆、红色精神谱系长廊、天文台、航天科技全息影院等为代表的科技创新教育主题文化活动,使身处校园各处的学生随时都能受到科技创新的感染。二是组织全体教师开展科技研学精品课程评选、科技教育案例征集等活动,班子成员带领全员参与科技教育研学活动,全体教师轮流担任科学技术教育主题研学教师,努力实现全员育人主体最大化。如图4-33所示,为山西太原营地学生在太原古县城开展"5D

技术再现北宋繁荣景象"主题研学活动时的场景。

图4-33　山西太原营地学生在太原古县城开展"5D技术再现北宋繁荣景象"主题研学活动

（3）实施成效

①服务更多学生。山西太原营地全年开发实施10多条精品科技教育研学线路、"精神谱系我来讲"红色教育实践课程，为省内外10万余名中小学生开展研学实践教育课程，尤其是特殊教育学生、困境学生等公益研学1000多人次，覆盖了太原市、省内省外广大中小学生。通过开展实践育新人，引导学生厚植爱国主义情怀，增强爱党爱国爱家乡信念。

②激发教师成长。近五年山西太原营地累计开发实施了科技教育等20条研学线路、30多门研学课程；立项承担了三项省级课题、两项市级课题研究任务；全体教师参加精品课录制，形成优质课9节。

③促进学校发展。依托研学实践教育活动的融合实施，学校先后获得"全国中小学生校外研学实践教育营地""山西省国防教育基地""山西省语言文字推广基地""山西省科普教育基地""山西省防震减灾科普教育基地""山西省劳动教育基地"等综合荣誉40项，年均接待全国各地50多个研修（考察）团2000多人次，示范引领全国实践教育发展。

（4）经验总结

①科技教育创新化。转变教学理念，丰富教学内容，创新教学模式，与时俱进，将科技精神、传统文化与个人创新精神和实践能力发展融为一体。

②科技创新形式广泛化。建设科学技术教育资源库，丰富科学技术教育开展形式，提升课程思政育人实效，帮助学生收获学校、家庭、书本之外的知识、见识、学识和胆识。

③科技教育主旨鲜明化。厚植爱国情怀，强化使命担当。在研学实践中，充分利用营地及周边科学技术教育资源优势，开展科技创新教育主题研学，进一步推进科技赋能，让传统文化更"出圈"，构建符合山西特色、中小学生认知发展的"行走的科技文化课"。

4.3.5.5　云南红河营地：探高原特色农业　启智能科技之旅

云南红河营地位于云贵高原，地处低纬度高原，当地垂直气候特征鲜明，光热、生物资源丰富，为高原特色农业发展提供了沃土。习近平同志在总结"三农"工作时指出：建设农业强国，利器在科技。云南红河营地充分发挥地域特色，充分利用营地周边研学资源，精心设计以"探高原特色农业，启智能科技之旅"为主题的研学实践活动，为学生提供了一个认识并学习智能科技农业的机会，引导学生学习科学知识、培养科学兴趣、增强科学精神。如图4-34所示，云南红河营地组织学生赴红河州展览馆，参观学习，以增进学生们对当地高原特色农业发展规划的了解和认识。

图4-34　云南红河营地组织学生参观红河州展览馆

（1）背景

教育部等十八部门发布的《关于加强新时代中小学科学教育工作的意见》指出：科学教育重在实践，激发兴趣。以学生为本，因材施教，推进基于探究实践的科学教育，激发中小学生好奇心、想象力和探求欲，培养学生科学兴趣，引导学生广泛参与探究实践，做到学思结合、寓教于乐，自觉获取科学知识、培养科学精神、提升科学素质、增强科技自信自立、厚植家国情怀，努力在孩子心中种下科学的种子，引导孩子编织当科学家的梦想。

云南红河营地紧紧围绕《关于加强新时代中小学生科学教育工作的意见》要求，开展符合国家要求的科学实践教育，整合社会各方资源，组织中小学生前往科学教育场所，进行场景式、体验式科学实践活动。开设的实践活动丰富多彩，科学教育教师规模持续扩大、素质和能力明显增强，科学教育质量明显提高，使科学教育在促进学生健康成长、全面发展和推进社会主义现代化教育强国建设中发挥重大作用。

（2）主要做法

①串联周边研学资源，共建多元教学体验。云南红河营地为打造云南特色的优质研学体系，以营地为枢纽，积极联动周边基地资源、科研机构，协同中国科学院西双版纳热带植物园、中国医学科学院药用植物研究所云南分所、东风韵小镇研学实训教育基地、红河学院等，携手共建课程体系，促进产业研学有机结合。学生可以接触到农业生产的实际环境和科研的最前沿，使得学习内容与实际产业需求紧密结合。通过引入智能科技，如植保无人机、物联网智能监测等，学生可以在实践操作中感受到现代农业与传统农业的差异，激发学生对科技创新的兴趣，实现多元化教学体验。如4-35所示，为增进学生们对气象知识及飞机起降指挥方面的了解，云南红河营地组织学生赴东风机场参观学习。

图4-35　云南红河营地组织学生参观东风机场塔台

②强化师资队伍建设，确保活动顺利实施。云南红河营地为了提供优质的课程体验，确保活动顺利实施，定期组织教师培训，2023年开展各类培训共计8次，稳步提升教师的专业能力和教学方法；鼓励教师参加各类专业培训、研讨会和学术交流活动，不

断更新和拓宽专业知识，从而建设一支高素质专业化的教师队伍。开展师德师风培训，引导广大教师以德立身、以德立学、以德施教、以德育德；组织教师开展应急救护能力培训，聘请专业人员普及校园急救知识，加强对校园常见的气道异物梗阻等紧急救护，创伤出血与止血、关节脱位与扭伤等创伤救护，淹溺、烧烫伤、中暑等意外伤害，火灾、地震、踩踏等突发事件的应急救护知识普及教育。

③着力学生科技素养，推进农业农村现代化。高原特色农产品是云南脱贫攻坚的利器，如花卉、中草药、茶叶、咖啡、水果等，相关产业链带动上百万农户脱贫致富，但产业自动化和智能化程度还比较低。云南红河营地将智能科技的学习和应用融入课程中，通过编程课程、无人机体验、现代农业技术体验活动，学生能够理解并掌握现代农业技术的基本原理和应用，让学生在解决实际问题的过程中提升自己的科技创新能力，为推进农业农村现代化奠定人才基础。

（3）实施成效

为全面贯彻党的教育方针，坚持教育与生产劳动、社会实践相结合，落实立德树人根本任务，不断扩大活动参与人群，引导学生主动适应社会，促进书本知识与生活实践的深度融合，发展素质教育，培养了学生社会责任感、创新精神和实践能力。2023年，云南红河营地共组织27期共计17795人次天学生参加各类研学实践活动。参与研学的教师"怎样培养人"的理念得到与时俱进，师生和家长对活动满意度评价均在96%以上，取得了较好的育人效果和社会反响，红河州实践育人工作走在了云南省前列。

（4）经验总结

①通过与当地企业和科研机构的合作，云南红河营地为学生提供了丰富的实践机会，使教育内容更加贴近实际，增强了学习的针对性和实用性。推动基地研学资源整合，提升研学旅行的教育效果，满足学生多样化、实践性的学习需求。梳理与评估现有资源，包括对各类研学基地的设施、课程、师资力量等进行全面了解，评估其教育价值和实践意义。建立资源整合的框架与机制，建立信息共享、合作交流的机制，确保资源的有效利用和共享。

②优化科学技术研学课程，整合基地的特色资源，为研学课程提供有力的支撑，增强科学技术研学课程的实践性和创新性；融合跨学科知识开发新课程，科学技术涉及多个学科领域，注重跨学科知识的融合，将物理、化学、生物、地理等多个学科的知识融入课程中，帮助学生建立全面的科技知识体系。

③打造持续的反馈和改进机制。云南红河营地建立了一套持续的反馈和改进机制，确保教育活动能够不断地自我完善和更新。通过收集学生、教师以及其他基地的反馈，云南红河营地及时调整教学内容和方法，以满足学生不断变化的学习需求和社会发展的新趋势，保障研学活动的发展呈"螺旋向上"的趋势，为促进学生健康成长、全面发展

和推进社会主义现代化教育强国建设发挥重大作用。

由于篇幅限制，无法完整呈现所有典型案例，相应的科学技术类研学实践教育活动分册收录了完整案例，通过学习这些案例，我们可以深入了解科学技术类研学实践教育活动的设计思路和实施方法，从而更好地应用于自己的研学教育实践活动中。

4.4 自然教育

4.4.1 自然教育价值取向

4.4.1.1 概念界定

自然是人类赖以生存发展的物质和精神家园，人与自然和谐共生是人类社会持续发展的根本法则，通过分析人与自然的关系可以发现，自然教育的出现是顺应教育现代化发展的必然产物。

自然教育是让学生在生态自然环境的背景下，在劳动中接受教育，是在遵循学生自然生长规律的前提下，挖掘潜能，培养自立、自强、自信、自理等综合素养的同时，树立正确的人生观、价值观，实现均衡发展的教育模式，也是解决教育过程中的个性化问题，培养新生力量、培养生活强者的教育模式。正如福建三明营地、辽宁省阜新市中小学生示范性综合实践学校（基地）、甘肃兰州营地重点突出自然教育的研学活动，是一种将学习与自然环境相结合的教育模式；又如吉林省白山市青少年综合实践教育中心、湖北宜昌营地不仅关注学生的知识学习，还注重培养学生的情感和价值观。这五家单位正是按照"自然教育是一种将学习与自然环境相结合的教育模式"的理念，这一理念与自然教育的概念相契合，为自然教育提供了概念型的范式。

4.4.1.2 自然教育的价值取向

随着教育现代化发展应运而生的自然教育，不仅是一种教育方法，更是一种教育理念。自然教育并不单纯强调自然知识的获取，它注重在非正式环境下培养学习习惯，旨在引导学生认知和欣赏自然，理解并认同自然的价值，同时尊重并保护自然。自然教育的价值取向具体体现在以下四个方面。

第一，有效探索认知自然环境。 自然教育是学生了解自然环境、深入探索自然奥秘的重要途径。通过亲身参与和体验，学生能够深入了解自然环境的构成，感受大自然的魅力和价值，进而提高对自然资源的保护意识。自然教育使学生认识到自然界的美妙和奇妙之处，激发他们对自然的热爱和尊重，从而培养起对环境的责任感和保护意识，帮助学生探索认知自然环境。

第二，有效促进身心健康。 自然教育对身心健康有着积极影响。置身于自然环境中，有助于舒缓学生对于学业的紧张情绪，减少压力，预防心理疾病，且有助于提高身体素质。此外，自然环境中的清新空气和阳光也有助于增强免疫力，降低患病风险。简而言之，自然教育是一种促进身心健康的有效方式。

第三，有效提升社交能力。 自然教育作为一种独特的教育方式，不仅有助于培养学生的组织能力，还能显著提高他们的社会适应技能。在自然环境中，学生有机会与来自不同的年龄段、文化背景和兴趣爱好的人相遇，这种多元化的交往对于拓宽人际关系、增强组织协调能力非常有益。同时，自然教育活动通常鼓励学生主动学习和独立思考，这种学习方式有助于提升他们在社会中的竞争力。通过自然教育，学生可以学会如何与他人合作、如何解决问题，以及如何在不断变化的环境中保持灵活和适应性。因此，可以说自然教育在提升人们的社会技能方面发挥着重要作用，它为学生提供了一个充满挑战和机遇的平台，让学生能够在实践中不断成长、不断进步，更好地适应社会发展的需要。

第四，有效发展创造力和创新能力。 自然教育对于培养学生的创造力和创新能力具有重要作用，帮助学生更好地应对未来的挑战。在自然环境中，探索未知和发现新事物的过程能进一步激发学生的创新意识和创造力，学生需要独立面对和解决问题，这种过程促进了思维的活跃和创新的产生。

在下一步的工作中，对于自然教育研学实践工作需要更加契合自然主题，带领学生有针对性地开展研学实践教育活动，并充分挖掘资源，设计精彩纷呈的研学课程，让学生在自然教育的研学实践教育中通过亲身实践和体验，增强学生对自然的认知，提升环境保护意识，同时促进其综合素质的全面发展。

4.4.2 自然教育校内外衔接初探

4.4.2.1 校内各学科所含的自然教育

学校教育是青少年全面成长的主阵地，应充分发掘自然教育的多重育人功能，将自然教育全过程、全方位融入学校教育体系之中。2022年联合国教科文组织发布《共同重新构想我们的未来：一种新的教育社会契约》报告，将"人类根植于生态系统之中的观念将深入人心"列入2050年教育发展的愿景之一，强调通过教育变革，平衡自然与人类的关系。我们需要引导青少年走进自然、亲近自然、珍爱自然、保护自然，联动学校课程体系，培养提升可持续理念，助力共建可持续发展未来。

依据2022年出台的《义务教育课程方案和课程标准（2022年版）》（简称"新课标"），小学高年级阶段自然教育倡导以科学探究为核心的学习方式，通过生命世界、物质世界、地球和宇宙等学科领域的学习，让学生体验到了学习科学的乐趣，增长了科学探究的能力，获取了丰富的科学知识，逐步形成了尊重事实、善于质疑的科学态度。对标新课标，初、高中阶段的自然教育主要衔接生物课程，强调学生初步学会生物科学探究的一般方法，发展学生提出问题、作出假设、制订计划、实施计划、得出结论、表达和交流的科学探究能力，要求学生能够进行实验设计、观察现象并进行推理分析，注重培养学生的科学实验能力、科学观察能力和科学思维能力，理解人与自然和谐发展的意义。

在政策的指导下，全国研学实践营地在规范的管理下，遵循以学生为主体，坚持立德树人的根本任务，全面落实党的教育方针，有序开展研学实践教育工作。在自然教育中与新课标对应，依据各学段不同学情紧密衔接学生校内课程。例如，广西壮族自治区桂林市中小学生示范性综合实践教育中心（简称"广西桂林营地"）、山东乳山营地、深圳育新营地、福建晋江营地及云南红河营地，不仅关注自然科学知识的学习，还注重将其他学科如艺术、人文、社会科学等融入其中。又如，重庆市万州区中小学综合实践基地（简称"重庆万州营地"）、安徽铜陵营地、湛江市中小学德育基地，基于各学段学情分析，充分对应新课标设计合理完整的自然教育研学体系设计。广西桂林营地、山东乳山营地、赣州市示范性综合实践基地均运用不同学科的知识和方法来研究解决自然问题，培养学生的综合思维能力和跨学科合作能力，拓宽学生的知识视野，提高综合素质。上述几家营地为完善以自然教育为主题的研学教育奠定了坚实基础。

近日，教育部等十八部门联合印发《关于加强新时代中小学科学教育工作的意见》，旨在从课程教材、实验教学、师资培养、实践活动、条件保障等方面强化顶层设计，充分整合校内外资源，推进学校主阵地与社会大课堂有机衔接，着重更接地气的自然户外教学，从自然中汲取科学的养料，为青少年提供更加优质适宜的科学教育，面向未来，积极推动自然教育与学校教育深度融合，亟须在强化政策引领、探索有效实践模式、促进多方融合联动上下功夫，将自然教育融入生活实践，将孩子带入自然课堂，满足学生多样化需求。

4.4.2.2 校外自然教育研学实践教育对校内自然教育不足的补充

校外自然教育研学实践教育实质是对校内教育自然教育的补充。2017年教育部发布《中小学综合实践活动课程指导纲要》，将研学旅行正式纳入学校课程体系。各级政府部门极度关注并致力推动自然教育行业的发展，生态环境部推动的自然学校、环境教育基地、国际生态学校项目，国家林草局指导下中国林学会推动的全国自然教育总校和各省市总校及区域网络的发展，教育部主导的研学基地和绿色学校项目等，为校外自然教育研学实践教育的未来发展提供了更为全新的视角和道路。

校外自然教育研学实践教育实现了课堂与实践的融合，学生在校内接受自然教育的理论教育，增长学生的知识储备，再切身体验校外自然教育研学实践教育活动，让自然和社会成为课堂，走进自然实践课堂，让学生运用课堂所学理论知识，解决实践活动中的奇思妙想，通过生生、师生学习研究的主题或课题，学习、感知、体验、承担责任，获得有意义、有价值的知识、经验，有利于培养学生的沟通交流能力、合作对话能力、独立思考能力、批判思考能力、适应生存能力、实践创新能力及社会责任感和集体主义精神。

在相关政策的强力支持下，中小学积极扎实开展研学实践教育活动，发挥研学实践在促进素质教育发展、推动基础教育改革中的作用，落实立德树人根本任务，培养学生成为德智体美劳全面发展的社会主义建设者和接班人。在未来的研学实践教育工作中，须紧跟政策，在党和国家的扶持下，使得研学实践教育更加规范化、合理化。

4.4.3 自然教育实施路径

4.4.3.1 自然教育研学实践目标

从国家教育意志、社会发展趋势与社会发展需求、各阶段学生素养与能力现状、对校内校本课程的补足与优化几个角度思考自然教育研学实践教育实施的逻辑起点，在核心素养目标之下，除了获取知识，还要更加注重对学生形成能力、品格和价值观念的培养，对应的四个目标维度为价值体认、责任担当、问题解决、创意物化。在以核心素养育人目标为指向下，设计与规划研学实践课程目标体系，形成完整的目标系统结构，展现研学实践教育课程的逻辑性、丰富性和特色性。

为实现全面发展的育人目标，自然教育研学实践教育将目标具化、细化，形成了小学低年级、小学高年级、初中、高中分阶段分层级课程目标，构建了研学实践课程目标体系，以便在不同主题、不同层次的活动中得以达成。以辽宁盘锦营地为例，其自然教育研学实践课程目标体系分层构建示意表如表4-4所示。

表4-4 辽宁盘锦营地自然教育研学实践课程目标体系分层构建示意表

主题模块	主题	年段	目标
自然教育研学实践课程	拥抱自然悦享生命	小学高年级	价值体认：鼓励学生行走湿地、茶庄，参观百草园、探秘船舶，引导学生在活动中切实感受劳动之美、艺术之美，在认识生物多样性中初步形成"人与自然和谐相处"的生态文明观 责任担当：培养学生养成勤学好问的好习惯，在研学的过程中养成守规矩、负责任和善于反思的好习惯，培养合作意识和探究精神 问题解决：围绕实践活动促进学生形成对自然的观察与分析，学会主动思考、合作沟通，能将问题转化为研究小课题，在体验自然类课题研究的过程与方法中形成对问题的初步解释 创意物化：通过绘制动植物手册、参与草编、苇画等实践活动，学生初步掌握手工设计与制作的基本技能

续表

主题模块	主题	年段	目标
自然教育研学实践课程	拥抱自然悦享生命	初中	价值体认：推动学生与自然的亲密接触，培养学生热爱自然、关爱自然，也促使学生在研学集体讨论当中能主动分享研学体验与感受，与老师和同学分享在研学中学习的知识与能力 责任担当：强化集体意识，激发促进学生集体责任感与责任意识，促使学生积极参加研学活动，养成独立的生活习惯 问题解决：带动学生关注自然现象，深入思考并提出有价值的问题，学会用科学的方法开展研究，推动学生用所学知识理解、解决问题，形成基本符合规范的研究成果 创意物化：推动学生用一定的操作技能解决问题，将想法付诸实践，发展创新意识和审美意识，获得美的感受，给予参与研学旅行艺术的熏染，提高审美能力；也可以在自然教育下促使学生头脑中隐性知识的生成与迁移，拓宽学生视野，增长学生见识，培育学生多角度思考问题
		高中	价值体认：引导学生从地理学科核心素养的角度出发，通过进行湿地研学、地质地貌研学、植被研学，从学校小课堂走进自然大课堂，提升学生的实践能力，增强学生的区域认知，培养学生人地协调观，最终实现研学实践活动育人的目的 责任担当：促进学生学习与生活和终身发展有关的知识和技能，提倡学生积极主动参与探究活动并与他人合作交流。在活动中增强地理实践力，能够正确看待地理环境与人类活动的相互影响，形成尊重自然、和谐发展的态度 问题解决：促使学生树立从综合的视角认识地理事物和现象的意识，对地理各要素之间的相互作用关系有较强的分析能力，并在一定程度上解释地理事物和现象发生、发展过程。能够运用所学知识和地理工具，在室内、野外和社会的真实环境下探索和尝试解决问题 创意物化：帮助学生通过活动了解人类生存的自然环境特征，理解自然环境及其演变过程对人类活动的影响，提升认识自然环境的能力与意识水平，树立人与自然是生命共同体的观念

4.4.3.2 自然教育研学实践的实施

自然研学实践的实施涉及多方面，在诸多理论研究及政策纲要的指导下，研学实践教育的实施也逐步规范化。正如乌鲁木齐市青少年综合实践教育中心、北京市自动化工程学校、包头市中小学综合实践教育中心可以依据学生的实际需要合理规划设计实施路线，充分利用国家命名的周边基地资源，将课程与所设计的5条代表性线路充分对应。又如临沂市青少年示范性综合实践基地、汉中市中小学综合实践基地在研学活动中将资源合理配置且有地方特色，安全教育做到细致化，能够充分设计自然教育课程，鼓励学习者通过动手实践，如观察、实验、制作等，共同探索自然的奥秘。再如泸州市教育实践基地、四平市中小学社会实践教育中心，紧紧围绕人与自然和谐共生的理念，通过采用自主探究的学习方式，让学生在实践中发现问题、提出问题并解决问题。充分利用校内学科知识，借助自然教育的研学资源，针对不同学段学生的差异性，最大化发挥自然教育的作用，以此为各家营地明确了自然教育实施的方向。

第一，创建自然教育研学实践活动主题。研学实践活动主题是研学实践活动的灵魂，它先于研学实践活动目标而存在。根据研学实践活动的意图、时间、空间，可分为以某个突出主题作为学习目标的单一主题，例如"关于中高山植被的研学实践活动"；也可是以多个单一主题融合的综合主题，例如"盘锦红海滩研学"等主题设定模式。

第二，生成自然教育研学实践活动课程。在研学实践活动主题的牵引下，根据学生的身心发展规律，以校内自然教育基础，在自然教育研学资源的挖掘等前提条件下设置相关的自然教育研学实践活动课程。在校外研学实践教育中，课程开发包括确定课程内容、教学方法、评价方式等方面的工作，以确保课程能够满足不同学段学生的学习需求和实践能力培养。课程开发需要充分考虑研学活动的特殊性，融合校内外资源，确保教学内容与实际活动相结合，促进学科知识的综合运用。在整个研学实践活动过程中，老师运用已有的知识经验对学生进行观察判断，观察学生在研学实践活动的体验情况，通过自我评价、学生评价、同行评价等评价环节进行反思，从而不断调整课程方案。

第三，自然教育研学实践活动的教育教学。在自然教育研学实践活动的教育教学中，注重学科知识与实际应用的结合，强调通过亲身经历培养学生的实际动手能力和创新能力。

为从根本上促进中小学教育教学系统的建设和发展效能，研究工作的开展将融合当前教育现代化发展背景下的"研学实践课程教育"模式，结合各类教育教学资源，借助多元教育教学方法，应用科学教育教学手段，为学生创设全新的学习空间和学习环境，实现学生在研学实践教育背景下得到有效的个人素养建设与综合水平的发展。经过教师不断地研究与实践得出，针对中小学教育教学体系开展研学实践课程，需要在设计课程内容的时候突出对社会教育资源、学校教育资源两者的互融与共用，借此实现"双管齐下"的教育框架与教学结构。

第四，自然教育研学实践活动的教学质量评价。在自然教育研学实践活动中，教学质量考评关注学生在实践中的学习效果、教师的教学水平、教学组织的质量等方面，以提高研学活动的教学质量。教师通过前置作业、行中参与度、行后交流成效进行反思与评价等方式进行自我评价；学生针对研学导师在课程实施过程中的互动程度及学生积极参与表现、课程实施成效对教师开展评价；此外，将研学实施方案、研学手册等课程性材料发至参研学校管理者与参研教师队伍，或以说课、集体备课等教研方式对课程设计、研学过程中内容设置及学科关联性开展同行评价，最终及时收集合理化建议，对研学实践教育活动的教育教学做出调整。

近年来，研学实践教育的发展如火如荼，但针对研学课程、线路规划、授课环节等一系列问题，全国营地还需要从不断实践的过程中持续积攒经验，并用合理的措施将其完善起来，使得学生拥有更加广阔的教育平台。

4.4.3.3 教学研究

教学研究通常以学校课程实施过程中遇到的具体教育教学问题为研究对象，基于活动课程教学定位的全面化、精准化和教、学、评一体化的需要，教学研究成为贯穿教学始终的重中之重。无论是校内理论学习，还是认知实践活动，无论是教学目标、评价目标的制定，还是教学全过程的整体设计，学情都是不容忽视的关键因素。在全面深化教育改革阶段，服务于学生核心素养的学情分析，是有效教学的核心和关键。基于实用主义教育思想，杜威提出的"学生中心、经验中心、活动中心"新三中心教育理论，教育即生活、教育即生长和教育即经验。因此教育要与生活经验紧密联系，从活动中实现教育，教育不能脱离生活经验，要从经验中学习，在做中学，要让学生从传统被动学习中解脱出来，充分发挥学习者的主体精神。结合新课标要求，以学生为中心设计并实施自然实践活动，促进学生学习对生活有用的自然知识，学会对生活有用的技能，促进学生在生活中的真实场景里学习。基于自然资源而开展自然教育研学实践教育活动时应该注意促进学生多方面的发展，要整合综合性知识，要以多任务来驱动实践活动，采取多元化的评价方式。

教育部等部门印发《关于推进中小学生研学旅行的意见》提出，要将研学旅行纳入中小学教育教学计划，组织学生以团体旅行和团体住宿的形式开展校外教育活动。它是学校教育与校外教育之间联系的一种创新形式，这是教育和教学的重要组成部分，也是对人进行全面教育、实现素质教育的有效途径。自然教育是校外教育的重要组成部分，也是全面素质教育的重要组成部分，户外是孩子成长的大教室，自然教育是素质教育的新途径。

基于学生的能力和兴趣存在的共性和特性，活动课程设计过程中关注整体和个体差异相结合。因此，在教学设计过程中可采用分层设计、分层教学的方法，在整个自然教育研学实践教育的过程中注重难度划分，注重课程类型区分，注重课程形式多样等方法，引导、吸引学生投入活动，最终使学生学有所得。

4.4.3.4 教学设计

第一，探究教法、学法。教法、学法是指在教学过程中，教师和学生为实现教学目的、完成教学任务而采取的教与学相互作用的活动方式的总称，是教授方法与学习方法的有效组合。例如，辽宁盘锦营地注重从学生的已有学科知识与经验出发，根据不同学段的学生年龄特点，选择教法、学法，如表4-5所示。

表 4-5　辽宁盘锦营地自然教育研学实践课程教法、学法分层构建示意表

主题模块	主题	年段	教法与学法
自然教育研学实践课程	拥抱自然悦享生命	小学高年级	教法：讲授法、图示法、参观法、讨论法 学法：观察法、归纳法
		初中	教法：讲授法、图示法、参观法、讨论法、任务驱动法 学法：观察法、归纳法、目标学习法
		高中	教法：问题式教学、讲授法、任务驱动法、分组教学法 学法：观察法、讨论法、项目式学习、探究交流法

基于教学目标、学情、教法、学法等条件，基地自然教育研学实践教育各项目课程的教学重难点都有不同程度的改变，让学生更好地走进自然、探索自然、融入课堂。以辽宁盘锦营地小学高年级段到高中段"美丽盘锦行——红海滩"自然教育主题研学实践教育为例，探究以学生年龄阶段为变量的教学重难点横向探究。小学高年级段的教学重点为近距离观察碱蓬草的生长环境；初中段的教学重点为学习观察碱蓬草生长周期和生长规律；高中段的教学重点为探究碱蓬草的生长成因。小学高年级段的教学难点为掌握碱蓬草生长环境等相关知识；初中段的教学难点为掌握碱蓬草生长周期等相关知识；高中段的教学难点为分析碱蓬草对自然环境的影响。

4.4.3.5　项目组织实施

研学活动是一种"无边界"的综合实践教育活动，比课堂教学更多了课堂场景转换、教育内容多元、植入实践体验等特点，更需要精心的设计与策划。基于全国营地、基地开展研学实践教育活动的经验，自然教育研学实践教育活动的实施主要按照行前思、行中研、行后悟三大环节来设计，保证每个学生在参与中都有成效。

第一，行前思。组织学生观看研学营地的宣传片，或者利用研学手册对研学营地进行简要介绍，让学生在行前提出活动中自己感兴趣的问题，激发他们主动探究的热情，并对他们进行安全、纪律教育，引导学生建立安全和纪律意识。

第二，行中研。根据参加研学活动的学生学段特点、兴趣爱好等，设计不同类型奇趣的任务，比如闯关任务单、互动问答、集体表演、团队创意秀、专家访谈等，引导学生去观察、去体验、去提问、去访谈、去思考。

第三，行后悟。组织学生通过创意作品、研学日记、微视频等展示，进行研学感悟的分享交流，把自身在研学中的收获物化成学习成果，让学生在实践中体验，在体验中感悟，在感悟中提升。

4.4.3.6　质量监控与评价

研学实践活动评价应以促进学生全方位成长为宗旨，采用不同于校内学科评价的方式进行。针对研学实践教育活动中的教学评价，采用自我评价、学生评价、同

行评价、培训和考核、教学成果展示等方式开展。在研学实践教育活动开展的整体过程中，教师要进行动态观察，时刻收集合理化的可行建议，及时对研学实践教育课程进行优化。对于学业评价，采用形成性评价、总结性评价及教师评价等方式开展，教师通过观察、活动记录、学生自评、学生互评等形式对学生的学习行为、学习能力、学习态度和合作精神等进行持续性评价。在实施课程过程中，学生要有较强的研究探索能力，善于积累研究经验、记录分析活动过程，积极地完成所分配的任务。在研究性实践活动中，教师参与研究全过程，根据学生在研学活动中的自我探究与团队探究的参与度、团队成果汇报交流、互评等，评价学生实践综合能力。

在评价手段和工具上，不仅要关注学习知识、完成课题的情况，还要观察考核学生在某个学习任务中的表现，充分体现综合实践活动课程的育人价值。行前、行中、行后评价方式及侧重点要有所不同。行前主要是调研和诊断性评价，分析学生学习兴趣、需求、基础。行中按照课程实施方案，对学生学习进行过程性评价，包括学习过程、任务完成情况、安全意识、行为习惯等。行后主要用结果性评价，由教师对作业成果作出评价，同学、小组互评，还有研学成果汇报、展演、网页、微信、展板、家长会等多种载体，为学生创设成果交流展示的平台。研学实践活动中要对学生学习过程进行多方面、多视角、多种方式的评价。

4.4.3.7 评价结果的应用

研学教师根据学生、学校教师、家长等相关方的反馈改进教学、改进活动过程，实现长久持续发展。同时，学生以及研学教师每晚都进行活动总结，学生及时调整研学状态，查漏补缺，从而更好开展后续学习；基地教师总结活动开展情况和处理的突发事件，及时关注学生状态，也可根据学生的集体反馈情况，及时调整第二天的活动行程与课程。

4.4.4 自然教育校外资源

4.4.4.1 自然教育校外资源特点

自然资源包括自然界中一切能被人类利用的物质和能量。我们要充分利用"以营地为枢纽，基地为站点"的研学实践网络体系，将不同特点的资源纳入自然教育，包括自然资源涵盖的林业资源、水资源、海洋资源等，社会资源中覆盖的博物馆、科技馆、城市植物园等。近年来，各家营地也在不断的摸索过程中取得了部分成效，恰如大同市示范性综合实践基地、伊宁市青少年综合实践教育中心，通过"以营地为枢纽、基地为站点"的研学网络体系，与国家命名的周边资源站点做到联动，进行有效的整合和共享，实现教育资源的最大化利用。鄂托克前旗教育体育事业发展中心、呼伦贝尔市海拉尔区北师高级中学和呼伦贝尔市示范性综合实践基地，在开展研学实践教育活动前综合考察营地周边和相邻地区的社会资源，注重地方自然资源的挖掘与整合，调研社会资源的实践性，将地方自然资源的特色融入课程中，与校内资源紧密衔接，使课程对青少年更有吸引力和教育意义。他们充分挖掘周边研学资源，将可利用的自然资源充分纳入研学实践教育中，为实现研学资源全覆盖式利用统一了路径。在下一步的工作中，全国营地还需齐心协力，通过网络信息平台共享研学资源，不断扩充研学实践站点，使得全国研学营地、基地联动性更为密切，也为学生搭建更为广阔的校外研学实践教育平台。

自然教育资源体系有其独特的特点。首先资源内容的丰富性对于实践教育是一大优势，相较于校内教育而言，自然生态保护区、动植物园、森林公园及湿地生态保护区等校外教育资源体现出巨大的丰富性，可以满足学生多样化的发展；其次，责任主体的多样性，例如文旅部门、文化部门及企事业单位在内的多元化系统组织，也使得自然教育的开展能够实现多方联动；最后，对于资源开发的灵活性，使得校外教育可以紧跟时代的发展，及时更新校外教育知识，让学生接收到最新的知识技能。

4.4.4.2 自然教育可利用资源的开发与利用

自然教育可利用资源的价值最终要融入学生的研学实践教育课堂中。首先，根据学生的学习需求选择课程主题，学生是课程的最终受益者，在规划设计课程时，要依据学生小学阶段、初中阶段、高中阶段不同的学情开发相对应的自然教育资源，设置具有差异性的研学实践教育课程；其次，需要进行课程整合，通过前期的实地考察、自然主题资源的关联性、线路的严谨性等多角度的调研，将每个契合自然教育的资源融合为合理化、规范化、多元化的课程，同时注重课程之间的内在联系，通过科学、人文、自然等多个角度的综合教学，引导学生进行深入研究和探索，培养他们的综合素质和创新能力；最后，要强化安全防范机制，确保课程稳步开展，必须预测到各种不确定因素，因此，对可能发生的突发情况进行预测和评估，制订相应的安全保障措施，通过这种方式，能够更加有效地规避潜在风险，保障课程的顺利进行。

随着全国营地、基地的不断发展，诸多自然资源被大众所挖掘，随即出现的各种问题亟须解决，因此提出了诸多改善策略：

（1）社会公众共同制定自然教育行业规范标准，界定自然教育的内涵和行业范畴，并对从业者进行培训、指导和考核。

（2）整合自然教育基地，坚持公益性原则，鼓励不同责任主体进一步推进自然教育活动的深入开展，协调构建与自然教育的合作模式，既要积极探索自然教育资源专项课程的操作性，又要完善与中小学学校课程体系、社会终身教育体系的对接与融合。

（3）鼓励构建"年龄分众式"自然教育全社会参与研学实践教育体系，按照受众年龄特征划分为儿童（0岁至14岁）、少年（14岁至25岁）群体，依据不同群体的生活习惯、行为方式，采用适合的教育媒介和适宜的教育内容，引导全社会接触自然教育信息，参与自然教育活动。

4.4.5 自然教育典型案例

全国研学实践营地依据《中小学综合实践活动课程指导纲要》，结合周边自然资源，带领学生走出课堂，体验科学探究，深入了解地域自然特色，领悟生态保护的重要性；通过自然教育概念界定和价值取向，将校内外教育内容紧密衔接，利用周边研学资源，将自然教育融入学生日常研学教育中，培养观察力和探索精神。

新疆库尔勒营地依托新疆自然风光，让学生感受地理文化、神秘沙漠及特色能源等，增强中华文化多样性感受。安徽滁州营地利用森林资源开设课程，培养学生的自然环保意识。内蒙古包头营地利用沙漠资源设计研学线路，提高学生的环保意识。青海互助营地挖掘高原特色资源，通过参观自然景观，培养学生的爱国爱家情感。山西太原营地整合本地优质资源，以中国煤炭博物馆和山西自然博物馆为依托，开展自然教育主题的研学实践活动，取得显著成效。福建晋江营地依托周边海洋资源，让学生学习海洋知识，树立海洋生态环境保护意识。

具体典型案例如下：

4.4.5.1　新疆库尔勒营地：领略新疆之美　探秘壮美巴州

（1）背景

为深入学习贯彻习近平总书记在新疆考察调研重要指示精神，全面贯彻落实党的教育方针，推动研学实践教育高质量发展，新疆库尔勒营地积极探索发展新路径，结合地域特色，创建独具新疆自然教育资源的研学教育实践活动多元化方案，打造了一批研学教育实践活动精品线路，已成为研学实践教育活动的一张靓丽"名片"。

（2）主要做法

新疆库尔勒营地围绕新疆自然博物馆、野马古生态园、可可托海地质博物馆等国家或省级命名的研学实践教育基地，开展地理探索、地质历史等课程，让广大青少年在充分了解新疆历史、地理、生物的基础上，认识新疆作为祖国不可分割的一部分，其地理位置的重要性。如图4-36所示，为学生在新疆自然博物馆学习新疆地形地貌时的场景。

图4-36 学生在新疆自然博物馆学习新疆的地形地貌

依托霍拉山、巴音布鲁克、塔克拉玛干沙漠等自然资源，新疆库尔勒营地设计以环境科学、生物多样性等内容的研学线路，通过动植物探究、环保活动让青少年知道新疆的动植物种类、分布、生态习性等，了解新疆的气候、生态的多样性，牢固树立"绿水青山就是金山银山"理念。如图4-37所示，为学生在罗布人村寨进行研学实践教育活动时的场景。

图4-37 学生在罗布人村寨进行研学实践教育活动

以石油、天然气、风能等自然能源为特色课程开发与实施的重点，新疆库尔勒营地构建"能动中国，活力新疆"特色课程体系，以实验探究，实地勘测为主要学习方式，将营地课程与基地课程紧密衔接，让学生了解新疆在国家能源建设中所发挥的重要作用，进一步理解新疆在国家经济建设中的重要地位，增强青少年对家乡的认同感。

（3）实施成效

新疆库尔勒营地与多个省（市）形成可持续合作机制，组织开展中小学生"走进新疆""走进巴州""走进库尔勒"研学实践活动。其中，2023年11月，新疆库尔勒营地接待青海省互助县学生开展"互助情·巴州行"研学实践教育活动。参加本次研学实践的学生普遍反映,更深刻地了解了新疆的自然风光及深厚的历史人文,感受了中华文化的多样性。"领略新疆之美·探秘壮美巴州"系列研学课程的活动主题得到有效成绩,促进了中小学生的交往、交流、交融,铸牢中华民族共同体意识,学校与师生满意度达到97%以上。

(4)经验总结

①自然教育实施规范化。研学实践的开展把充分发挥其育人功能摆在最主要的位置。本案例在大量研究的基础上,创建最大限度满足参与方诉求,由地(市)教育主管部门、研学营地、研学基地等组成的合作框架与相应的机制。以"课程化"作为研学实践组织开展的方式,并最终形成了活动(课)菜单化、课程模块化、活动(课)方案标准化的研学活动课程体系,不仅可以最大限度地发挥活动课程的育人功能,且极大地简化、优化了跨地区、长时间、大规模研学实践的开展。

②自然教育设计多元化。依托新疆地域历史、人文、自然、民俗等文化元素,为全国中小学学生赴巴州研学设计多元化研学线路,开设多样的特色课程,以沉浸式体验新疆民俗乡情为主,同时直观感受巴州壮美的风景,通过深度交流和实践感受中华文化的多样性,互学互鉴,增强内在的包容性。

③自然教育主旨鲜明化。新时代倡导"建设生态文明是中华民族永续发展的千年大计"。在研学实践中,充分利用营地及周边自然教育资源优势,开展自然教育主题研学,进一步推进寓教于游、寓游于教,在欣赏自然风景的同时,感受地域文化特色,让学生树立"绿水青山就是金山银山"的观念。

4.4.5.2 安徽滁州营地:探索林间自然奥秘 培养野外生存技能

(1)背景

近年来,各级政府部门推出一系列文件,鼓励和支持自然教育的发展。例如,国家林业和草原局印发了《关于充分发挥各类自然保护地社会功能大力开展自然教育工作的通知》,全国关注森林活动组委会提出了《全国三亿青少年进森林研学教育活动方案》等。此外,教育部门也将自然教育作为素质教育实施的重要方式,为中小学生自然教育的发展提供了有力的支持和保障。

(2)主要做法

①依托周边大自然环境。安徽滁州营地西靠历史文化名山琅琊余脉,北拥清澈见底的盈福河,南依白米山万亩林场,地形地貌多样,动植物种类繁多,风景优美,交通便利,是一个天然氧吧,更是一处非常适合开展户外活动的大自然营地。利用周边山林自然资源,营地设计森林主题课程,让学生深入自然,了解自然。如图4-38所示,为学生在营地周边山林间徒步越野时的场景。

图4-38　学生在营地周边山林间徒步越野

②促进学生全面发展。安徽滁州营地开设自然探索、野外生存、徒步越野、攀岩崖降、森林探险与定向运动等课程,让学生学习野外生存知识技能,培养探险精神,同时提高团队协作能力;开设森林生态系统观察与保护、自然环境保护与可持续发展等课程,学习森林生态系统的基本组成和食物链,观察并记录森林中的动植物种类和生态行为,了解森林保护的重要性和方法,探讨如何在日常生活中实践环保和可持续发展。如图4-39所示,为学生开展攀岩速降活动、学习攀岩技能时的场景。

图4-39　学生开展攀岩速降活动

③采用四层管理方阵确保活动安全。安徽滁州营地制定四层管理方阵,由教育专家研发研学课程;专业教官教练和研学导师负责学生日常研学活动开展;心理辅导老师帮助学生建立自信和健康心态;安全运营与后勤保障团队为学生提供自救他救的生存技能

和安全保障。同时，营地制定细致的安全预案，备好相应医药急救包，做好应急演练，为学生购买保险等。

（3）实施成效

①扩大活动覆盖面。安徽滁州营地秉承公益性、普惠性、全覆盖性的原则，积极贯彻素质教育政策，不断扩大活动覆盖范围。2023年，营地共组织41期，4.21万人次学生参加研学实践活动，取得了良好效果。

②精心设计研学实践活动。安徽滁州营地开发实施50余项自然探索、森林、生态主题课程，通过精心设计的研学实践活动，让学生在实践操作和亲身体验的过程中更深入地了解自然森林和野外生存的知识与技能，培养他们的探险精神和环保意识，同时促进他们的团队协作和解决问题的能力。

③广泛获得社会好评。安徽滁州营地针对每期研学实践教育活动设计调查问卷，经过统计分析，学生、家长和学校带队老师对研学课程满意度均达到99%以上。各级媒体都对安徽滁州营地点赞，人民网、安徽日报等国家级和省级媒体等均刊登文章，专题报道安徽滁州营地自然与生存教育课程开展情况。

（4）经验总结

①坚持教育与实践相结合。安徽滁州营地在设计研学课程时注重教育性、系统性、知识性、科学性和趣味性，在进行活动安排时注重实践性、参与性、体验性，引导学生走出去，在不同的环境中拓展视野、丰富知识、了解社会、亲近自然，为学生全面发展提供良好成长空间。

②坚持全方位安全把控。安徽滁州营地建立安全保障机制，设有医务室和专职医生，落实安全保障措施，为学生购买保险，配备经验丰富的班主任、研学导师、教官教练和随队医护人员，招标采购交通运输服务，从课程、食宿、交通、医疗等各方面确保学生安全。

③坚持打造专业师资团队。安徽滁州营地注重培养专业师资团队，2023年带领师资团队前往浙江杭州洞桥营地、上海东方绿舟等兄弟单位交流学习，多次组织说课比赛、课程研发活动、专业技能培训等，提升团队教学水平、专业水平，以保障营地研学实践教育课程的安全有效实施，提升营地课程丰富度。

4.4.5.3 内蒙古包头营地：探秘绿洲 沙海探险

（1）背景

包头周边拥有黄河、沙漠、湿地、草原等多类型生态系统，可以为学生生态教育提供优质资源。距离包头30公里处的恩格贝沙漠，是科学与生态结合的典型案例。沙漠生态主题研学活动从历史、科学的角度认知沙漠环境，践行环保理念，学习防治沙化的举措，树立环境保护意识，学习沙漠生存相关技能，提高学生团队协作能力。

（2）主要做法

一是充分挖掘自然教育研学实践活动资源，制订合理的研学线路。例如：营地—恩格贝沙漠—营地，依据新课标学情分析，此研学线路课程内容匹配小学及初中学段学生。如图4-40所示，为学生在恩格贝沙漠科学馆开展"认识沙漠"研学课程时的场景。

图4-40　学生在恩格贝沙漠科学馆开展"认识沙漠"研学课程

二是确定研学目标。①价值体认：通过学习沙漠动植物知识、沙漠徒步等相关课程，学习沙漠文化，树立生态保护的意识。②责任担当：学习沙漠治理知识，了解生态环境保护的重要性，树立为生态建设贡献力量的责任意识。③问题解决：结合生活中常见动植物和生态环境，与沙漠生态对比，团队合作体验简单的治沙办法。④创意物化：记录沙漠治理案例，制作沙漠植物标本。

三是确定实施方案。（1）合理安排研学实践教育活动。开营仪式→恩格贝沙漠科学博物馆→恩格贝沙漠生存徒步课程→闭营仪式。（2）实施教育环节。①导入：研学活动前，预习恩格贝历史概况，观看《时光沙海》主题沙画视频，了解恩格贝沙漠。②布置任务：发放环保小记者主题任务书，从各主题中选取一项为本小组活动主题，寻找相关信息，完成任务书。

四是确定保障措施。内蒙古包头营地成立领导小组，制定安全预案，对接研学车辆，为学生购买人身意外伤害险，配备应急保障车及医务人员，处理应急事件，确保安全责任到人。

（3）实施成效

经过探索与实践，此条研学线路已打造成熟，2023年此条研学线路共进行1544名学生、13场次的研学活动，让学生在体验中深入了解沙漠生态环境，认知防沙、治沙具体措施，树立生态保护意识，学会基本的沙漠生存技能，达到预期的育人效果。同时，此条线路已编写进校本教材，并丰富2门沙漠研学课程。在整个研学活动结束后，发表多篇宣传研学活动的稿件与视频，引起社会层面的广泛关注，发挥研学实践教育的影响力。内蒙古包头营地沙漠研学课程校本教材的部分内容示例见图4-41。

图4-41　内蒙古包头营地沙漠研学课程校本教材

（4）经验总结

①应用体验式教学模式。在沙漠环境中沉浸式体验，实地感受，丰富学生对沙漠环境的认知，践行防沙治沙措施。采用对比式教学方法，让学生从绿色草原到荒芜沙漠进行生态环境原因对比、生态保护对比，强化学生对不同环境的认知。

②融合多学科知识。从历史、生态、科学多角度认知沙漠环境，开拓学生思维，提高对现代沙漠治理和生态保护的基本认知。

③加强教师应变能力。沙漠教学场所多为户外教学场地，积极应对不同天气条件对教学场所及教学内容的要求。

④从课本走进生活，用生活回顾课本。将沙漠与课本知识相结合，从美术、诗歌等更多学科内容了解沙漠，让学生用"沙"说话，变"沙"为宝。不断强化学生挑战自我的探索精神，能够把沙漠治理的具体措施运用到实际的生活中去。

4.4.5.4 青海互助营地：游走青海之路 领略高原风情

（1）背景

十八大以来，生态文明建设作为中国特色社会主义事业总体布局"五位一体"的组成部分，上升到国家战略层面。作为国家级研学实践教育营地，青海互助营地以独特的高原地理环境，依托青海湖、贵德国家地质公园、互助北山森林公园等自然资源，开展生态环保研学实践活动，普及生态环境教育，践行生态文明理念，让学生感受祖国西北的魅力，增进对祖国和家乡的热爱之情。

（2）主要做法

①充分整合自然资源，积极打造高原精品研学线路。在充分利用县域周边教育文化旅游资源的基础上，青海互助营地创新开发了七条省内精品研学实践线路，其中以"自然教育"为主的研学点有青海湖、茶卡盐湖、贵德国家地质公园、互助北山森林公园等。

②依托周边资源开展省内学生研学实践教育活动。让学生通过亲近自然生态，感受家乡大美风光；带领学生参与不同的研学线路，让学生养成良好的道德品质、环保意识和行为习惯，形成积极健康的人格魅力和良好的心理品质。如图4-42所示，为青海互助营地组织学习在贵德国家地质公园阿什贡七彩峰丛景区开展自然教育活动时的合影。

图4-42 青海互助营地组织学生在贵德国家地质公园阿什贡七彩峰丛景区开展自然教育活动

（3）实施成效

2021年4月中旬至10月底，青海互助营地开展了"逐梦研学路，大美青海行"研学实践主题教育活动，成功组织了17期研学实践教育活动，覆盖全县八年级近5000多名学生。通过带领学生欣赏家乡的自然风光，感受大自然的美好，领略祖国西北独特的气候特点和文化内涵，引导学生树立人与自然、生态与生命的共同体，领悟"绿水青山就是金山银山"的真谛。如图4-43所示，为青海互助营地组织学生在青海原子城纪念馆开展文化传承与创新教育活动时的合影。

图4-43　青海互助营地组织学生在青海原子城纪念馆开展文化传承与创新教育活动

（4）经验总结

①充分利用青海独特的人文历史和自然资源。结合实践教育中心工作实际，发挥营地作用，带领学生走进自然，感受自然，让学生直观形象地了解家乡的人文历史、自然生态，收获了很好的教育效果。

②研学活动要做到由浅入深、循序渐进。以陶行知先生的"六大解放"为指导理念，让学生从五官感受，到团队合作探究，再到小组创新实践，将研学内容不知不觉地浸润到学习生活中，使学生在思想上得到升华，情感上得到共鸣，最后又"回归生活"，培养学生爱党爱国的情感与行动的知行合一。

③深入开展中国特色社会主义和中国梦教育。广泛开展理想信念教育，深入开展中国梦教育，引导学生深刻认识到，中华民族伟大复兴要付出更为艰巨、更为艰苦的努力才能实现。

④传承和弘扬中华优秀传统文化。引导学生了解中华文化的博大精深，加深对祖国悠久历史、深厚文化的理解和接受，从历史中汲取营养和智慧，自觉延续文化基因，增强民族自尊心、自信心和自豪感。

4.4.5.5　山西太原营地：寻访三晋能源　探索自然奥秘

（1）背景

中国煤炭博物馆位于山西省太原市，是一座集煤炭历史、文化、科技为一体的综合性博物馆。山西自然博物馆则展示了山西丰富的地质资源和地球科学知识。随着社会对自然教育的日益重视，将这两个博物馆作为研学实践基地，开展自然教育主题活动，对于提升学生的自然科学素养和环保意识具有重要意义。

（2）主要做法

①策划主题研学内容。结合博物馆的展览内容，山西太原营地策划了"煤炭的形成与利用""地质变迁与山西地质奇观"等主题研学活动，通过讲解、互动体验、实地考

察等方式，让学生深入了解自然资源的形成与利用。如图4-44所示，为学生在中国煤炭博物馆开展"寻访三晋能源，探索自然奥秘"主题研学活动时的场景。

图4-44　学生在中国煤炭博物馆开展"寻访三晋能源，探索自然奥秘"主题研学活动

②开展实践活动。首先，学生们在博物馆讲解员的带领下，参观了煤炭博物馆的各个展厅，了解煤炭形成的主要阶段，知晓每一形成阶段的煤炭名称，熟悉煤炭成因；通过查找资料，了解我国煤炭资源分布，感受我国矿产资源的丰厚；了解煤炭的利用及其带来的危害，培养学生生态环境保护意识。接着，学生们又来到了自然博物馆，探索了地球科学的奥秘，了解了山西丰富的地质资源和独特的地质现象。开展"寻访三晋能源，探索自然奥秘"主题研学活动过程中，讲解员在中国煤炭博物馆为学生讲解煤炭相关知识时的场景见图4-45。

图4-45　讲解员在中国煤炭博物馆为学生讲解煤炭相关知识

除了参观学习，山西太原营地还组织了一系列实践体验活动。在煤炭博物馆，学生们亲手采集煤炭标本，通过显微镜观察其微观结构；在自然博物馆，学生们则拿起地质锤，实地考察地质现象，记录岩石的特征与分布。这些实践体验活动，让学生们在亲身

参与中，深刻感受到了自然科学的魅力，在实践中学习、在体验中感悟。

③专家讲座与互动交流。为了让学生们更深入地了解煤炭与地质知识，山西太原营地还邀请了博物馆的专家为学生们进行专题讲座。专家们用通俗易懂的语言，为学生们讲解了煤炭与地质的基础知识，解答了他们在研学过程中的疑问。同时，专家们还与学生们进行了互动交流，鼓励他们提出自己的见解和想法，进一步激发了他们的学习兴趣和热情。

（3）实施成效

①提升学生自然科学素养。通过研学活动，学生们对煤炭与地质知识有了更深入的了解。他们不仅掌握了煤炭的形成、开采与利用等方面的基础知识，还了解了地球科学的奥秘和地质资源的珍贵性。这些知识的积累，无疑提升了学生们的自然科学素养，为他们今后的学习和成长奠定了坚实的基础。

②增强环保意识。在研学过程中，学生们目睹了煤炭开采对环境的破坏和地质变迁对生态的影响。这让他们深刻认识到自然资源的有限性和脆弱性，从而增强了他们的环保意识。许多学生表示，今后要更加珍惜自然资源，保护环境，为地球的可持续发展贡献自己的力量。

③促进综合素质发展。研学活动不仅提升了学生们的自然科学素养和环保意识，还锻炼了他们的实践能力、团队合作精神和创新思维。在实践体验活动中，学生们学会了如何采集标本、观察现象、记录数据；在专家讲座与互动交流中，他们学会了如何提出问题、分析问题、解决问题。这些能力的提升，无疑促进了学生们的综合素质发展。

（4）经验总结

①充分整合利用博物馆资源。博物馆作为展示自然资源与人类文明的重要场所，具有丰富的展览资源和专业的人才队伍。在研学实践教育中，山西太原营地充分整合利用这些资源，为学生们提供丰富的学习内容和实践机会。同时，山西太原营地还加强与博物馆的合作与交流，共同推动研学实践教育的发展。

②注重实践体验与互动交流。研学实践教育的核心在于实践与体验。在研学过程中，山西太原营地注重设计丰富多彩的实践体验活动，让学生们在亲身参与中感受自然科学的魅力。同时，山西太原营地还加强师生之间的交流互动，鼓励学生们提出自己的想法和见解，激发他们的学习热情和创造力。

③加强安全教育与管理。在研学实践教育中，安全始终是首要考虑的因素。山西太原营地制定了详细的安全预案和管理措施，确保学生们在研学过程中的安全。同时，山西太原营地还加强了对学生们的安全教育，提高他们的安全意识和自我保护能力。

展望未来，山西太原营地将继续探索更多形式的研学实践教育活动，将自然教育融入学生的日常生活中。希望通过这些活动，让更多的学生亲近自然、了解自然、热爱自然，成为具有创新精神和实践能力的优秀人才。同时，也期待与社会各界共同合作，共同推动研学实践教育的发展,为培养更多高素质的人才贡献力量。

4.4.5.6 福建晋江营地:探访海底古森林　领略海洋万里涛

(1)背景

福建晋江深沪湾国家地质公园地处闽东火山活动带东部,地貌以里亚斯型海岸为主,陆地部分多低丘陵和海成台地,属亚热带海洋季风气候,它是集海湾、岬角、湖为一体的滨海地质公园,具有地质科学研究价值。

(2)主要做法

①立足校内基础,链接研学资源。福建晋江营地从小学、初中、高中不同学段学情出发,对照课标和自然教育的目标指向,遴选了"海底古森林遗址""万年牡蛎礁""海蚀变质岩"等20个自然、人文资源作为研学课程载体。组织团队对各个研学场地进行现场查勘、容纳量测算、安全隐患排查等。

②挖掘研学资源,打造研学课程。针对现有海洋文化资源在科学、美学、科普三方面价值,福建晋江营地将沙质海湾、基岩海岸、红土海岸等不同地质的海岸景观,以及不同的海蚀遗迹纳入"海洋风光"主题研学课程,让学生探索东南沿海地区地壳运动、海陆变迁、海平面变化的"海洋地质地貌"主题研学课程,探索"福船"水密隔舱技术、福全海防卫所的"海丝文化"主题研学课程。

③创设体验场景,创新活动方式。福建晋江营地采用海洋气候监测、生物标本制作、定向运动等活动形式,通过海洋生态系统观察与保护、自然环境保护与可持续发展等课程让学生了解海洋知识,了解保护海洋生态和海洋文明的重要性,掌握科学实验技能,培养动手能力和团队协作能力。如图4-46所示,为福建晋江营地研学导师在变质岩为学生讲解时的场景。

图4-46　研学导师在变质岩为学生讲解

（3）实施成效

①扩大海洋文化的宣传。福建晋江营地通过开发"海洋风光""海洋地质地貌""海丝文化"等海洋文化主题研学线路，每年开展40期海洋主题教育研学活动，为省内外6万多名中小学生开展海洋文化等主题的研学实践教育课程，覆盖了晋江所有中小学校，让更多的青少年学生了解海洋，了解海洋文化，进而产生爱护海洋、守护人类共同家园的理想与信念。如图4-47所示，为学生在研学导师指导下观看海底古森林和古牡蛎的形成时的场景。

图4-47　学生在研学导师的指导下观看海底古森林和古牡蛎的形成

②充实了营地的师资队伍。福建晋江营地通过聘请校外辅导员、设立大师工作室等方式，聘请科技馆讲解员、气象局研究员、非遗传承人、渔民等担任自然主题研学课程的教师。通过聘任制和职级制，对外聘的指导教师进行考评，优胜劣汰，优化营地自然主题研学课程的师资队伍，保障了课程指导教师的专业性和多元化。

③带动了当地旅游经济的发展。随着营地海洋主题研学的开展，深沪湾海洋地质公园的热度持续上升，在社会中广泛传播，更多的家庭选择在周末和假期带孩子到深沪湾边游边学，2023年深沪湾游客比2022年同比增长近50%。

（4）经验总结

①排除隐患，确保活动安全。极端的海洋天气、潮汐的变化、湍急的暗流等都是大的安全隐患，海边研学必须做好安全隐患排查，同时通过人力和电子围栏等物理的防护，确保学生在安全区域开展活动。

②依托当地，做好资源整合。依托当地公益机构，充分发挥他们的专业性和对本地资源熟悉的优势，对研学资源进行挖掘、归类、串联，开发切实可行的线路和课程。

③科学设计，知识实践互补。课程活动化，活动课程化；资源课程化，课程资源化。通过多种课堂形式，把学科知识融入研学主题活动中，在动手中体验，在体验

中学习。

基于 2017 年发布的《关于推进中小学生研学旅行的实施意见》，将加强研学课程建设作为中小学生研学旅行发展的重要任务。近年来，市场上出现的关于研学实践教育的问题也浮出水面，例如设计研学线路时因研学点位相距太远，迫于资金的压力必然会放弃部分研学资源站点，而无法达到更好的研学效果；在校外教育的迅猛发展的浪潮中，对于专业研学导师的需求提出了更高的要求，然而，目前市场上的人才短缺问题却成为制约其进一步发展的瓶颈。因此，需要从多个方面入手，加强人才培养、提高行业吸引力、加强监管和引导等方面的工作，以推动校外教育和研学导师行业的健康发展。

在未来的工作计划中，全国教育营地、基地将持续积极采用"以营地为枢纽，基地为站点"的研学教育网络体系，将自然教育的实践课程切实与校内的自然教育相衔接。但也有部分问题还需要根据实践积攒经验，因为校外教育的年轻态，针对自然教育研学实践教育的研究还有待提高，还需继续努力。

4.5 启蒙教育

4.5.1 启蒙教育价值取向

4.5.1.1 概念界定

"启蒙"一词在我国汉语中最早可见于汉应劭所著的《风俗通·皇霸·六国》一书，文中提到："海辄挫衄，亦足以祛蔽启蒙矣。"其中，"启"意为开启，而"蒙"则有多重含义，包括蒙骗、蒙昧无知以及通朦，即眼睛失明。因此，"启蒙"意指启迪和教育初学者，消除其蒙蔽，使之恢复光明。尽管"启蒙"一词在古代已有提及，但教育界对启蒙意义的深入研究和探讨主要是在 18 世纪，特别是在西方国家。启蒙思想家卢梭曾指出，启蒙的真正意义不仅在于理性启蒙，更在于自由理想的启蒙。康德在其 1784 年发表的《什么是启蒙》一文中，对启蒙的定义为："敢于明智！大胆地运用你自己的悟性！"此处的"启蒙教育"旨在通过研学实践和自我觉察，帮助学生建立与社会环境的积极联系，并培养其终身发展和社会发展所需的必备品格和关键能力。

目前，启蒙教育多应用于学前教育阶段，而在研学实践领域尚属新颖。结合研学实践教育的经验，聚焦中国学生发展核心素养，将启蒙教育概括为动手能力培养的职业启蒙、行为养成的习惯启蒙以及程序化熏陶的规矩启蒙。

（1）职业启蒙教育

职业启蒙教育，作为职业教育体系中的初始阶段，其定义尚未形成统一认识。但普遍观点认为，它是指由外界环境（如家庭、学校、社会等）对个体进行有目标、有规划、有组织的职业预备教育。这种教育涉及基本职业知识的普及、职业技能的初步训练以及职业态度的培养等方面，旨在为个体未来的综合职业能力发展奠定基石。其目标在于引导学生全面发展，实现知识与能力、个性与共性、自我与社会之间的和谐统一。

职业启蒙教育具有三大特征。首先，它的主要受众是儿童群体，即教育心理学意义上的18岁以下学生。在这一阶段，个体尚未具备独立参与职业活动的能力，但职业准备工作至关重要。因此，职业启蒙教育特指针对18岁以下学生的职业教育活动。

其次，职业启蒙教育需要具备明确的计划性和组织性。为确保教育的有效性，应根据儿童的身心发展特点、兴趣、技能、价值观及能力基础等因素，制订科学可行的研学实践教育计划。同时，应配备专业的教育人员，并设计合适的教育场所，以支持教育计划的实施。

最后，职业启蒙教育应紧密结合经济与社会发展的实际需求，特别是职业世界的变化趋势，进行动态调整。这意味着教育内容和方式需要体现时代精神，与时俱进，以确保教育成果符合社会和职业发展的需求。

（2）习惯启蒙教育

林格教授作为我国新时期养成教育理论研究的领军人物，曾深刻指出："在正确的意识形态与规范行为之间，习惯扮演着至关重要的桥梁角色。教育的本质即在于构建这座非凡的桥梁。"在《现代汉语规范字典》中，习惯养成教育被定义为："旨在培养学生良好行为习惯的教育活动。"目前，国内学者普遍认同教育专家关鸿羽教授的观点，即通过行为训练，结合各种教育方法，全面提升学生的"知、情、意、行"，最终达成培养学生良好行为习惯的目标。本研究将习惯启蒙教育定义为：根据青少年的生理和心理特点，通过有规划、有组织的校外研学实践活动，使学生在实践体验中，在"知、情、意、行"各方面形成均衡的行为模式。

（3）规矩启蒙教育

《孟子·离娄章句上》有言："不以规矩，不能成方圆。"这句话阐述了圆规与直尺在绘制方形与圆形时的重要性，寓意了规矩对于行为准则与道德标准的必要性。其中，"规矩"原指校正圆形的圆规与校正方形的矩尺，后逐渐引申为礼法、法度、标准与成规等概念。在英文中，"规矩"被释义为在特定情境或从事某项活动时所需遵循的行为准则。

由此可见，"规矩"内含着规范与约束的深层意义。在表现形式上，规矩可分为两种：一种是通过明文规定展现的，另一种则是通过风俗习惯等社会约定俗成的形式体现。因此，"规矩启蒙"旨在启蒙教育中，以潜移默化的方式加强青少年对规则意识的培养，约束并规范其思想行为，引导其从小明辨是非，识别生活中的美丑善恶。

4.5.1.2 价值取向

（1）个人发展层面具有综合能力培育功能

马克思主义关于人的学说中，人的自由全面发展被视作核心概念与思想精髓。马克思主义主张，自由全面发展应涵盖社会每位成员，涉及需求、劳动技能和社会关系等层面。如何有效促进学生的自由全面发展？首要任务在于思想启蒙。青少年时期是学生身心成长的关键阶段，也是塑造人生观和价值观的重要时期。在这一过程中，学生需通过实践活动，综合运用多学科知识，激发其在文化基础、自主发展、社会参与等方面有深度的思考，形成对自我、社会、未来的清晰认知。这不仅能提升他们的综合能力，还有助于其自我设计与完善。

通过职业启蒙、规矩启蒙、习惯启蒙等多种方式，我们可以有效激发学生的学习兴趣，培育其好奇心、求知欲、创造力和独立思考能力。鼓励学生通过自我思考与实践解决问题，支持他们参与各种创造性活动，主动探索世界，形成良好的学习和生活习惯。这些都将有助于学生塑造适应终身发展和社会进步所需的必备品格和关键能力。

例如，天津市社会实践教育中心、重庆万州营地、西藏自治区拉萨市青少年示范性综合实践营地等机构，均致力于围绕学生兴趣，开展行为习惯、思维方式、职业生涯等方面的教育与启蒙工作。这些实践教育活动旨在培养学生的创造力、探索欲、实践能力与创新精神，为他们的自由全面发展奠定坚实基础。

（2）社会发展层面具有人才需求满足功能

在社会发展层面上，人才培养的满足功能显得尤为关键。全面发展与终身发展，作为素质教育的核心理念，其根本宗旨在于培养具备全面素养的个体。启蒙教育，作为校外研学实践教育的重要目标之一，旨在优化学校教育模式，弥补过分侧重智育而忽视兴趣爱好的不足，从而更好地为未来发展做准备。

当前，科技飞速进步，网络新媒体广泛普及，人们的生活、学习和工作方式发生了深刻变革，儿童青少年的成长环境也面临新的挑战。在这样的背景下，启蒙教育显得尤为重要。它不仅能够帮助学生提升实践能力和创新精神，更能够将学校教育与个人对自我和人生目标的认知、个人兴趣以及家国情怀紧密结合。通过启蒙教育，个体能够在社会化过程中将社会价值纳入自身的价值体系，并以此来指导自身的发展，从而在追求个人价值的同时，推动社会的繁荣与进步。

尊重每位学生的个体差异，因材施教、发挥个人优势，是启蒙教育高质量发展的重要体现和基本要求。启蒙教育的实施，旨在为社会培养更多具备创新能力、担当精神和责任感的优秀人才，为社会进步贡献重要力量。同时，启蒙教育注重对学生进行文化教育和历史教育，使他们能够深刻理解社会的文化发展历程和人类文明的进步，这对于培养学生的爱国主义精神、提升学生的文化素养具有重要意义。

（3）国家发展层面具有和谐社会构建功能

在国家发展的宏观层面，启蒙教育承载着构建和谐社会的重要功能。它以满足学生个性化、多样化的成长需求为基石，致力于培养有理想、有道德、有文化、有纪律的社会主义建设者和接班人。在这一过程中，启蒙教育特别关注每位学生的个体特性，包括那些在学习、行为或家庭经济等方面存在特殊需求的学生。通过提供精神激励和人文关怀，启蒙教育旨在提升学生在成长过程中的幸福感，确保不同需求的学生都能获得自我实现的机会，并使其潜能得到最大限度的发展。因此，启蒙教育在推动教育公平、提高当代青少年生存与发展质量、促进和谐社会构建方面扮演着关键角色。此外，引导启蒙教育研学实践朝着更加开放、普惠、平衡、共赢的方向发展，共同构建一个和谐且优质的研学实践教育环境，已成为启蒙教育发展的重要议题。

4.5.2 启蒙教育校内外衔接初探

4.5.2.1 启蒙教育校内外教育衔接的内涵

启蒙教育校内外衔接，指的是学校教育与研学实践营（基）地的"启蒙教育"，在教育目标、教育基础、教育内容等多个维度上的有效对接。此种衔接方式通过校内外教育资源的异质互补，使学生在参与实践活动的过程中，能够综合运用多学科知识，并在文化基础、自主发展、社会参与等方面得到深刻的启迪，进而形成对自我、社会及未来的明确认知。

4.5.2.2 完善"素养化"顶层设计

（1）制定全面的教育计划

针对启蒙教育在校内外衔接方面的新命题，需要高度重视研学实践教育活动的质量提升。鉴于中小学生成长需求的多样性和校外教育资源的丰富性，校内外教育衔接的内容同样需要具有多样性和灵活性。为实现这一目标，需结合不同地区、不同学校以及各类校外教育资源的特点和教育教学需求，与国家、地方等不同层面的课程紧密配合，制订出详尽且全面的启蒙教育校内外衔接教育计划。通过构建数量充足、内容充实、涵盖多学科的高质量线路课程内容，确保启蒙教育的实施过程具备科学、明确、系统的指导和支持。

第一，在教育目标方面，要结合《义务教育课程方案和课程标准（2022年版）》，根据自身特色、优势经验和地域特点，围绕艺术、科学、劳动教育等学科的不同学段核心素养目标，深入挖掘与启蒙教育相契合的育人点，链接营地启蒙教育研学实践活动的线路课程，促进学生个性化、全面化发展。

第二，在线路课程方面，营地、中小学校必须基于校情、生情，自上而下对启蒙教育研学实践活动进行整体设计，增强启蒙教育在规划过程中研学实践营（基）地研学主题、线路、课程、导师与校内学科课标、教学目的、教育教学计划之间的联动性，重视研学资源与教材版本、学段、学科、章节、知识点的有效衔接，注重研学课程与研学线路的关联、研学线路与校内课程的关联、校外活动课程与校内课程在教法上的关联，提出不同阶段教育的具体要求，科学制订启蒙教育的总体线路课程实施方案，设计启蒙教育体系化课程群，体现出启蒙教育校内外衔接的系统性、目的性、连贯性、教育性，让学生在真实生活世界通过知行合一提升个体综合素养。

（2）加强师资队伍建设

教师是实施启蒙教育校内外衔接的重要力量。营地、中小学校应该注重师资队伍建设，特别是艺术、科学、劳动教育等学科教师，提高其在启蒙教育板块的教学水平和专业素养。一是建立专业教师团队。鼓励和支持骨干教师、学科教师、家长及专家相互交流，开展科学、艺术、劳动、生涯等研学实践和校内教学，通过先行探索和多渠道打造专业队伍。二是要强化启蒙教育专业培训，采取岗位锻炼、参观考察、实地观摩等形式，以提升师资整体水平。培训的核心思想应把"聚焦启蒙元素"与"优化整合教学"相互渗透并有机地融合起来，在对青少年进行启智益能的同时，更好地激发并培养思想意识和行为习惯，为促进他们的自主性发展、可持续发展和个性化发展打下坚实基础。三是共享教师队伍。充分利用数字化资源以及区域内研学实践教育教师资源，搭建区域启蒙教育校内外师资共建共享体系，通过联合培育、联合考核、联合使用的共建机制，强化教师启蒙教育的专业技能和职业素养。

（3）健全监督机制与评价制度

推进研学实践教育活动之启蒙教育板块实现常态发展，必须逐步建立评价反馈机制，形成健全的监督制度。一方面，以促进学生可持续、素养化发展为旨归，有针对性地设计启蒙教育的评价指标。推动学校、社会、教师、家长以及学生等多元主体参与其中，对启蒙教育实施的现实状况、学生个体发展是否充分、教师启蒙素养、社会评价等方面建立评价标准体系，突出启蒙教育的发展导向。另一方面，营地、中小学校加强自我督查，根据启蒙教育的教学计划，定期对标自查，确保实现启蒙教育的主题目标，并邀请专家定期到校对启蒙教育线路及课程进行督导。同时，可以根据调查督导情况对家长满意度、教师参与度以及学校完成度进行分析，制定相关的标准以及审查制度，不断提高内容质量和师资水平，促进实践教育的优质发展。

4.5.2.3 构筑系列化课程体系

课程是研学实践的灵魂，启蒙教育的校内外衔接要落到实处也要通过课程来实现。只有优化课程结构、构筑系列化课程体系，才能有效落实启蒙教育。

（1）明确核心指标

基于《中国学生发展核心素养》的基本框架和操作要点，准确把握核心素养对生涯规划教育的统领性，对学生发展的支撑性，这是构建启蒙教育实施体系的重要基础，为启蒙教育的实施指明了方向与路径，是检验启蒙教育是否有效落地的核心指标。

启蒙教育关涉多种学科和课程，但不是所有课程的主要内容都是启蒙教育，这就要把握好启蒙教育在不同课程中的份量。基础教育与启蒙教育关系最为直接的课程是艺术、科学、劳动教育等课程，这些课程在教学内容上要重视相应启蒙教育知识的渗透、思维的培养和能力的获得。营地与中小学校进行衔接时可依据课程特点和学科教学特点来规划启蒙教育知识课程，提出不同阶段启蒙教育目标的具体要求，重点应放在使学生学会建设世界，塑造自己，理解个体之道，体悟人与自然、人与社会的关系。

（2）建构立体式课程体系

营地、中小学校应以学生学段为单位，根据各年级学生的身心特征与实际情况，可搭建习惯养成、自我认知、人际交往、规划发展等不同维度和内容的课程体系，潜移默化进行规矩的渗透熏陶，由易到难、由浅入深、由具体到抽象，形成一系列有机协调、梯度分明、独具特色的启蒙教育课程，逐步拓展学生启蒙教育的宽度，延伸启蒙教育的长度，提升启蒙教育的高度。一是开设习惯养成的基础课程，主要包括培养劳动意识和安全意识，增强公共服务意识和担当意识。考虑到不同学科之间的横向融合，在德育、智育、美育、体育、劳动教育中融合渗透习惯启蒙，在研学实践中渗透其他学科知识与思维，让学生通过完成真实情境任务，经历实践的过程，最终达到习惯启蒙的培养目标。二是开设职业自我认知的发展课程，主要包括认知自我与认知世界两大板块，涵盖了解生涯与生涯规划，认知自我的兴趣优势、气质类型、能力倾向、发展潜能，认知外界的环境复杂性与不确定性。这一阶段的课程可在校内渗透于各学科教学中完成。三是推出职业交往合作的促进课程，这一阶段的课程目标主要由营地来实现，通过合作探究、自主探究等方法，把学生已经掌握的各个方面的知识（实践知识与理论知识）调动和融会贯通起来，并发挥其想象力解决实际问题。四是打造职业发展规划的主干课程，形成涵盖学生"学业—专业—职业""操作—技能—能力""兴趣—理想—信念"一体化发展的序列内容。五是明确启蒙教育校内外衔接的课程体例。根据校内学科知识，借助启蒙教育相关研学资源，通过校内学科知识与研学实践活动相结合的方式，针对不同学段学生的发展特点，基于合作教学、构建主义、多元智力等教学理论，采取讲授法、谈话法、演示法、练习法、讨论法、实验法等教法以及自主学习、合作学习、探究学习等学法，根据教学重难点进行教学策略研究，形成体现学科特色、学段特点、学生导向、校内外衔接的教学策略。

4.5.2.4 确立整合运行机制

（1）推动参与，提供坚实有力保障机制

其一，政府应明确自身主导作用，通过制定政策、加大宣传的方式调动各种公共文化服务机构、企业等社会力量参与到启蒙教育校内外衔接的过程中。其二，政府要结合当地特色文化，积极与当地的高校、博物馆、美术馆、科技馆等公共文化服务机构合作，鼓励公共文化部门参与启蒙教育研学实践，为学生提供多元的实践内容，在潜移默化中使学生接受启蒙教育的熏陶与感染。其三，教育行政部门及中小学校应通过各种形式向家长宣传启蒙教育校内外衔接的主要目的及意义，学校要积极主动吸引家长参与启蒙教育课程建设，请家长结合自己的社会阅历、工作经验、生活感悟，观察和展望未来社会发展、产业变革、科技进步对人才的需求，为孩子创造发展性的成长环境，让孩子的学习边界不断拓展，让孩子能够看见广阔的社会和充满更多可能的未来。

（2）统筹资源，建立区域共建共享机制

营地应积极整合校内外启蒙教育资源优势，依据2022年版课程标准要求，结合艺术、科学、劳动教育课程各学段核心素养目标，着力促进校内学科教学、校外启蒙教育资源和社会化运行模式相结合，推动区域研学营地、基地和中小学校一体化发展，共筑校内外研学实践命运共同体，形成研学实践启蒙教育发展合力，打造具有地域特色的校内外研学实践启蒙教育品牌。

一是共享资源，指在一定的地域范围内，根据自身的启蒙教育资源属性，对研学实践课程、线路、基地等进行差异化开发或主题式联动，实现研学资源与学生间的有效流通，把地域范围内研学启蒙教育资源融合为一个整体，解决不同基地资源的局限性，打造基于地域特色的研学实践教育品牌，优势互补，形成一体化发展的大研学格局。二是共享导师，从"单兵作战"到"协调集成"，各中小学校、营地、基地间通过联合招收、联合培育、联合考核、联合使用的共建机制，强化研学指导教师的专业技能和职业素养，共建教师资源库。三是共享信息，应着力打造校内外启蒙教育信息共享平台APP的开发，解决在研学实践教育运行过程中，信息不准确、不及时、不有效、不对称的堵点与痛点，畅通信息互通渠道，提高信息共享的质量与信息资源利用率。

通过建立共享资源、共享导师、共享信息的机制，引导启蒙教育研学实践朝着更加开放、普惠、平衡、共赢的方向发展，集万家之力，共同营造优质的研学实践教育环境，共同培育研学实践教育发展新动能，共同分享研学实践优质教育资源，引导研学实践教育营地、基地与中小学校之间深度合作、深度发展、深度影响，为研学实践教育健康持续发展注能。

如山西晋中营地、山西省运城市示范性综合实践基地（简称"山西运城营地"）、福建三明营地在完善"素养化"顶层设计方面提供了范式。山西晋中营地围绕启蒙教育校内外衔接制订了较为全面的教育计划，基于校情、生情，自上而下对启蒙教育研学实践活动进行了整体设计。山西运城营地强化了启蒙教育专业培训，采取岗位锻炼、参观考察、实地观摩等形式，以提升师资整体水平。福建三明营地以促进学生可持续、素养化发展为旨归，针对性设计了启蒙教育的评价指标。

又如甘肃兰州营地、内蒙古包头营地、荆门市示范性综合实践基地构筑了系列化课程体系，明确了启蒙教育校内外衔接的课程体例。根据校内学科知识，借助启蒙教育相关研学资源，通过校内学科知识与研学实践活动相结合的方式，针对不同学段学生的发展特点，合理确定教学重难点、教法、学法，制定了详实的教学策略。

再如安徽铜陵营地、北京营地、山西太原营地确立了整合运行机制。通过相关政策制定、加大宣传方式调动了各种公共文化服务机构、企业等社会力量参与到启蒙教育校内外衔接的过程中。

4.5.3 启蒙教育实施路径

4.5.3.1 把握启蒙教育独特功能

启蒙教育的功能定位体现在其主题选择、线路设计、内容开发、教学实施、管理评价等各个环节，是高质量实施启蒙教育研学实践的灵魂主线。自2016年《11部门意见》发布以来，经过多年实践，启蒙教育在我国校外研学实践育人体系中成为不可或缺的组成部分，原因在于其具有的独特育人功能，具体而言，动手能力培养侧重指向职业启蒙，行为养成侧重指向习惯启蒙，程序化熏陶侧重指向规矩启蒙。

启蒙教育是立足学生个性化成长需要、促进学生差异化发展、培养学生良好行为习惯的重要途径。面向全体学生，尊重学生差异，因材施教、扬长避短，是启蒙教育高质量发展的重要体现和基本要求。研学实践营地应结合发展实际，积极利用自身优势和特色，主动丰富课程供给，充分满足全体学生的个性化学习需求，为学生的个性化成长提供发展空间，使学生了解经济、社会和科技等方面的新进展、新成果，不断培养学生的兴趣爱好，发展自身特长，进而实现人人出彩、人人成才。与此同时，启蒙教育课程必须具有地方适应性，需要充分挖掘当地区域经济、优势科技、特色文化以及馆藏文物等课程资源的育人价值，让学生在正确认识和切身体验地方、国家、世界的内在关联中，对国家的认识从抽象走向具体，不断强化学生个人兴趣与家国情怀的关系教育。如北京营地、山东威海营地、湖北宜昌营地、南京市未成年人社会实践行知基地均明确把握启蒙教育的三个方向，在充分挖掘地方特色的基础上，让学生通过研学实践在自我觉察、社会环境之间建立起积极的联系，形成必备品格和关键能力。

4.5.3.2 构建启蒙教育实施体系

启蒙教育实施过程涉及教育目标、实施原则、主要内容、教育模式、队伍建设等多个方面，需要教育主管部门、营地、学校、教师、学生以及家庭社会等多方联动。因此，应将构建学生启蒙教育实施体系融入当前的教育综合改革中同步实施。教育领域的学生发展核心素养体系的实践探究为启蒙教育实施体系的构建奠定了良好基础。

第一，应在核心素养教育理念下赋予启蒙教育新的内容，确定启蒙教育目标。 在核心素养教育理念下，研学实践启蒙教育目标应以"立德树人"为根本出发点，以培养"全面发展的人"为核心，通过自我认识的引导强化学生的职业建构意识、行为习惯的养成，通过自身潜能的探索和核心素养的发展提升学生职业发展能力，通过任务体验提升学生职业选择与适应能力。需要注意的是，规矩教育贯通研学实践始终，要制定明确要求，责任到位，最终实现促进学生的自由全面发展。首先，要按照价值体认、责任担当、问题解决和创意物化四个维度，根据不同学段学生的身心发展规律特点，确定启蒙教育板块的总目标和每次研学的具体目标。根据不同学段和具体研学课程的目标有针对性地选择研学资源、课程内容和活动形式。概括地讲，要从学生发展的角度出发，考虑该活动目前或将来对学生的视野拓展是否有益；要从周围环境和可利用的乡土资源出发，考虑这些内容如何开发利用成为学习的资源，如何与学生的发展水平相适应。其次，要考虑这些目标中有哪些能转化成为启蒙教育研学课程和体验的内容，让学生能在他们自己与他人以及更大的社会现实之间建立起联系，使学生能更好地汲取信息、选择事实、考虑现实，确定问题和选择解决问题的途径。最后，根据目标确定启蒙教育的具体实施方法。通过行走在博物馆、美术馆、企事业单位等的启蒙教育研学，帮助学生拓宽关于感知自己与外部环境的多种选择方式的知识，帮助学生实现他们的全部潜能。如四川广元营地"走红城，唱红歌"课程、福建三明营地"体验朱子拜师礼"课程、山东潍坊营地"团体沙盘"课程，根据不同的教学目标，分别采用角色扮演、场景模拟、沙盘辅导等教学方式，有针对性地增强学生对课程的理解与掌握。

第二，启蒙教育的内容设计，既要考虑内容的完整性，又要突出项目间的协同性。 具体来讲，应从以下几个方面考虑：一是在课程内容中增强学生的家国情怀，在家国情怀中孕育高尚而长远的职业目标，在职业目标探索中帮助学生确立自主发展意识，以提升其职业发展的行动力；二是实践课程学习中通过引导学生建立与未来职业的联系，提升其职业规划的积极性和主观能动性；三是在兴趣探索和个性认知中帮助学生提升个人修养，在教师引导中帮助学生提升自我认知和职业规划能力；四是在健康生活倡导中帮助学生做好行为习惯养成、规矩培养、价值澄清，在社会参与教育中帮助学生提升职业适应能力；五是在任务体验中帮助学生增强支撑终身发展的关键能力，以打造适应变化的职业发展能力。

第三，启蒙教育研学实践模式设计的总体逻辑是引导学生开启自我探索，学会自主选择，养成行为习惯，最终体验自我实现。 这种教育设计要以引导、激励、调节、保障四大机制为主构建研学实践系统。这一系统具体包括四个方面的教育模块：一是加强学生意义感建构训练，提升对职业目标的执行力，引导学生做好人生规划；二是引导学生做好学业规划，让学生认识到学业对生涯发展的影响，建立学业与未来职业的联系；三是引导学生做好习惯及规矩养成教育，以引导学生培养良好的学习习惯和健康文明的行为习惯、能明辨是非、具有规则意识为重点；四是引导学生做好日常生活规划，将学生的日常生活纳入启蒙教育，在日常生活教育中突出价值导向，强化学生的独立性和自主性，引导学生正确应对职业发展中的"意外"，提升其职业发展的适应能力。

第四，启蒙教育的课程载体形态应丰富多样。营地学生来源多样、类型多样，这种多样性也导致学生的需求是多样的。学校应该重视这种多样性，因材施教，提供以独特性和适应性为基准的丰富的启蒙教育课程载体形态。此方面需要各营地和学校以"三个注重"为指导思想不断推进：一是注重不同基地特色、不同内容、不同学科的内在联系，充分体现实践性、综合性特征；二是注重与学生经验、社会生活的联系，充分体现生活化特征；三是注重教师指导，启发学生从不同角度对启蒙教育内容的观察与思考，充分体现启发性。在具体实践时应注意要有一定的深度，要有任务驱动、分工合作，体验到角色或职位。在活动的导向上，要结合学生的实际需要，注重实用性，致力于解决学生职业发展过程中面临的实际问题，形成理性的体悟，获得阶段的职业生涯或专业选择上的思考。在活动的形式上，可以设计多元化的实践与体验活动供学生选择，如漫步大学、企业实习、职业达人访谈、社会调查、创业计划书制定等，引导学生在情境中获得启蒙。如安徽铜陵营地、山东临沂营地、福建晋江营地在启蒙教育的教育目的、内容设计、总体逻辑、课程载体形态等方面均有创新。

4.5.3.3 构建启蒙教育评价机制

构建启蒙教育研学活动评价机制是启蒙教育研学活动高质量发展的重要保障。基于美国学者斯塔弗尔比姆（D. L. Stuffebeam）提出的CIPP评价模型，从背景、输入、过程、结果四个维度尝试构建启蒙教育质量评价指标。背景评价是通过客观环境和主观因素综合有效地评估启蒙教育研学活动的实施效果。输入评价包括物质条件、教师配置、资金投入等，对启蒙教育研学实践进行可行性评价，为课程的实施做好相应的准备。过程评价是对启蒙教育研学活动进行全程的跟踪与记录，获取学生职业启蒙、习惯启蒙和规矩启蒙的反馈信息。结果评价是对启蒙教育研学活动实施效果的评价，包括学生自评、教师评价，家长评价等，重点要关注学生、教师的收获与启蒙教育研学活动的可持续发展。如云南红河营地、新疆乌鲁木齐营地、河北石家庄营地在评价时均根据学生学情，关注评价的目标、方式、内容、方法等。

4.5.3.4 明确启蒙教育教师角色

在启蒙教育研学中，面对广袤无际的大自然和社会环境，需要有不同行业、不同专长的人员作为启蒙教育的教师在不同的场景中来引导、带领学生进行课程体验。如职业启蒙中，不同行业的能工巧匠凭借着精湛的技艺，可以给学生以高水平的专业技艺展示，可以更专业地指导学生进行职业生涯体验。如规矩启蒙教育中指导内务的教官，身姿挺拔、步伐坚定、口令清晰、内务整洁，展现出了严谨、稳重、理性和专业的形象，给学生言传身教的是令行禁止的纪律意识。从非教学人员到教师的角色转变要把握好关键，探索出一套培养模式和保障制度，既能发挥能工巧匠、军人、劳模等群体的专业技术和精神力量的特长，又能保障活动的教育功能，实现从非教学人员到教师角色的转变。同时，从课堂内的教师到启蒙教育的教师同样要做好角色功能的调整，实现由认知型教学到体验式教学的转变。作为启蒙教育教师，应充分认识到启蒙教育研学作为一种聚焦核心素养的实践活动需要在实施活动过程中处理协调好各种关系，如正规学习与闲暇教育的关系、学校教育与社会教育的关系、学科学习与综合实践的关系、直接感知与抽象思维发展的关系、乡土教育与国际视野的关系、拓展视野与提高智力的关系、教育部门与其他社会教育机构相结合的关系等。这些关系也是启蒙教育研学实践内部的因素，各种因素相互依存、相互制约、相互作用，形成了一些相对稳定的必然的联系。树立良好的启蒙教育研学实践的理念必须处理好以上各种关系，防止出现倾向于一端而忽视另一端的偏颇，但也不能把这些关系简单机械相加，而是需要辩证发展地在具体情境中处理以上各种关系，使学生获得全面发展。如甘肃兰州营地"我做拉面小师傅"课程、河北石家庄营地"藁城宫灯制作"课程、新疆乌鲁木齐营地"'蜂'狂探'蜜'——蜂产品初体验"课程，在真实的劳动场景中，由能工巧匠带领学生进行职业体验，让学生在真情实景中学习行业知识，训练劳动技能，感受劳有所获的成功喜悦。

4.5.4 启蒙教育校外资源

启蒙教育校外研学实践工作有别于校内课程，要注重利用社会资源。实施启蒙教育的领导者、组织者和实施者都应特别关注相关的教育资源，通过以"营地为枢纽，基地为站点"的研学网络体系，将教育部命名的研学基地以及其他部委命名基地等社会资源充分利用起来。

如河北石家庄营地，在启蒙教育研学实践活动过程中，能够将90%教育部命名的研学实践基地纳入教育教学计划策略列表，并围绕不同学段制订相应的教学计划，同时保障课程内容详细丰富；又如内蒙古包头营地，在教育教学计划策略表中也能将教育部命名基地纳入85%以上，同时能将课标与基地研学实践活动有效衔接，充分发挥启蒙教育的育人作用；再如甘肃兰州营地，能够将教育部命名的研学实践基地以及其他部委命名基地充分利用，根据不同学段的具体学情开发具有深刻内涵的研学实践线路课程。

启蒙教育的社会资源包括公共文化服务机构资源以及企业等社会力量资源，其中，以公共文化服务机构资源为主导，企业等社会力量资源为补充。公共文化服务机构资源包括博物馆、美术馆、科技馆等馆藏资源。公众教育是公共文化服务机构所履行的公共责任，作为公众的精神家园、文化绿洲和知识殿堂，公共文化服务机构可以为学生提供多元的实践内容，通过各种公共文化场所的浸润，在潜移默化中对学生进行规矩启蒙、习惯启蒙。

企业等社会力量通过政府主导作用，调动各种机构、企业等社会力量参与到启蒙教育研学实践的过程中。研学基地是指以学习和实践为目的的教育活动场所，可以为学生提供真实的社会环境和实际问题，培养学生的实践能力和创新精神。而社会企业则是以社会效益为导向的商业组织，注重社会责任和可持续发展。推动社会企业发挥研学基地的作用，既可以为学生提供更广阔的实践平台，也能够促进社会企业的发展，为学生的职业启蒙起到有益的引导作用。

4.5.4.1　职业院校资源

职业院校在启蒙教育社会资源中扮演着至关重要的角色。作为专业技能培训和人才培养的摇篮，职业院校不仅拥有先进的教学设备和丰富的教育资源，还具备专业的师资团队和与行业紧密联系的实践经验。这些资源为启蒙教育提供了宝贵的实践平台和机会，使学生能够在真实的职业环境中体验和学习，加深对职业的理解和认识。

通过职业院校的参与，启蒙教育可以更加精准地对接行业需求，为学生提供更具针对性的职业启蒙教育。职业院校还可以与中小学合作，共同开发适合学生年龄特点和认知水平的启蒙教育课程，将职业启蒙、习惯启蒙和规矩启蒙等融入其中，实现全方位、多角度的育人目标。职业院校还可以利用自身的行业资源和优势，为学生提供多样化的职业体验活动。通过亲身参与和实际操作，学生可以更加直观地了解不同职业的特点和要求，从而更好地规划自己的职业发展方向。

同时，职业院校还可以与企业、社会机构等合作，共同打造具有地方特色的启蒙教育实践基地。这些基地可以结合当地的产业特点和资源优势，为广大职业院校及中小学学生提供更加贴近实际、具有操作性的实践项目。学生在基地中可以进行实际操作、观察、体验等活动，深入了解当地产业的发展状况、职业需求以及未来的发展趋势，从而更好地了解职业、热爱职业、选择职业。

4.5.4.2　企业等社会力量资源

作为研学营（基）地的合作伙伴，社会企业在提供丰富实践机会、促进学生成长和发展、发掘优秀人才以及提升社会影响力和形象等方面发挥着不可或缺的作用。通过与社会企业的紧密合作，学生不仅能够深入了解企业运营的多个方面，还能在实践中锻炼自己的动手能力和解决问题的能力，为未来的职业生涯奠定坚实的基础。

首先，社会企业作为实践场地，为研学实践提供了真实生动的学习环境。相较于传统课堂，社会企业让学生更直观地了解各岗位职责与技能要求。学生可以亲身参与企业日常运营，了解企业文化和管理模式，熟悉业务流程和操作规范。这种身临其境的学习方式，让学生更深入地理解和掌握所学知识，启蒙职业认知。

其次,社会企业为研学实践提供专业导师指导。导师具备丰富的行业经验和专业知识,能帮助学生进行市场调研、产品开发或服务设计,并实践应用。在导师指导下,学生学习行业前沿知识和技能,参与量身定制的实践项目,提升专业素养和实践能力,强化规矩意识,找到个人价值和定位。

最后,社会企业也能为研学实践提供资源支持,包括资金、设备和技术等,确保学生顺利完成实践项目。这些资源支持提高了研学实践效果,让学生更加自信和从容。

4.5.4.3 公共文化服务机构

(1) 博物馆馆藏资源

博物馆是收集、整理保管人文及自然资料,并以科学方法调查研究的社教机关,其教育功能以藏品为媒介,促进公众发展。单霁翔指出,博物馆的公共责任包括:作为精神的家园,提供人文关怀与和谐氛围;作为文化的绿洲,增强对家乡、祖国的热爱和使命感;作为知识的殿堂,承载人类文明精神;作为城市的客厅,反映人类历史、科技、文化风貌,影响城市风貌和居民生活;作为文明的窗口,提供文化交流和对话平台,激发公众致力于全人类福祉的理想。

(2) 美术馆藏资源

美术馆是专门展示视觉艺术作品的博物馆,收藏范围广泛,包括雕塑、摄影、装置艺术等。其功能不仅限于展示,还涉及教育、文化交流和研究。对于不同观众,美术馆具有不同的意义。其公共教育属于全人式教育,分为面向大众的普及性教育和面向学校、团体的教育普及。普及性教育形式包括讲座、研讨会、工作坊等,而团体教育则提供参观导览和互动教学。美术馆还可外借艺术教材、辅助道具等。尽管我国美术馆在教育活动方面已有一定进展,但仍需完善并推广相关教育活动。

(3) 科技馆藏资源

科技馆是公益性科普教育机构,以展示教育为主要功能,展示内容覆盖自然科学、工程技术科学、农业科学及医药科学等领域。它通过参与性、体验性、互动性的展品和展示手段,举办科普展览、讲座、培训等活动,培养公众尤其是青少年的科学观念,提高全民科学素质。科技馆具有公益性、科学性、趣味性、互动性和教育性等特征,是激发公众兴趣、启迪智慧、提高工作能力的重要场所。科技馆教育不同于学校教育,它是一种非线性、随机、模块化的教育形式,强调观众在思想层面的收获,是一种典型的"过程教育"模式。其本质特点是模拟再现科研生产活动的过程,强调"从实践中学习"。

(4) 校内外劳动教育资源

学科教材中的资源。施瓦布认为,课程由四个相互作用的要素构成:教师、学生、教材、环境。其中,教材是教育目的、学生身心发展规律及认知发展水平的体现,汇集学科智慧,是教学的主要依据。教材资源是劳动教育资源开发的基础,不同学科体现劳动的育人价值，教师应挖掘教材中的劳动教育因素。

教师自身的资源。教师是劳动教育的主导者，需深刻理解马克思主义劳动观、劳动教育观，科学设计劳动教育内容与活动，渗透科学观念、积极精神和正确态度，通过解释、实践、交流、榜样等方式，使学生理解马克思主义劳动观，尊重劳动者和劳动成果。

家庭劳动教育资源。家庭环境对孩子成长至关重要，家长言传身教塑造孩子的劳动意识、观念和行为。家庭劳动教育资源丰富，不同年龄、地区的学生可参与不同家务劳动。农事和家务事锻炼学生劳动能力，家长参与营造良好氛围，促进劳动教育目标的实现。

社会劳动教育资源。社会资源是劳动教育课程开发的重要实践资源，依托工厂、农场、企事业单位、商业场所等开展生产劳动和职业体验活动。社区、敬老院、儿童福利院等是开展服务性劳动的重要载体。

4.5.5 启蒙教育典型案例

启蒙教育通过一系列的教育活动和方法，引导孩子全面发展，培养他们的思维能力、情感品质和社会适应能力，它能帮助孩子建立积极的人生观、世界观和价值观，为他们未来的学习和生活打下坚实的基础。福建晋江营地、福建龙岩营地、四川广元营地、深圳育新营地、山西晋中营地等营地借助职业院校、社会力量、公共文化服务机构等资源，开展职业启蒙和习惯启蒙教育，形成了一系列经验做法，值得参考和借鉴。

4.5.5.1 福建晋江营地：拓宽职业视野 端正劳动观念

（1）背景

习近平总书记说："幸福生活是靠劳动创造的，大家要保持平实之心，客观看待个人条件和社会需求，从实际出发选择职业和工作岗位，热爱劳动，脚踏实地，在实践中一步步成长起来。"职业启蒙是青少年学生的职业准备教育，具体内容涉及基本职业知识的传授、基本职业技能的训练和基本职业态度的形成。营地位于泉州晋江，晋江有近10万家民营企业和51家上市公司，是著名的品牌之都。营地致力于通过开发利用本地企业资源，整合营地内外课程，让青少年学生在职业启蒙教育中，传承爱拼敢赢的晋江精神，树立远大的理想抱负和爱党爱国的信念。

（2）主要做法

①依托企业平台，创设体验课堂。职业启蒙需要真实的职业工作场景，营地签约了七匹狼集团、来旺良品堂、奕创科技、潘山艺达木雕、力豪现代农业等10家不同行业的本地龙头企业，依托企业的车间、工作室、农田等场所，开发了"小小服装设计师""手工面线初体验""匠人匠心——木雕体验""我是现代农技师""无人机编程体验"等30门职业启蒙课程，让学生在真实场景中进行沉浸式的职业体验，感受真实的岗位操作和工作氛围。如图4-48所示，为福建晋江营地学生在基地学习无人机课程时的场景。

图4-48 福建晋江营地学生在基地学习无人机课程

②聘请能工巧匠,打造名师团队。职业启蒙教育的专业性强,专业类型多。营地聘请校外辅导员、设立大师工作室等方式,聘请木雕、手工面线、水密隔舱、黑陶壶制作、白铁工艺等非遗传承人和服装设计师、无人机编程师、高级农技师等不同岗位、不同专业的能工巧匠担任职业启蒙课程的教师,通过聘任制和职级制,对外聘的职业启蒙指导教师进行考评,优胜劣汰,优化营地职业启蒙课程的师资队伍,保障了课程指导教师的专业性和多元化。如图4-49所示,为福建晋江营地学生在来旺良品堂制作手工面线时的场景。

图4-49 福建晋江营地学生在来旺良品堂制作手工面线

③理顺体制机制，开辟教育阵地。营地推动成立以分管副市长为组长的晋江市研学工作领导小组，出台研学工作相关政策。根据相关文件规定，营地采用"4+1"实践模式，即4天的营地内实践课程加1天的营地外实践课程。其中，1天的营地外实践课程，让学生走出学校，走进企业，到真实的岗位上进行职业启蒙教育。文件还规定了外出开展职业启蒙研学实践教育的程序审批、所需耗材、外聘师资、外出交通费用等问题，让更多的企业愿意参与到职业启蒙的行列中来，共同开发课程，共同培养师资，共同创设职业体验课堂，为职业启蒙教育开辟了新的教育阵地。

（3）实施成效

①激发兴趣，点燃职业梦想。营地每年组织40批共6万人开展各种类型、各种岗位的职业启蒙教育，引导学生认清自身特点和兴趣，了解自己的能力，掌握一些基本的职业技能，提升自我认同，明确职业方向，点燃职业梦想。

②拓宽视野，端正价值观念。营地与企业共建合作，建立了一支近100人的职业启蒙指导教师队伍，涉及职业岗位50多个，丰富了学生的职业体验内容。通过职业启蒙课程的行业知识普及、行业高级人才的现身说法，引导学生了解不同职业的特点、所需的能力和技能及发展前景，帮助学生树立正确的职业观念，拓宽了职业选择视野，降低了社会、家庭对学生们未来就业方面的焦虑。

③出台政策，建立长效机制。由晋江市政府牵头，出台了《关于进一步加强全市中小学生研学实践教育活动规范化管理的实施意见（试行）》（晋研学办〔2023〕2号），把研学实践纳入学校教育课程，同时规范研学实践教育活动的申报、审批、收费以及相关部门职责等问题，确保研学实践教育活动的长效开展。

（4）经验总结

①产业优势创出特色。依托地方的优势产业打造特色课程，如晋江的鞋服、木雕、食品等优势产业，营地依托龙头企业的先进工艺、先进设备、先进人才创设职业体验课堂，能更好地让学生触摸行业前沿，放眼行业未来，做出具有前瞻性的职业体验特色课程。

②购买服务节省资源。职业启蒙教育需要真情实景，由营地投入，空间不够、投入太大，容易因技术更新换代被淘汰。营地采用向企业购买服务的方式，不仅节省了营地的投入，也提高了企业资源的使用率。

③善用政策保驾护航。职业启蒙研学教育涉及学生外出安全、收费标准、应急处理等，需要上级文件进行统一部署、责任分工、流程规范等。

4.5.5.2　福建龙岩营地：探索成长　"职"见未来

立足于培养德智体美劳全面发展的社会主义建设者和接班人这一根本任务，福建省龙岩市示范性综合实践基地（简称"福建龙岩营地"）以前瞻性的视野和创新的举措，精心打造了集知识学习、技能训练、品格塑造于一体的职业教育启蒙平台。这里不仅是一个生动活泼的知识课堂，更是一片播种职业理想、启迪人生规划的沃土。

近年来，福建龙岩营地通过整合各类教育资源，携手本地企业，构建起丰富多元的研学课程体系，让学生在体验中感知职业世界，启发他们对各行各业的认知与热爱。从红色文化的传承到客家民俗风情的体验，从现代产业的探索到生态文明的认识，每一个环节都力求将职业教育的种子播撒进学生的心田，让学生们萌发对于未来职业道路的初步思考和规划。

在这个过程中，福建龙岩营地始终坚持以人为本，关注学生的个性化发展，引导他们在实践中锻炼动手能力，在探索中提升问题解决能力，在互动中强化团队协作精神，在体验中培育敬业奉献的职业道德。同时，通过引入社会力量，使学生能够在真实的生产环境中接触前沿技术和先进理念，从而更好地理解所学知识的应用价值和社会意义。

（1）背景

随着我国职业教育改革的深入和产教融合政策的推进，福建龙岩营地依托本地丰富的自然文化资源和坚实的产业基础，成功打造了集职业教育、实践教学和研学实践于一体的高水平实践基地。通过整合资源，在学生启蒙教育阶段融入职业教育内容，帮助来到营地的青少年了解自身兴趣、优势和潜力，并结合龙岩市及周边地区的经济发展趋势和社会需求，明确个人职业发展的方向和目标，有助于他们避免盲目选择专业或职业道路，从而在未来的求学与就业过程中更具针对性和前瞻性。在近几年的发展过程中，龙岩市通过一系列富有成效的举措，不仅提升了职业教育质量，也助力了学生的全面发展。

（2）主要做法

①建设完善的职业教育设施。福建龙岩营地不断建设完善先进的实训设备和完善的实践场所，涵盖多个行业领域。营地内的设施不仅包括传统的教室和实训室，还有模拟法庭、农场、证券体验馆等实践场所，为学生提供了丰富的实践环境。

其中，证券期货知识普及教育体验馆是营地最有特色的职业教育启蒙场馆之一，体验馆作为宣导、传播、体验证券期货知识和理念的公益项目，与单纯参观的主题展览馆、博物馆有较大区别，针对学生其开展的活动以宣导、授课、互动、体验、阅览为主。体验馆集多媒体功能、展厅功能、教学功能、阅览功能、互动体验功能于一体，功能布局分为知识展陈区、教学交流区、互动体验区、休闲阅览区、投教产品区五大区域，实现培训、体验、传播三大功能，以学生带动家庭、以家庭带动社会，有效帮助青少年建立正确的人生观、价值观和财富观。

此外，福建龙岩营地还根据学生的年龄和兴趣特点，开发了多样化的研学课程。这些课程既包括基础的职业技能课程，如手工制作、烹饪等，也包括具有地方特色的课程，如茶文化、陶瓷制作等。通过这些课程的学习，学生能够深入了解不同职业的特点和要求，提升自己的职业素养和实践能力。青少年通过合理的职业规划，能够更有效地利用中学教育、职业教育以及高等教育等资源，提前为未来职业所需技能做准备，提高学习的针对性和有效性，减少教育资源浪费。

②引进高水平人才，加强本地师资团队建设。福建龙岩营地注重师资队伍的建设，引进了一批具有丰富实践经验和教学经验的教师。这些教师不仅具备扎实的专业知识，还能够根据学生的实际情况进行有针对性的指导，确保面对学生的职业生涯启蒙活动的质量和效果。

同时，福建龙岩营地广泛利用资源，定期邀请我国著名科学家、院士、优秀校友为学生开展分享和讲座活动，对学生的生涯规划产生深远的影响。这几年，福建龙岩营地就请到了"北斗专家"、国防科技大学教授王飞雪，中国科学院院士、植物遗传育种学家、从龙岩走出去的科学家谢华安老先生，中国科学院计算机网络中心硕士、中国气象局国家气象信息中心高级工程师、世界气象组织（WMO）秘书处干事陈晓霞。其中，谢华安老先生利用间隙给乡村的孩子们设计了特殊生动的劳动教育课程，陈晓霞为同学们带来了关于"世界气象组织介绍与早期职业发展规划"的主题分享。如图4-50所示，福建龙岩营地学生在谢华安院士指导下开展"一粒米的旅行"主题研学实践教育活动时的场景。

图4-50　福建龙岩营地学生在谢华安院士指导下开展"一粒米的旅行"主题研学实践教育活动

通过组织社会各界知名人士定期在营地为到访的同学提供宝贵的接触前沿科技、拓展国际化视野的机会，让作为科研领域领军人物的科学家和院士们的成功故事和科研经历激发学生对科学和技术的兴趣，引导学生们形成追求真理、勇于创新的科学精神。通过了解这些顶尖学者的职业道路和科研成果，学生们能够看到专业知识在解决实际问题中的价值，从而在职业生涯规划中可能考虑选择在科研或技术领域发展。同时，学者们分享专业背景和实践经验，为学生提供了丰富的行业洞察和职业发展趋势分析，帮助他们提前了解各学科专业在现实社会中的应用范围和发展前景，使学生在进行职业选择时更具针对性和前瞻性。

优秀校友和龙岩出身的各位大咖们的成功案例是生动鲜活的教材，他们的成长历程、学习经验以及职场心得对于在校学生来说具有直接的指导意义。通过聆听校友们的分享，学生能从中获得实用的学习方法、职场技能及人格品质塑造等方面的启示，有助于他们在未来的职业道路上少走弯路，更高效地实现自我提升和设定目标。

③课程体系创新设计，基地与企业的共建。福建龙岩营地结合本地特色资源，如红色文化、客家文化和生态资源等，精心设计了一系列富有地方特色的研学课程，让学生在实地参观、互动体验中接触各类职业领域，从而启发他们对不同职业的认知和兴趣。同时，福建龙岩营地还积极引入企业参与研学实践基地建设，搭建真实工作情境下的实训平台，使学生能够在专业人士指导下进行实际操作，初步感知和体验相关职业的工作流程和技能要求。在营地外，充分利用周边基地的优质资源，组织学生走出去参与职业生涯启蒙主题研学，如组织学生到厦门职业生涯体验课程中，以项目式学习为主要方式，到厦门市气象台、厦门影视基地、泰普生物、瀛坤律所、机械制造建霖工业、中国银行、亚太跨国维修中心等企业参观学习，对话员工代表，体验行业背后各职业，深入了解相关行业的发展前景。如图4-51所示，为福建龙岩营地组织学生开展"走进律所"主题研学活动时的场景。

图4-51　福建龙岩营地组织学生开展"走进律所"主题研学活动

④评价体系改革。探索多元化的评价方式，关注学生在研学过程中的成长变化，鼓励他们在实践中发现自我、挑战自我，而非仅仅追求分数成绩，从而实现对学生综合素质的全面考察和提升。

（3）实施成效

①影响广泛而深远，学生综合实践能力显著提升。近年来，营地组织了整个龙岩市近30万人次开展职业启蒙研学活动，有着非常广泛且深远的影响。通过参加研学活动，

学生们的实践能力得到了显著提升。他们能够在实践中学习新知识、掌握新技能，将理论知识与实际操作相结合，提高自己的综合素质。

②学生对职业教育认知加深。研学活动使学生们对职业教育有了更深入的了解和认识。他们通过亲身体验不同职业的特点和要求，对未来的职业规划有了更清晰的方向和目标。

③促进了基地与企业的合作及产教融合。通过近几年的建设与发展，促进了基地与企业之间的紧密合作。通过基地与企业合作项目，能够更好地了解企业的需求和标准，为企业输送更多符合需求的高素质技能型人才。同时，企业也能够借助基地的资源和平台，开展技术研发和人才培养等活动，实现产教深度融合。

（4）经验分享

回顾这两年的发展历程，龙岩市在推进全国中小学生研学营地建设中积累了以下几点宝贵经验。

①注重理论与实践相结合，让抽象的知识变得生动具体，有效激发学生的学习兴趣。

②坚持以学生为中心，尊重其个性差异，提供个性化的职业启蒙指导。

③深化营地与高校、企业的合作，借助高校与企业的力量，让职业教育启蒙更加贴近现实、紧跟时代步伐。

④强化家庭教育和社会教育的协同作用，共同营造良好的职业启蒙教育氛围。

福建龙岩营地通过开展职业启蒙教育研学实践活动，不仅让学生们开阔了视野，增长了见识，而且帮助学生初步建立了正确的劳动观念和职业理想，使其掌握了基本的生活技能和初步的专业技能，为学生们未来的人生道路奠定了坚实的基础。

4.5.5.3　四川广元营地：启智润心　蒙以养正

四川广元营地充分挖掘本土的研学资源，精心策划了以"启智润心　蒙以养正"为主题的启蒙类研学实践教育活动，为学生们提供了一个开阔视野、增长见识的平台，让他们在亲身体验中领悟"启智润心　蒙以养正"的真正含义。通过这样的活动，学生们能够在未来的学习和生活中，保持对知识的渴求，对文化的热爱，立志成为有文化、有担当的新时代好青年。

（1）背景

中小学启蒙教育对学生成长发展至关重要。通过研学实践的形式对学生进行启蒙教育作为一种创新方式，能够最大限度激发学生对探索世界的兴趣，鼓励学生大胆质疑并积极去观察、发现、探索大自然和人类社会的奥秘，形成对未来人生规划和职业的启蒙。围绕启蒙教育目标，四川广元营地创新开展了以"启智润心　蒙以养正"为主题的校外启蒙教育研学实践活动，对启发引导中小学生认真领会习近平新时代中国特色社会主义思想,培养学生的社会责任感、创新精神、实践能力,引导学生树立自立自强、报效祖国的理想信念,激励学生实现人生价值起到了良好效果。

(2)主要做法

①坚持校内学科教育与校外启蒙教育有机衔接。四川广元营地在编写启蒙教育方案时,深入分析具体学科、章节、课程中的具体知识,针对不同学科、学段,融入了课标及方案相关内容。一是小学高年级段校外启蒙教育与校内美术、道德与法治、语文等学科知识衔接。例如,"行走昭化古城,感受古城魅力"课程具体衔接到人美版美术六年级上册第1课"建筑艺术的美"。二是初中段校外启蒙教育与历史、生物、语文、道德与法治等学科知识衔接。例如,"探寻天然基因库"研学课程具体衔接到人教版八年级生物上册第六单元"认识生物的多样性""保护生物的多样性"。三是高中段校外启蒙教育与语文、生物、美术、思想政治等学科知识衔接。例如,"赏石刻艺术,传中华文化"研学课程具体衔接到人教版高中美术选修三第一单元第2课"凿石刻木——石雕木雕"。如图4-52所示,为四川广元营地学生赴明月峡开展文化历史启蒙研学活动时的场景。

图4-52　四川广元营地学生赴明月峡开展文化历史启蒙研学活动

②充分利用校外教育资源实施启蒙教育活动方案。

一是充分利用好营地及周边主要优质研学资源。四川广元营地以营地为枢纽,以其他国家级营(基)地以及省市基地为站点,充分利用剑门关、翠云廊、唐家河、三星堆、眉山市青少年综合实践基地、朱德故居、延安革命纪念馆等启蒙教育优质教育资源,广泛开展研学实践教育活动。

二是打造启蒙教育校外研学实践活动经典线路。结合营地及周边主要优质研学资源,四川广元营地针对不同学段，打造对应启蒙教育校外研学实践活动经典线路，相关线路的选择可根据学校需求及研学时长自由选择。例如，初中段：第一天，四川广元营地—剑门关—翠云廊—四川广元营地；第二天，四川广元营地—千佛崖—皇泽寺—四川广元营地；第三天，四川广元营地—三星堆—成都熊猫基地—四川眉山营地；第四天，四川眉山营地—昭化古城—明月峡—四川广元营地；第五天，四川广元营地—唐家河—四川广元营地。

③针对不同学段打造启蒙教育校外研学实践精品课程。为实现教育目标，达到校内学科教育与校外研学实践有机结合，营地精心设计，着力打造针对不同学段的启蒙教育校外研学实践精品课程。例如：利用千佛崖基地，打造了"赏石刻艺术，传中华文化""探秘蜀道上的艺术""走千年蜀道，观石刻艺术"等小学、初中、高中精品课程；利用旺苍红军城基地，打造了"走红城，唱红歌""观遗迹，知艰辛""赓续红色血脉，传承红色基因"等小学、初中、高中精品课程。如图4-53所示，为四川广元营地学生赴红军城开展红色教育启蒙研学活动时的场景。

图4-53　四川广元营地学生赴红军城开展红色教育启蒙研学活动

④针对不同学段实施不同的教学策略。针对不同学段学生的学情特点，为达到启智润心的目的，更好地修正其心、其行，四川广元营地基于合作教学、多元智力理论，选取劳动启蒙、艺术审美启蒙、科学启蒙、意识形态启蒙、家国情怀启蒙等内容，采取讲授法、谈话法、演示法、练习法等教法和自主学习、合作学习学法，借助相关研学基地与启蒙教育相关的教学资源和数字化技术等，使用游戏化、体验式、跨学科等教学策略来进行总体设计，并在实际教学过程中根据学生反馈情况进行动态调整。

（3）实施成效

通过开展启蒙教育校外研学实践教育活动，学生在活动中对社会主义先进文化、革命文化和中华优秀传统文化有了较深刻的认识，懂得了依法治国、国家安全、民族团结、生态文明、生命安全与健康、科技进步、经济发展的重要意义，培养了学生的社会责任感、创新精神、实践能力，引导学生树立正确的世界观、人生观和价值观，为学生全面发展奠定了良好的基础。

（4）经验总结

一是校外研学实践教育不能完全脱离于校内学科教育，应坚持与校内学科教育有机衔接，这样才更能体现研学实践教育的实际意义；二是充分利用校外教育资源，为学生提供丰富的研学实践教育内容，开阔其眼界，增长其知识，提升其技能，培养其情怀；三是深挖课程资源，打造精品课程及精品研学线路，课程是灵魂，线路是实施活动的基础；四是针对不同学段学生制定不同的目标任务和实施策略。

4.5.5.4 深圳育新营地：承华夏匠心　启职业未来

深圳经济特区深圳育新营地在"始终敢闯敢试、敢为人先、埋头苦干，成为全国改革开放的一面旗帜，创新发展的一个标杆，先行示范的使命之城。"这一使命的引领下，深度挖掘本土研学资源，精心策划了以"承华夏匠心　启职业未来"为主题的启蒙类研学实践教育活动。该活动为学生们搭建了一个立足岗位实践，开阔视野、增长见识的良好平台，让他们在亲身体验中感悟职业启蒙教育的真正意义。通过实践活动，学生们能够在未来的学习和生活中，持续保持对职业的认同与探索欲望、对未来的无限憧憬，成为有理想、有担当的新时代青年。

（1）背景

国务院印发《国家职业教育改革实施方案》，明确提出"鼓励中等职业学校联合中小学开展劳动和职业启蒙教育，将动手实践内容纳入中小学相关课程和学生综合素质评价"，这将有助于培养学生的实践能力和动手技能，让他们在实践中学习和成长。通过与中等职业学校联合开展职业启蒙教育，学生可以更早地了解不同职业的特点和要求，增强职业意识和职业规划能力。参与职业启蒙教育活动可以提升学生的团队合作能力和问题解决能力，为他们未来的职业发展打下坚实基础。

（2）主要做法

①发挥特区优势，打造职业启蒙研学实践活动的"三维空间"。深圳育新营地充分发挥特区优势，以营地为枢纽，联动周边优质资源站点。一是充分利用深圳各个场馆资源，开阔学生职业启蒙的思维；二是充分利用学校资源，校校联系，建立职业启蒙的理论基础；三是充分利用企业资源，校企合作，开启职业启蒙的真实体验，形成研学实践教育的三维空间。

改革开放后的深圳,四十多年的历程中留下无数建设者的身影,依托"深圳速度""设计之都""时尚之城""创客之城""志愿者之城"等美誉,深圳育新营地设计了职业启蒙系列课程——"来了都是深圳人""帐篷搭建我最快""内务整理我最好""客家早茶我最香""服装设计我最美""出行线路我最优""航空旅行我最稳"等,既是职业的体验,又是深圳精神的呈现,满足学生"对美好生活的向往"。依托深圳众多的高新技术企业,如华为、中兴、腾讯、比亚迪、大族激光、大疆无人机、华大基因等,设计了观"创新之都"风采,领"鹏城科技"魅力系列课程,让学生见识互联网、大数据、人工智能等新技术、新产品、新业态,领略高科技发展的速度,见证社会主义道路与制度的自信。通过职业启蒙教育的开展,从认知领域和技能领域,让学生对自己有了更准确的定位,为形成终身学习意识打开了一道门、推开了一扇窗。如图4-54所示,为深圳育新营地学生赴柴火创客空间开展科技探究研学实践活动时的场景。

图4-54 深圳育新营地学生赴柴火创客空间开展科技探究研学实践活动

②发挥办学模式,无缝对接职业教育,创新教学方式。深圳育新营地"一体两翼"(专门教育是"本体",职业高中与德育基地是"两翼")的办学模式,为研学实践教育的开展提供了有力的支持,无缝对接职业教育,创新了教学方式。

一是发挥职业学校教学资源与学生的专业优势。"学生师傅"教来营地研学的中小学学生。汽修专业、高星级饭店运营与管理专业、电商专业等学生一对一教,如汽车美容、潮汕功夫茶、电商直播等。"双向奔赴"中,彼此年龄的接近、学习环境的亲切,有利于中小学生对职业的体验和认同。

二是调动研学实践教育活动队伍的合力。深圳育新营地研学实践教育活动的队伍由教官、研学导师、行业教师专家等构成。教官负责学生的日常教育管理,研学导师负责研学实践活动,行业教师专家负责职业启蒙的辅导。三方保驾护航,确保职业启蒙研学实践活动的开放性、规范性、科学性和安全性。

三是发扬深圳在高科技领域的优势。运用现代科技手段，如虚拟现实、增强现实等技术，为学生打造沉浸式职业体验。如学生们佩戴VR眼镜，驾驶1:1航空飞机等，身临其境地进入职业场景，感受职业氛围，了解职业特点。

③发挥研学活力，"一校一案"，设计研学课程，提高研学质量。针对地域性、办学特色等因素对学生的影响，深圳育新营地根据每个学校的研学需求，设计不同的研学线路及课程，为学生的个性发展服务。在实际教学过程中，根据学生反馈及时进行动态调整，确保学生围绕研学主题有效完成研学课程。

（3）实施成效

截至2023年底，深圳育新营地共开展活动29次，辐射本市内外中小学校约20所，服务中小学生约19585人，包含专门教育群体、特殊教育群体及港澳学生群体。其中，"承华夏匠心 启职业未来"为主题的启蒙类研学实践教育活动8次，服务中小学生9000余人。学生们在此过程中，通过实地参观、模拟演练、职业竞赛、职业兴趣测试等形式，亲身体验不同职业、认识不同职业，培养职业生涯规划意识和能力。

通过职业启蒙教育的开展，在认知方面，学生能够更清楚地了解自己的兴趣、特长和价值观，对自己有了更准确的认识，对不同职业有了初步的了解，能够根据自己的兴趣和优势，设定未来短期的职业目标，并制订实现目标的计划；在技能方面，学生能够接触不同职业领域的知识和观念，拓宽视野，培养多元思维和创新能力，并初步掌握具体的职业技能，懂得职业发展需要不断学习和进步，树立终身学习的意识。学生在学、教、研的过程中受益匪浅，在全国、省、市技能大赛中都曾获一等奖。

（4）经验分享

深圳育新营地在研学实践教育中积极发挥辐射作用，为大湾区的研学实践教育活动发挥了主力军的作用，先后被授予"深港澳教育交流基地""广东省中小学研学实践教育营地""全国中小学生校外研学实践教育营地"等荣誉称号。学校党总支书记杨焕亮同志为深圳市教育学会中小学综合实践活动专业委员会理事长。在研学实践活动中有几点经验做分享：

一是职业启蒙研学支架精细化，保障研学效果；研学手册、任务单设计"一校一案"。

二是研学评价科学化，发挥评价作用；科学、立体、多维的研学评价。评价维度，活动状态+活动效果；评价方式，过程性评价+终结性评价，注重发展性评价，科学、立体、多维的研学评价；评价主体，"自评＋他评＋师评"。

三是研学资源本土化，形成营地特色。深圳研学实践教育资源丰富，属于深圳职业技术大学领头的"深圳西部职教集团"，地处光明区"科学城"，连接香港九龙高铁站"光明城站"在营地附近一公里，与烙画基地（深圳市烙画艺术协会）、光明时尚生态谷、光明农场大观园、柴火创客空间、文化名人大营救纪念馆、深圳北站党群服务中心、中星航空青少年研学基地达成长期合作关系，共同开发研学实践教育课程，满足学生不同的研学实践教育需求。如图4-55所示，为深圳育新营地学生赴时尚生态谷开展现代农业探究活动时的合影。

图4-55　深圳育新营地学生赴时尚生态谷开展现代农业探究活动

四是研学主体多元化，打造特色品牌。深圳育新营地进一步发挥深港澳教育交流基地的功能，打造新时代研学实践教育特色品牌，为大湾区教育的高质量发展贡献力量，达成诺贝尔文学奖获得者莫言先生对我校的期待——"弘德育人"。

此外，深圳育新营地还积极与媒体合作，通过报道、专访等形式，向社会宣传职业启蒙教育的重要性和意义，提高公众对职业教育的认识和关注。这些举措有助于推动职业启蒙教育在全国范围内的普及和发展。

4.5.5.5　山西晋中营地：拨开职业迷雾　探寻成才之路

山西晋中营地深度挖掘本土的研学资源，精心策划了以"拨开职业迷雾　探寻未来之路"为主题的启蒙类研学实践教育活动。该活动为学生们搭建了一个开阔视野、增长见识的良好平台，让他们在亲身体验中感悟职业启蒙教育的真正意义。通过参与活动，学生们能够在未来的学习和生活中，持续保持对职业的探索欲望、对未来的无限憧憬，成为有理想、有担当的新时代好青年。

（1）背景

国务院印发《国家职业教育改革实施方案》，明确提出"鼓励中等职业学校联合中小学开展劳动和职业启蒙教育，将动手实践内容纳入中小学相关课程和学生综合素质评价"，这将有助于培养学生的实践能力和动手技能，让他们在实践中学习和成长。通过与中等职业学校联合开展职业启蒙教育，学生可以更早地了解不同职业的特点和要求，增强职业意识和职业规划能力。参与职业启蒙教育活动可以提升学生的团队合作能力和问题解决能力，为他们的未来发展打下坚实基础。

（2）主要做法

①发挥区位优势，联动优质站点。山西晋中营地充分发挥区位优势，以营地为枢纽，联动周边优质资源站点。依托"晋中职教港"，设计"我是小小会计师""走进高铁梦工厂""我是护理小天使"等研学课程；依托"晋中大学城"，设计"科技与煤炭""智能制造""智能医学创新工坊"等研学课程；依托企业家、医生、律师等社会职业群体，设计"医生的工作日常与职业精神""律师的法律思维与辩论技巧""太谷饼的技艺与传承"等研学课程，让学生认识不同职业、体验不同职业，培养职业生涯规划意识。通过职业启蒙教育的开展，从认知领域和技能领域，让学生对自己有了更准确的定位，为形成终身学习意识打开了一道门、推开了一扇窗。如图4-56所示，为山西晋中营地学生参加"高铁梦工厂"研学活动时的场景。

图4-56　山西晋中营地学生参加"高铁梦工厂"研学活动

②衔接校内教育，创新教学方式。以初中阶段为例，山西晋中营地在研学课程中设置了专门的职业探索课程，介绍不同职业领域的基本知识、技能和职业素养要求。营地将校内学科课程融入研学课程中，如通过科学课引入科技职业，通过数学课的导入来强调数学在金融和工程领域的应用。

山西晋中营地积极运用现代科技手段，如虚拟现实、增强现实等技术，为学生打造沉浸式职业体验。学生们可以通过佩戴VR眼镜，身临其境地进入不同的职业场景，如手术室、法庭、工地等，感受职业氛围，了解职业特点。同时，营地还引入了智能教学系统，通过大数据分析学生的学习情况，为他们提供更加精准的职业规划和指导建议。

③创新教学策略，提升活动质量。以初中阶段为例，学生在身心上正处于发育期，生理和心理都在发生快速变化，在知识储备方面已经具备了一定的学科基础，认知能力、情感态度、自我意识等心理指标也在不断发展和变化。这一时期的学生具有较高的可塑性，容易接受新事物、新观念，但也容易受到外界干扰，需要给予正确的引导和帮助。初中生兴趣爱好广泛，对新鲜事物充满好奇，使用体验式、跨学科、情境教学等策略将研学实践活动内容与学生的兴趣爱好相结合，培养学生正确的人生观和价值观，引导学生将个人兴趣和职业规划与社会的需要相结合，在实际教学过程中根据学生反馈进行动态调整，确保学生围绕研学主题有效完成研学课程。

山西晋中营地始终以学生为中心，关注每一个学生的成长和发展。在研学活动中，营地根据学生的兴趣、特长和职业规划需求，为他们提供个性化的指导和帮助。通过与学生进行深入的交流和沟通，营地能够更好地了解学生的需求和困惑，为学生提供更加精准的职业规划和指导建议。此外，营地还积极关注学生在活动过程中的体验和反馈，不断优化和完善活动内容和形式，以确保学生能够在活动中获得最大的收益和成长。

（3）实施成效

2023年，山西晋中营地共开展以"拨开职业迷雾　探寻未来之路"为主题的启蒙类研学实践教育活动10场次，服务学生8000余人天。学生们在此过程中，通过实地参观、模拟演练、职业竞赛、职业兴趣测试等形式，亲身体验不同职业、认识不同职业，培养职业生涯规划意识和能力。

通过职业启蒙教育的开展，在认知方面，学生能够更清楚地了解自己的兴趣、特长和价值观，对自己有了更准确的认识，对不同职业有了初步的了解，能够根据自己的兴趣和优势，设定未来短期的职业目标，并制订实现目标的计划；在技能方面，学生能够接触不同职业领域的知识和观念，拓宽视野，培养多元思维和创新能力，并初步掌握具体的职业技能，懂得职业发展需要不断学习和进步，树立终身学习的意识。

（4）经验分享

在课程设计方面，要根据学生的年龄和兴趣特点，设计多样化的职业启蒙课程，如职业探索、职业体验、职业规划等。组织学生进行角色扮演，模拟各种职业场景，让他们在实践中了解不同职业的工作内容和职责。

在实地考察方面，与当地企业、工厂、医院等合作，安排学生进行实地考察和参观。这样可以让学生亲身感受实际工作环境，了解不同职业的工作流程和技能要求。同时，也可以邀请专业人士进行现场讲解和指导。如图4-57所示，为山西晋中营地学生在吉利汽车厂进行职业启蒙研学活动时的场景。

图4-57　山西晋中营地学生在吉利汽车厂进行职业启蒙研学活动

在实践活动方面，山西晋中营地为同学们提供了丰富的实践活动，如手工制作、科技实验、团队项目等。通过动手操作和团队协作，培养学生的实践能力、创新精神和解决问题的能力。

5 展望

5.1 坚持"一盘棋"统筹谋划，打开"研"界

进一步提高政治站位，突出"一盘棋"统筹谋划，把项目管理好，把目标实现好，体现为党育人、为国育才、努力办好人民满意教育的根本要求。围绕贯彻落实立德树人根本任务和发展学生核心素养，着力在"研"字上下功夫、在"学"字上做文章，推动研学项目实施；加强红色教育、生涯教育，突出育人功能，充分利用区域红色文化、历史文化、生态文明等特色资源优势，高起点谋划、高规格推进、奋力打造红色研学线路与活动，发挥"研学+红色"作用，助力红色基因"活"起来。探索"以政府投入为主、受教育者合理分担、其他多种渠道筹措经费"的投入机制；突出中央引导、地方为主，着力构建政府、学校、营（基）地、家长、社会协同推进校外研学实践教育的发展机制。在现有支持标准不变的前提下，使年度研学营地支持覆盖率不低于研学营地总数的90%；同时超前谋划，统筹推进，适度增加研学营（基）地数量，构建国家、省、市、县四级体系，串点成线、连线成网、织网成面；突出绩效评价结果导向，适度支持公办研学营（基）地必要的研学基本条件改善。

5.2 坚持"一套拳"精准发力，立好绩效导向"指挥棒"

探索建立绩效评价奖补机制，突出闭环管理模式，发挥好以评促绩"指挥棒"。以营（基）地高质量发展为导向，以闭环管理模式为支撑，以多元创新方法为抓手，在实践中常探索，在探索中敢创新，在创新中求实效。通过绩效评价结果应用，健全激励机制，做到两个坚持，即项目资金的持续支持、支持额度的持续增加。

一是年度目标做"细"。 创建年度目标指标库，依据年度目标任务严格审核各营（基）地目标规划指标完整性、内容规范性、目标值设置的合理性，明确序时进度，确保年度绩效评价开好头、起好步。

二是平时监测做"实"。建立一套季度监测、半年评估、提醒督办、跟踪整改评价机制。日常开展季度监测，实时了解掌握考核指标完成情况，及时督促提醒未达时序进度的营（基）地，全程跟踪单位整改成效；年中开展半年评估，全方位、多角度地检查评估，帮助营（基）地总结经验、发现问题、调整思路，为下半年及今后一段时期更为科学有效高质量履职尽责打好基础。

三是年度考核做"严"。自查评估环节，由各营（基）地对照工作目标总结并形成书面报告；省级评价环节，由各省教育行政主管部门对各营（基）地提供材料的规范性、真实性、准确性和有效性进行评价，形成省级评价结论；评价环节，由教育部组建考核评价专家组开展绩效评价，形成绩效评价报告。在实施绩效评价过程中，严把评价标准，严控考核质量，严守纪律红线，立好激励"导向标"，画好问责"高压线"。

四是持续改进做"透"。强化评价结果应用与反馈，依序推进结果汇总、沟通反馈、复核审理、书面告知等流程，做到"结果必反馈、反馈必及时"；持续跟踪问效，做到"问题不解决不撒手、整改不见底不撒兵"，真正考出动力、督出压力、激出活力。

"以绩效为导向"的预算绩效申报与评审设计理念成为激发大家想事、做事的催化剂，"花钱必问效、无效必问责"的预算绩效管理理念得以根植。对项目支出绩效不突出、管理不规范、师生家长不满意、信息披露失真以及年度预算执行缓慢的项目，核减或停拨项目资金，并限期整改。整改后仍不合格的，予以摘牌。

5.3 坚持"一张图"规范管理，共绘治理"同心圆"

目前，研学项目还处在发展阶段，特别在营（基）地建设、活动的组织实施、师资队伍能力提升、课程开发、线路开发等方面，已经具备很好的工作基础和基本条件，应适时推进地方设计出台一系列的标准、评价体系、规范性的制度、优惠的扶持政策以及优化公益金支持对象遴选办法，形成一张作战图，逐步做到"应助尽助"。各营（基）地要进一步强化内部控制，落实国家财政治理新要求，形成营（基）地治理新模式。

5.4 搭建"数字＋研学"平台，打造数字时代新"视"界

搭建智慧研学平台。汇聚红色文化宣传、研学在线教育、研学智慧管理、研学质效评价、文创宣传营销、活动发布推广、校地合作为一体的智慧研学平台，实现研学分层级、分区域、分体系、全过程的数字化、信息化管理，为校外研学实践教育提能级和智慧教育均衡发展带来新的更大的发展空间。

附录

表1　北京市中小学生校外研学实践教育活动教育部命名营地与基地可联动一览

序号	全国中小学生研学实践教育营地		
1	北京市自动化工程学校		
序号	全国中小学生研学实践教育基地	序号	全国中小学生研学实践教育基地
1	中国人民革命军事博物馆	30	北京天文馆
2	中国航空博物馆	31	宋庆龄故居
3	天安门国旗护卫队	32	中央芭蕾舞团
4	北京航空航天大学	33	中国儿童艺术剧院
5	中国消防博物馆	34	恭王府博物馆
6	中国地质博物馆	35	中国科学院微电子研究所
7	北京学生活动管理中心（北京教学植物园）	36	北京西山国家森林公园
8	水利部节水灌溉示范基地	37	北京鲁迅博物馆
9	全国农业展览馆	38	中国儿童中心
10	中华航天博物馆	39	北京生存岛文化传播有限公司
11	中国海洋石油工业展览馆	40	北京汽车博物馆（丰台区规划展览馆）
12	中国核工业科技馆	41	中国园林博物馆北京筹备办公室
13	故宫博物院	42	北京国家地球观象台
14	中国国家博物馆	43	北京昌平砺志国防教育培训学校
15	国家图书馆	44	中国铁道博物馆
16	国家京剧院	45	中国铁道科学研究院院史馆
17	中国警察博物馆	46	中国科学技术馆
18	中国地质科学院地质研究所	47	中国宋庆龄青少年科技文化交流中心
19	中国医学科学院药用植物研究所	48	中国人民抗日战争纪念馆
20	中国化工博物馆	49*	河北省涿州市气象局
21	中国工程院	50*	保定市清苑区冉庄地道战纪念馆
22	中国科学院植物研究所	51*	河北张家口市青少年冰雪运动综合实践基地
23	中国科学院近代物理研究所	52*	国家海洋博物馆
24	中国科学院动物研究所	53*	周恩来邓颖超纪念馆
25	中国科学院地理科学与资源研究所	54*	平津战役纪念馆
26	北京花乡世界花卉大观园有限公司	55*	唐山地震遗址纪念公园
27	北京黄花城长城旅游开发有限责任公司	56*	国家海洋技术中心
28	北京市黄垡苗圃	57*	天津市蓟县中上元古界国家自然保护区（管理中心）
29	北京陶瓷艺术馆		

注：标有"*"角注的序号对应的基地，属于教育部命名的省域外相邻的中小学生研学实践教育基地，下同。

表 2　　天津市中小学生校外研学实践教育活动教育部命名营地
与基地可联动一览

序号	全国中小学生研学实践教育营地		
1	天津市社会实践教育中心（天津市工读学校）		
序号	全国中小学生研学实践教育基地	序号	全国中小学生研学实践教育基地
1	国家海洋博物馆	14*	中国科学技术馆
2	周恩来邓颖超纪念馆	15*	中国气象局气象宣传与科普中心
3	平津战役纪念馆	16*	北京国家地球观象台
4	天津博物馆	17*	中国人民抗日战争纪念馆
5	天津自然博物馆	18*	北京天文馆
6	天津美术馆	19*	中国国家博物馆
7	大沽炮台遗址博物馆（天津市滨海新区文物保护与旅游服务中心）	20*	环境保护部宣传教育中心
8	天津国际青少年交流中心（天津光合文化投资管理有限公司）	21*	河北西柏坡中央社会部旧址暨国家安全教育馆
9*	全国农业展览馆	22*	西柏坡纪念馆
10*	中华航天博物馆	23*	保定市清苑区冉庄地道战纪念馆
11*	中国人民革命军事博物馆	24*	唐山地震遗址纪念公园
12*	中国航空博物馆	25*	吴桥杂技大世界旅游有限公司
13*	北京学生活动管理中心（北京教学植物园）	26*	开滦国家矿山公园［开滦（集团）有限责任公司］

表3　河北省中小学生校外研学实践教育活动教育部命名营地与基地可联动一览

序号	全国中小学生研学实践教育营地		
1	河北省石家庄市青少年社会综合实践学校		
2	张家口市示范性综合实践基地		
3	邢台市中小学综合实践学校		
序号	全国中小学生研学实践教育基地	序号	全国中小学生研学实践教育基地
1	河北西柏坡中央社会部旧址暨国家安全教育馆	17	晋察冀边区革命纪念馆
2	西柏坡纪念馆	18	吴桥杂技大世界旅游有限公司
3	晋察冀军区司令部旧址	19	河北楷彤影视传媒有限公司
4	马本斋烈士纪念馆	20	启行营地（北京）教育科技有限公司
5	涉县青少年活动中心	21	丰宁满族自治县青少年活动中心
6	保定市清苑区冉庄地道战纪念馆	22	迁西县喜峰口旅游开发有限公司
7	中国农业科学院（万庄）国际农业高新技术产业园	23	中国人民抗日军政大学陈列馆
8	中航通飞华北飞机工业有限公司	24	河北柳江盆地地质遗迹国家级自然保护区（管理处）
9	中国地质调查局国土资源实物地质资料中心	25	河北张家口市青少年冰雪运动综合实践基地
10	漕河渡槽工程（南水北调中线干线工程建设管理局）	26	开滦国家矿山公园［开滦（集团）有限责任公司］
11	河北省涿州市气象局	27	河北塔元庄同福农业科技有限责任公司（省中小学研学实践教育基地）
12	唐山地震遗址纪念公园	28*	周恩来邓颖超纪念馆
13	全国青少年北戴河活动营地	29*	平津战役纪念馆
14	八路军一二九师纪念馆	30*	天安门国旗护卫队
15	石家庄市规划馆	31*	故宫博物院
16	蔚县青少年校外活动中心	32*	中国国家博物馆

表4　　山西省中小学生校外研学实践教育活动教育部命名营地与基地可联动一览

序号	全国中小学生研学实践教育营地		
1	山西省晋中市中小学示范性综合实践基地		
2	大同市示范性综合实践基地		
3	太原市中小学生综合实践学校（太原市中小学生示范性综合实践基地）		
4	运城市示范性综合实践基地		
序号	全国中小学生研学实践教育基地	序号	全国中小学生研学实践教育基地
1	平遥古城	19	平遥唐都推光漆艺博物馆（平遥县唐都推光漆器有限公司）
2	临汾市黄河壶口瀑布风景名胜区	20*	河北西柏坡中央社会部旧址暨国家安全教育馆
3	平型关大捷纪念馆	21*	西柏坡纪念馆
4	中国煤炭博物馆	22*	晋察冀军区司令部旧址
5	八路军太行纪念馆	23*	保定市清苑区冉庄地道战纪念馆
6	山西祁县乔家大院民俗博物馆	24*	河北张家口市青少年冰雪运动综合实践基地
7	昔阳大寨	25*	黄河小浪底水利枢纽风景区
8	山西省长治市气象局	26*	林州市红旗渠
9	山西博物院	27*	中国文字博物馆
10	淮海工业集团有限公司	28*	殷墟
11	山西皇城相府文化旅游有限公司相府景区（管理处）	29*	陕西延安中央社会部旧址
12	黎城太行山黄崖洞旅游发展有限公司	30*	全国青少年延安革命传统教育基地
13	汾阳市贾家庄腾飞文化传播有限公司	31*	陕西历史博物馆
14	洪洞大槐树寻根祭祖园有限公司	32*	延安革命纪念馆
15	山西晋韵砖雕艺术博物馆	33*	西安半坡博物馆
16	八路军文化园（山西红星杨旅游发展有限公司）	34*	兰考焦裕禄纪念园
17	山西凤凰山生态植物园有限公司	35*	王若飞纪念馆
18	云冈研究院		

表5 内蒙古自治区中小学生校外研学实践教育活动教育部命名营地与基地可联动一览

序号	全国中小学生研学实践教育营地		
1	包头市中小学社会综合实践教育中心		
2	鄂托克前旗青少年学生校外活动中心		
3	呼伦贝尔市示范性综合实践基地		
4	内蒙古自治区呼伦贝尔市海拉尔区素质教育实践学校（北师高级中学）		

序号	全国中小学生研学实践教育基地	序号	全国中小学生研学实践教育基地
1	王若飞纪念馆	17*	故宫博物院
2	阿拉善沙漠世界地质公园	18*	中国国家博物馆
3	开鲁县青少年学生校外活动中心	19*	中关村智造大街
4	黄河水利文化博物馆	20*	中国航空博物馆
5	兴安职业技术学院阿尔山基地	21*	宁夏回族自治区科学技术馆（宁夏青少年科技活动中心）
6	世界反法西斯战争海拉尔纪念园	22*	哈巴湖生态旅游区
7	呼伦贝尔民族博物院	23*	宁夏博物馆
8	达茂旗明安镇青少年德育教育基地	24*	宁夏水洞沟景区
9	阿尔山市青少年活动中心	25*	贺兰山岩画景区研学教育基地（银川贺兰山文化旅游投资开发有限公司）
10	呼和浩特市赛罕区青少年素质教育活动基地	26*	哈军工纪念馆
11	巴彦淖尔教育服务中心暨巴彦淖尔市示范性综合实践基地	27*	东北烈士纪念馆
12	内蒙古玉龙沙湖国际生态文化旅游区	28*	大庆铁人王进喜纪念馆
13*	平型关大捷纪念馆	29*	哈尔滨铁路博物馆
14*	云冈研究院	30*	大庆市博物馆
15*	河北张家口市青少年冰雪运动综合实践基地	31*	哈尔滨极地公园（哈尔滨圣亚极地公园有限公司）
16*	中国人民革命军事博物馆		

表6　辽宁省中小学生校外研学实践教育活动教育部命名营地与基地可联动一览

序号	全国中小学生研学实践教育营地		
1	盘锦市示范性综合实践基地		
2	大连金普新区素质教育活动中心		
3	阜新市中小学生示范性综合实践学校（基地）		
序号	全国中小学生研学实践教育基地	序号	全国中小学生研学实践教育基地
1	大连海事大学	19	营口市鲅鱼圈区望儿山风景名胜区（管理委员会）
2	鞍钢集团博物馆	20	鞍山市职教城管理委员会
3	国家医学媒介生物监测检测重点实验室（辽宁）	21	锦州东方华地城中小学生研学实践教育基地
4	沈阳"九·一八"历史博物馆	22	红海滩国家风景廊道景区"两山"生态研学基地（盘锦红海滩旅游发展有限公司）
5	抚顺市雷锋纪念馆	23	沈阳铁路局大安北蒸汽机车陈列馆
6	抗美援朝纪念馆	24*	全国青少年北戴河活动营地
7	辽沈战役纪念馆	25*	唐山地震遗址纪念公园
8	国家海洋环境监测中心	26*	河北楷彤影视传媒有限公司
9	沈飞航空博览园	27*	河北柳江盆地地质遗迹国家级自然保护区（管理处）
10	辽宁省博物馆	28*	吉林大学博物馆
11	鞍山市地震局	29*	吉林省智成农业科技有限公司
12	中国铁路沈阳局集团有限公司沈阳铁路陈列馆	30*	空军航空大学航空馆
13	朝阳市鸟化石国家地质公园	31*	吉林省妇女儿童活动中心
14	阜新市中小学生示范性综合实践学校	32*	长春中医药大学
15	辽阳市宏伟区中小学生社会实践基地	33*	吉林省自然博物馆
16	朝阳庙子沟滑雪有限公司	34*	吉林省博物院
17	格物（大连）文化发展有限公司	35*	伪满皇宫博物院
18	铁岭市学生综合实践中心	36*	吉林省科技馆

表7　　吉林省中小学生校外研学实践教育活动教育部命名营地与基地可联动一览

序号	全国中小学生研学实践教育营地		
1	四平市中小学社会实践教育中心		
2	白城市示范性综合实践基地		
3	白山市青少年综合实践教育中心		
序号	全国中小学生研学实践教育基地	序号	全国中小学生研学实践教育基地
1	空军航空大学航空馆	14	吉林省临江市四保临江战役纪念馆
2	全国青少年长白山革命传统教育基地	15	吉林大学博物馆
3	中国妇女儿童博物馆	16	吉林省红石国家森林公园（有限公司）
4	吉林省妇女儿童活动中心	17	图们市石岘镇水南村村民委员会
5	长春中医药大学	18	延边光东朝鲜族民俗旅游服务有限公司
6	靖宇县杨靖宇将军殉国地	19*	沈阳"九·一八"历史博物馆
7	吉林省自然博物馆	20*	抚顺市雷锋纪念馆
8	吉林省长白山保护开发区管理委员会地震局	21*	抗美援朝纪念馆
9	吉林省博物院	22*	沈飞航空博览园
10	伪满皇宫博物院	23*	营口市鲅鱼圈区望儿山风景名胜区（管理委员会）
11	吉林省科技馆	24*	中国铁路沈阳局集团有限公司沈阳铁路陈列馆
12	吉林省同人分享慢山里农业休闲度假有限公司	25*	辽沈战役纪念馆
13	吉林省智成农业科技有限公司		

表8　黑龙江省中小学生校外研学实践教育活动教育部命名营地与基地可联动一览

序号	全国中小学生研学实践教育营地		
1	黑龙江省伊春市中小学生综合实践学校		
2	大兴安岭地区中小学综合实践学校		

序号	全国中小学生研学实践教育基地	序号	全国中小学生研学实践教育基地
1	哈尔滨工业大学博物馆哈工大航天馆	16	佳木斯日军侵华罪证陈列馆
2	哈尔滨莱特兄弟飞行技术有限公司龙塔分公司	17	黑龙江省辽金源陶瓷有限公司
3	哈军工纪念馆	18	黑龙江省中国青年旅行社有限公司亚布力滑雪旅游度假区分公司
4	黑龙江凉水国家级自然保护区	19	哈尔滨极地公园（哈尔滨圣亚极地公园有限公司）
5	金上京历史博物馆	20*	兴安职业技术学院阿尔山基地
6	东北烈士纪念馆	21*	世界反法西斯战争海拉尔纪念园
7	中国水产科学研究院黑龙江水产研究所	22*	呼伦贝尔民族博物院
8	北大荒开发建设纪念馆	23*	阿尔山市青少年活动中心
9	中国铁路哈尔滨局集团有限公司尚志教育培训基地	24*	空军航空大学航空馆
10	哈尔滨铁路博物馆	25*	吉林省自然博物馆
11	东宁市要塞博物馆	26*	吉林省博物院
12	青冈县青少年综合实践基地	27*	伪满皇宫博物院
13	大庆铁人王进喜纪念馆	28*	吉林省科技馆
14	大庆市博物馆	29*	吉林大学博物馆
15	黑河市瑷珲历史陈列馆		

表9　　上海市中小学生校外研学实践教育活动教育部命名营地与基地可联动一览

序号	全国中小学生研学实践教育营地		
1	上海市青少年校外活动营地——东方绿舟		
2	金山区青少年实践活动中心		
序号	全国中小学生研学实践教育基地	序号	全国中小学生研学实践教育基地
1	上海无线电科普教育基地	21	上海淞沪抗战纪念馆
2	水利部科技推广中心华东智慧灌溉科技推广示范基地	22	上海纺织博物馆
3	中国水产科学研究院东海水产研究所	23	江南造船展示馆（上海中船文化传媒有限责任公司）
4	上海市质量监督检验技术研究院	24	上海市杨浦区红色文化发展中心（国歌展示馆）
5	中国科学院上海植物生理生态研究所	25*	杭州（国际）青少年洞桥营地
6	上海铁路博物馆	26*	沙家浜风景区
7	上海交通大学钱学森图书馆	27*	无锡博物院
8	上海中国航海博物馆	28*	常州博物馆
9	上海四行仓库抗战纪念馆	29*	南通博物苑
10	中国极地研究中心	30*	太湖湾旅游度假区（江苏武进太湖湾旅游发展有限公司）
11	上海辰山植物园	31*	中国水利博物馆
12	上海地震科普馆（上海市地震局佘山地震基准台）	32*	杭州西溪国家湿地公园
13	上海博物馆	33*	绍兴市鲁迅故里景区
14	上海科技馆	34*	杭州市余杭区长乐国营林场（杭州长乐青少年素质教育培训有限公司）
15	中国共产党第一次全国代表大会会址纪念馆	35*	余姚市河姆渡遗址博物馆
16	龙华烈士纪念馆（上海市龙华烈士陵园）	36*	长兴县新四军苏浙军区纪念馆
17	上海电影博物馆（上海电影艺术发展有限公司）	37*	长兴太湖龙之梦乐园投资管理有限公司
18	上海鲁迅纪念馆	38*	中南百草原集团有限公司
19	中共四大纪念馆	39*	浙江米果果休闲农业观光有限公司
20	上海市黄浦区青少年艺术活动中心		

表10　　江苏省中小学生校外研学实践教育活动教育部命名营地与基地可联动一览

序号	全国中小学生研学实践教育营地		
1	南京市未成年人社会实践行知基地		
2	镇江市青少年活动中心		
序号	全国中小学生研学实践教育基地	序号	全国中小学生研学实践教育基地
1	沙家浜风景区	17	江苏省连云港未成年人社会实践基地
2	中国科学院南京地理与湖泊研究所	18	江苏省淮安市青少年综合实践基地管理中心
3	中国北极阁气象博物馆	19	扬州市中小学素质教育实践基地
4	江苏省民防教育体验馆	20	泰州市青少年综合实践基地
5	江苏省妇女儿童活动中心	21	南京中国科举博物馆
6	侵华日军南京大屠杀遇难同胞纪念馆	22	无锡博物院
7	周恩来纪念馆	23	徐州博物馆
8	新四军纪念馆	24	常州博物馆
9	淮海战役烈士纪念塔	25	启东江天生态农庄有限公司
10	中国人民解放军海军诞生地纪念馆	26	南通博物苑
11	江苏国家安全教育馆	27	太湖湾旅游度假区（江苏武进太湖湾旅游发展有限公司）
12	江苏省泰州引江河管理处	28*	上海四行仓库抗战纪念馆
13	铁心桥水科学与水工程实验基地（水利部交通运输部国家能源局南京水利科学研究院）	29*	上海淞沪抗战纪念馆
14	南京博物院	30*	上海博物馆
15	江苏宿迁国家粮食储备库	31*	上海科技馆
16	常熟市青少年综合实践学校		

表 11　浙江省中小学生校外研学实践教育活动教育部命名营地与基地可联动一览

序号	全国中小学生研学实践教育营地
1	衢州市中小学素质教育实践学校
2	杭州市萧山区青少年素质教育实践基地
3	温州市学生实践学校

序号	全国中小学生研学实践教育基地	序号	全国中小学生研学实践教育基地
1	中国水利博物馆	24*	黟县徽黄西递旅游开发有限公司（西递景区）
2	杭州西溪国家湿地公园	25*	杨业功纪念馆
3	杭州（国际）青少年洞桥营地	26*	黄山市徽州呈坎八卦村旅游有限公司
4	绍兴市鲁迅故里景区	27*	江西省龙虎山旅游文化发展（集团）有限公司
5	浙江横店圆明新园	28*	景德镇中国陶瓷博物馆
6	嘉兴南湖革命纪念馆	29*	沙家浜风景区
7	浙江省兰溪市诸葛八卦村	30*	常熟市青少年综合实践学校
8	杭州市余杭区长乐国营林场（杭州长乐青少年素质教育培训有限公司）	31*	无锡博物院
9	浙江省博物馆	32*	太湖湾旅游度假区（江苏武进太湖湾旅游发展有限公司）
10	中核秦山核电有限公司	33*	上海无线电科普教育基地
11	舟山市定海区干览镇新建社区村民委员会	34*	上海辰山植物园
12	余姚市河姆渡遗址博物馆	35*	上海地震科普馆（上海市地震局佘山地震基准台）
13	长兴县新四军苏浙军区纪念馆	36*	上海科技馆
14	衢州孔氏南宗家庙管理委员会	37*	中国共产党第一次全国代表大会会址纪念馆
15	温州矾矿矾文化基地	38*	中共四大纪念馆
16	宁波市保国寺古建筑博物馆	39*	上海市黄浦区青少年艺术活动中心
17	"Do都城"少儿社会体验馆（杭州青少年活动中心）	40*	上海淞沪抗战纪念馆
18	长兴太湖龙之梦乐园投资管理有限公司	41*	上海纺织博物馆
19	中南百草原集团有限公司	42*	江南造船展示馆（上海中船文化传媒有限责任公司）
20	浙江天台山旅游集团有限公司	43*	上海市杨浦区红色文化发展中心（国歌展示馆）
21	浙江米果果休闲农业观光有限公司	44*	福建闽越王城博物馆
22	开化根缘小镇研学实践教育营地（衢州醉根研学旅行有限公司）	45*	南平市建阳区卧龙湾生态旅游开发有限公司
23*	黄山风景区		

表12　　安徽省中小学生校外研学实践教育活动教育部命名营地与基地可联动一览

序号	全国中小学生研学实践教育营地		
1	滁州市示范性综合实践基地		
2	安徽省铜陵市示范性综合实践基地		
序号	全国中小学生研学实践教育基地	序号	全国中小学生研学实践教育基地
1	黄山风景区	12	毛集实验区焦岗湖湿地公园（管理处）
2	黟县徽黄西递旅游开发有限公司（西递景区）	13	新汴河景区研学基地
3	天长市中小学生现代农业研学基地	14	滁州市小岗村旅游投资管理股份有限公司
4	安徽名人馆	15	安徽博物院（安徽省文物鉴定站）
5	杨业功纪念馆	16*	南京博物院
6	安徽合肥滨湖国家森林公园（合肥印象滨湖旅游投资发展有限公司）	17*	侵华日军南京大屠杀遇难同胞纪念馆
7	安徽青松食品有限公司	18*	杭州（国际）青少年洞桥营地
8	合肥市防震减灾科普教育馆	19*	曲阜孔庙、孔林和孔府
9	曹操地下运兵道景区	20*	山东孟庙孟府孟林景区
10	安徽盛农农业集团有限公司	21*	山东博物馆
11	黄山市徽州呈坎八卦村旅游有限公司		

表 13　福建省中小学生校外研学实践教育活动教育部命名营地与基地可联动一览

序号	全国中小学生研学实践教育营地
1	福建省泉州市示范性综合实践基地（晋江中小学生示范性综合实践基地）
2	龙岩市示范性综合实践基地
3	三明市综合实践学校

序号	全国中小学生研学实践教育基地	序号	全国中小学生研学实践教育基地
1	厦门大学附属科技中学	16	泉州市晋江市五店市传统文化旅游区
2	福州市中国船政文化景区	17	泉州市洛江区中小学生综合实践基地
3	福州市三坊七巷·严复翰墨馆	18	三明市泰宁世界地质公园研学实践基地
4	福建土楼（南靖）青少年社会实践活动中心	19	南平市建阳区卧龙湾生态旅游开发有限公司
5	福建闽越王城博物馆	20	龙岩市古田旅游集团有限公司
6	国家海洋局厦门海洋环境监测中心站	21	福鼎市中小学劳动实践基地
7	国家海洋局海岛研究中心	22	福建农业职业技术学院相思岭中小学研学实践教育基地（福建慕农农业科技有限公司）
8	宁德市屏南县甘棠乡漈下村中小学实践教育基地（屏南县甘棠乡漈下村民委员会）	23	鹭凯研学实践基地（福建鹭凯生态农庄股份有限公司）
9	三明市建宁县客坊乡水尾村中小学实践教育基地（建宁县客坊乡水尾村民委员会）	24	厦门市中小学生综合实践基地（厦门市教育事务受理中心）
10	宁德市屏南县熙岭乡龙潭村中小学实践教育基地（屏南县熙岭乡龙潭村民委员会）	25	福建泉州顺美集团有限责任公司（顺美陶瓷文化世界）
11	三明市建宁县溪源乡上坪村中小学实践教育基地（建宁县溪源乡上坪村委会）	26*	南昌八一起义纪念馆
12	福建福州国家森林公园	27*	瑞金中央革命根据地纪念馆
13	福州市林则徐纪念馆	28*	南昌市滕王阁（管理处）
14	厦门科技馆	29*	衢州孔氏南宗家庙管理委员会
15	漳州东南花都	30*	温州矾矿矾文化基地

表14　　江西省中小学生校外研学实践教育活动教育部命名营地
与基地可联动一览

序号	全国中小学生研学实践教育营地		
1	吉安市示范性综合实践基地		
2	赣州市示范性综合实践基地		
序号	全国中小学生研学实践教育基地	序号	全国中小学生研学实践教育基地
1	全国青少年井冈山革命传统教育基地	11	江西省龙虎山旅游文化发展（集团）有限公司
2	南昌八一起义纪念馆	12	江西省科学技术馆
3	瑞金中央革命根据地纪念馆	13	江西凤凰沟生态产业发展有限公司
4	吉州窑博物馆	14	南昌市滕王阁（管理处）
5	庐山西海风景名胜区	15	崇仁县源野研学培训中心有限责任公司
6	东华理工大学	16	景德镇中国陶瓷博物馆
7	庐山白鹿洞书院文化交流中心	17*	黄山风景区
8	安源路矿工人运动纪念馆	18*	湖南韶山毛泽东同志纪念馆
9	江西省鄱阳湖生态经济区规划馆	19*	湘潭市博物馆
10	江西省革命烈士纪念堂		

表 15　　山东省中小学生校外研学实践教育活动教育部命名营地与基地可联动一览

序号	全国中小学生研学实践教育营地		
1	潍坊市中小学生示范性综合实践基地		
2	临沂市青少年示范性综合实践基地		
3	乳山市中小学综合实践学校		
4	威海市中小学生综合实践教育中心（威海市综合实践活动实验学校）		
序号	全国中小学生研学实践教育基地	序号	全国中小学生研学实践教育基地
1	中国海军博物馆	20	青岛蓝树谷文化传媒旅游集团股份有限公司
2	山东省防震减灾科普馆	21	中国水准零点景区（青岛银海国际游艇俱乐部有限公司）
3	青岛鲁海丰海洋牧场	22	山东景芝教育投资有限公司
4	曲阜孔庙、孔林和孔府	23	齐文化博物院
5	山东北海湿地鸟类教育基地	24	广饶县孙子文化旅游区（管理委员会）
6	孟庙孟府孟林景区	25	山东省科学技术宣传馆
7	山东博物馆	26	山东莱阳白垩纪国家地质公园（管理处）
8	台儿庄古城景区	27	国家中印科技国际创新园（临沂市拓普网络股份有限公司）
9	蒙阴岱崮地貌拓展服务中心	28	黄河口生态文明研学基地（东营市旅游开发有限公司）
10	浪潮集团有限公司	29	山东泰山研学教育有限公司
11	青岛海洋地质研究所	30	日照市山泽海洋旅游产业开发有限公司（日照海洋公园）
12	山东航天科技展馆	31*	徐州博物馆
13	济南市气象局	32*	淮海战役烈士纪念塔
14	桓台华夏粮仓博物馆（山东长江粮油仓储机械有限公司）	33*	周恩来纪念馆
15	山东省山青世界青少年实践活动中心	34*	江苏省连云港未成年人社会实践基地
16	山东省妇女儿童活动中心	35*	江苏宿迁国家粮食储备库
17	青岛市妇女儿童中心	36*	江苏省淮安市青少年综合实践基地管理中心
18	蓬莱仙境戚继光文化管理有限公司	37*	天津国际青少年交流中心（天津光谷文化投资管理有限公司）
19	山东沂蒙红色文化产业有限公司	38*	大沽口炮台遗址博物馆（天津市滨海新区文物保护与旅游服务中心）

表 16　河南省中小学生校外研学实践教育活动教育部命名营地与基地可联动一览

序号	全国中小学生研学实践教育营地		
1	济源市示范性综合实践基地		
序号	全国中小学生研学实践教育基地	序号	全国中小学生研学实践教育基地
1	黄河小浪底水利枢纽风景区	15	河南省妇女儿童活动中心
2	南水北调中线干线河南省郑州市温县孤柏嘴穿黄工程	16	郑州市大河村遗址博物馆
3	郑州铁路局洛阳机务段"中共洛阳组"诞生纪念馆	17	鄂豫皖苏区首府革命博物馆
4	中国文字博物馆	18	黄河博物馆
5	林州市红旗渠	19	汤阴县岳飞纪念馆
6	兰考焦裕禄纪念园	20	淮阳县太昊陵
7	中国农业科学院农田灌溉研究所	21	洛阳博物馆
8	驻马店市防洪博物馆	22	灵宝市函谷关历史文化旅游区
9	陶岔渠首枢纽工程（南水北调中线干线工程建设管理局）	23	河洛文化主题园区（洛阳师范学院）
10	沙河渡槽工程（南水北调中线干线工程建设管理局）	24*	辛亥革命武昌起义纪念馆
11	淇河倒虹吸工程（南水北调中线干线工程建设管理局）	25*	长江三峡旅游管理区
12	中国一拖东方红农耕博物馆	26*	长江文明馆（武汉自然博物馆）
13	河南博物院	27*	山西皇城相府文化旅游有限公司相府景区（管理处）
14	殷墟	28*	平遥古城

表17　　湖北省中小学生校外研学实践教育活动教育部命名营地与基地可联动一览

序号	全国中小学生研学实践教育营地		
1	荆门市示范性综合实践基地		
2	宜昌市青少年实践教育基地		
序号	全国中小学生研学实践教育基地	序号	全国中小学生研学实践教育基地
1	李四光纪念馆	9	隆中文化园（湖北襄阳隆中文化园投资有限公司）
2	辛亥革命武昌起义纪念馆	10	黄石矿博园（黄石文旅地博园经营管理有限公司）
3	长江三峡旅游管理区	11	三国赤壁旅游区（湖北三国赤壁旅游股份有限公司）
4	红安县青少年学生校外活动中心	12	荆门爱飞客航空小镇（鄂旅投荆门爱飞客投资有限公司）
5	长江文明馆（武汉自然博物馆）	13*	南水北调中线干线河南省郑州市温县孤柏嘴穿黄工程
6	湖北省博物馆	14*	湖南韶山毛泽东同志纪念馆
7	屈原故里文化旅游区（湖北省三峡平湖旅游发展有限公司）	15*	湘潭市博物馆
8	随州炎帝故里（炎帝故里风景名胜区管理委员会）	16*	长沙市博物馆

表 18　　湖南省中小学生校外研学实践教育活动教育部命名营地与基地可联动一览

序号	全国中小学生研学实践教育营地		
1	湖南省长沙市中小学素质教育实践基地岳麓营地（长沙市示范性综合实践基地）		
2	湘潭市示范性综合实践基地		
3	韶山学校（韶山市思政教育和研学实践营地）		
序号	全国中小学生研学实践教育基地	序号	全国中小学生研学实践教育基地
1	湖南韶山毛泽东同志纪念馆	12	湘潭盘龙生态农业示范园有限公司
2	湘潭市博物馆	13	湖南省立第一师范学校旧址
3	长沙市博物馆	14	湖南党史陈列馆
4	国防科技大学校史馆	15	红军营景区（平江起义纪念馆管理处）
5	中国农业科学院衡阳红壤实验站	16	湖南雨花非遗文化传播有限公司
6	湖南省森林植物园	17	长沙市望城区雷锋纪念馆
7	湖南省博物馆	18*	辛亥革命武昌起义纪念馆
8	湖南粮食集团有限责任公司	19*	长江三峡旅游管理区
9	中核二七二铀业有限责任公司	20*	屈原故里文化旅游区（湖北省三峡平湖旅游发展有限公司）
10	中国人民抗日战争胜利受降纪念馆	21*	南昌八一起义纪念馆
11	胡耀邦故里管理局	22*	瑞金中央革命根据地纪念馆

表 19　　广东省中小学生校外研学实践教育活动教育部命名营地与基地可联动一览

序号	全国中小学生研学实践教育营地		
1	深圳市育新学校（深圳市中小学德育基地）		
2	湛江市中小学德育基地		
序号	全国中小学生研学实践教育基地	序号	全国中小学生研学实践教育基地
1	广东科学中心	16	广东省遂溪县气象局
2	广州神农草堂中医药博物馆	17	遂溪县金龟岭休闲农场（湛江市绿保现代农业发展有限公司）
3	广东韶关丹霞山国家级自然保护区	18	广东中医药博物馆
4	孙中山故居纪念馆	19	广州市海珠湿地科研宣传教育中心
5	中国人民解放军海军南海舰队军史馆	20	广东省罗浮山风景名胜区
6	广东广垦热带农业公园（广东广垦热带农业公园有限公司）	21	广州市旅游商务职业学校
7	广东省爱飞客公益基金会	22	中国科学院华南植物园
8	广东风华高新科技股份有限公司	23	广州市花都区气象天文科普馆
9	中建钢构有限公司	24	广东省博物馆
10	揭阳产业转移工业园中小学生综合实践活动教育基地	25*	湖南韶山毛泽东同志纪念馆
11	广州货币金融博物馆	26*	国防科技大学校史馆
12	广东德诚科教有限公司	27*	瑞金中央革命根据地纪念馆
13	鸦片战争博物馆	28*	全国青少年井冈山革命传统教育基地
14	毛泽东同志主办农民运动讲习所旧址纪念馆	29*	福建土楼（南靖）青少年社会实践活动中心
15	中国热带农业科学院南亚热带作物研究所	30*	龙岩市古田旅游集团有限公司

表20 广西壮族自治区中小学生校外研学实践教育活动教育部命名营地与基地可联动一览

序号	全国中小学生研学实践教育营地		
1	桂林市中小学生示范性综合实践教育中心		
2	广西壮族自治区玉林市示范性综合实践基地		
序号	全国中小学生研学实践教育基地	序号	全国中小学生研学实践教育基地
1	广西崇左白头叶猴国家级自然保护区	16*	中国人民抗日战争胜利受降纪念馆
2	广西民族博物馆	17*	广东科学中心
3	南宁青秀山风景区	18*	广州神农草堂中医药博物馆
4	红军长征突破湘江烈士纪念碑园	19*	广东省博物馆
5	南宁昆仑关战役遗址	20*	孙中山故居纪念馆
6	红军长征湘江战役纪念园（全州红军长征湘江战役文化保护传承中心）	21*	中国人民解放军海军南海舰队军史馆
7	柳州城市职业学院	22*	鸦片战争博物馆
8	广西桂林花坪国家级自然保护区	23*	广东中医药博物馆
9	坭兴陶文化创意产业园（钦州市开发投资集团有限公司）	24*	广州市旅游商务职业学校
10	广西壮族自治区中国科学院桂林植物园	25*	中国科学院华南植物园
11	桂林理工大学地质博物馆	26*	广州市海珠湿地科研宣传教育中心
12	广西壮族自治区药用植物园	27*	广州货币金融博物馆
13	南宁市三峰能源有限公司	28*	中国热带农业科学院南亚热带作物研究所
14*	中国农业科学院衡阳红壤实验站	29*	广州市花都区气象天文科普馆
15*	中核二七二铀业有限责任公司	30*	毛泽东同志主办农民运动讲习所旧址纪念馆

表21　　海南省中小学生校外研学实践教育活动教育部命名营地与基地可联动一览

序号	全国中小学生研学实践教育营地		
1	儋州市教育示范性综合实践基地管理中心		
序号	全国中小学生研学实践教育基地	序号	全国中小学生研学实践教育基地
1	琼海市博鳌镇	10	海南呀诺达圆融旅业股份有限公司
2	文昌航天主题乐园（航天科普中心）	11	文昌市航天科普馆（文昌航天科技文化发展有限公司）
3	中国（海南）南海博物馆	12	海南火山口公园有限公司
4	海南鹦哥岭省级自然保护区	13	海南热带野生动植物园（有限公司）
5	坡心互联网农业小镇	14	海南兴科兴隆热带植物园（开发有限公司）
6	中国热带农业科学院热带作物品种资源研究所	15	海南槟榔谷黎苗文化旅游发展有限公司
7	中国热带农业科学院香料饮料研究所	16	儋州东坡文化旅游区建设有限公司
8	海南铁路博物馆	17	海南省博物馆
9	定安县母瑞山革命根据地		

表 22　　重庆市中小学生校外研学实践教育活动教育部命名营地与基地可联动一览

序号	全国中小学生研学实践教育营地		
1	重庆市万州区中小学综合实践基地		
2	重庆市铜梁区青少年综合实践基地服务中心		
序号	全国中小学生研学实践教育基地	序号	全国中小学生研学实践教育基地
1	重庆南川金佛山景区（第二课堂科技营地）	12	重庆市乐和乐都旅游有限公司
2	重庆三峡移民纪念馆	13	友军青少年综合实践科普教育基地（重庆品有农业发展有限公司）
3	重庆红岩革命历史博物馆	14	重庆张飞古道中小学社会实践教育基地（重庆寰煜农业发展有限公司）
4	重庆科技馆	15*	邓小平故居
5	重庆科技学院科技探索体验中心	16*	华蓥山旅游区
6	重庆白鹤梁水下博物馆	17*	成都大熊猫繁育研究基地
7	重庆仙女山国家森林公园（重庆市武隆区仙女山国家森林公园管理处）	18*	成都杜甫草堂博物馆
8	重庆自然博物馆	19*	成都武侯祠博物馆
9	重庆中国三峡博物馆	20*	四川广汉三星堆博物馆
10	重庆邮电大学	21*	成都金沙遗址博物馆
11	重庆抗战遗址博物馆		

表23　四川省中小学生校外研学实践教育活动教育部命名营地与基地可联动一览

序号	全国中小学生研学实践教育营地
1	广元市示范性综合实践基地
2	泸州市教育实践基地
3	眉山市青少年综合实践基地

序号	全国中小学生研学实践教育基地	序号	全国中小学生研学实践教育基地
1	邓小平故居	25	成都市新都区家风教育基地服务管理中心
2	华蓥山旅游区	26*	汉中秦巴民俗村有限责任公司
3	5·12汶川特大地震纪念馆	27*	西安半坡博物馆
4	北川三秒应急安全体验中心	28*	陕西延安中央社会部旧址
5	成都大熊猫繁育研究基地	29*	秦岭国家植物园
6	四川博物院	30*	渭南市气象局
7	中国两弹城	31*	陕西历史博物馆
8	攀枝花中国三线建设博物馆	32*	西安碑林博物馆
9	四川广汉三星堆博物馆	33*	富平县爱国主义教育基地
10	泸州北方化学工业有限公司	34*	大明宫遗址
11	"5·12"汶川特大地震映秀震中纪念馆	35*	重庆三峡移民纪念馆
12	成昆精神教育基地	36*	重庆红岩革命历史博物馆
13	成都金沙遗址博物馆	37*	重庆科技馆
14	成都杜甫草堂博物馆	38*	重庆中国三峡博物馆
15	成都武侯祠博物馆	39*	重庆南川金佛山景区（第二课堂科技营地）
16	成都博物馆	40*	贵阳孔学堂文化传播中心
17	朱德故居管理局	41*	遵义1964文化创意园
18	剑门关旅游开发股份有限公司	42*	遵义会议纪念馆
19	四川省唐家河国家级自然保护区管理处	43*	四渡赤水纪念馆
20	四川卧龙国家级自然保护区管理局	44*	息烽集中营革命历史纪念馆
21	成都市植物园	45*	黄果树风景名胜区
22	成都市郫都区唐昌镇战旗村村民委员会	46*	中国航发贵州黎阳航空发动机有限公司
23	中国工农红军强渡大渡河纪念馆	47*	安顺市平坝区天龙屯堡古镇
24	川陕苏区纪念馆（川陕革命根据地红军烈士陵园管理局）	48*	贵州省黔东南州气象台

表 24　　贵州省中小学生校外研学实践教育活动教育部命名营地与基地可联动一览

序号	全国中小学生研学实践教育营地
1	遵义市青少年示范性综合实践基地
2	贵阳市示范性综合实践基地
序号	全国中小学生研学实践教育基地
1	遵义1964文化创意园
2	贵州省黔东南州气象台
3	中国航发贵州黎阳航空发动机有限公司
4	遵义会议纪念馆
5	黄果树风景名胜区
6	安顺市平坝区天龙屯堡古镇
7	中国天眼景区
8	修文阳明文化管理有限公司
9	贵阳孔学堂文化传播中心
10	息烽集中营革命历史纪念馆
11	贵州十二背后旅游开发有限公司
12	中国—东盟教育交流周美育研学基地（中国—东盟教育交流周组委会秘书处办公室）
13	坝陵河贵州桥梁科技馆
14	四渡赤水纪念馆
15*	重庆仙女山国家森林公园（重庆市武隆区仙女山国家森林公园管理处）

表 25　　云南省中小学生校外研学实践教育活动教育部命名营地与基地可联动一览

序号	全国中小学生研学实践教育营地		
1	红河州中小学示范性综合实践基地		
序号	全国中小学生研学实践教育基地	序号	全国中小学生研学实践教育基地
1	中国科学院西双版纳热带植物园	15*	成都大熊猫繁育研究基地
2	昆明铁路局云南铁路博物馆	16*	成都市植物园
3	丽江市古城区青少年学生校外活动中心	17*	四川博物院
4	云南野生动物园（云南野生动物园有限公司）	18*	四川广汉三星堆博物馆
5	石林彝族自治县青少年活动中心	19*	成都杜甫草堂博物馆
6	云南省红河州蒙自市青少年活动中心	20*	成都武侯祠博物馆
7	盈江县青少年学生校外活动中心	21*	成都博物馆
8	祥云县青少年学生校外活动中心	22*	遵义会议纪念馆
9	麻栗坡县青少年校外活动中心	23*	息烽集中营革命历史纪念馆
10	马龙区青少年学生校外活动管理中心	24*	四渡赤水纪念馆
11	石屏县青少年校外活动中心	25*	广西桂林花坪国家级自然保护区
12	思茅区青少年校外活动中心	26*	广西壮族自治区中国科学院桂林植物园
13	澄江化石地自然博物馆（云南省自然博物馆）	27*	桂林理工大学地质博物馆
14	中国医学科学院药用植物研究所云南分所		

表 26　西藏自治区中小学生校外研学实践教育活动教育部命名营地与基地可联动一览

序号	全国中小学生研学实践教育营地
1	拉萨市青少年示范性综合实践营地 |//

序号	全国中小学生研学实践教育基地
1	西藏自然科学博物馆
2	拉萨布达拉宫历史建筑群
3	拉萨市青少年示范性综合实践基地
4	日喀则市青少年示范性综合实践基地
5	昌都市革命历史博物馆
6	谭冠三纪念园（西藏职业技术学院）
7	西藏军区拉萨八一学校（中国工农红军西藏军区八一红军学校）
8	林芝市青少年校外活动中心
9	大学生德育体验中心（西藏大学思想政治理论部）

表 27　　陕西省中小学生校外研学实践教育活动教育部命名营地与基地可联动一览

序号	全国中小学生研学实践教育营地
1	陕西省西安市中小学校外综合实践活动基地
2	汉中市中小学综合实践基地
3	渭南市示范性综合实践基地

序号	全国中小学生研学实践教育基地	序号	全国中小学生研学实践教育基地
1	陕西延安中央社会部旧址	21	汉阴县三沈纪念馆
2	全国青少年延安革命传统教育基地	22	安康盛丰源研学实践教育基地（平利县盛丰源食品有限公司）
3	陕西历史博物馆	23	补浪河女子民兵治沙连中小学生研学实践教育基地（榆林市榆阳区大漠军旅文化园管理有限责任公司）
4	延安革命纪念馆	24*	5·12汶川特大地震纪念馆
5	西安半坡博物馆	25*	四川博物院
6	中国兵器工业试验测试研究院研学部	26*	成都大熊猫繁育研究基地
7	富平县爱国主义教育基地	27*	成都金沙遗址博物馆
8	西安汉城湖景区（西安汉城湖实业有限公司）	28*	中国两弹城
9	渭南市气象局	29*	四川广汉三星堆博物馆
10	陕西牛背梁国家级自然保护区（陕西牛背梁国家级自然保护区管理局）	30*	成都杜甫草堂博物馆
11	大明宫遗址	31*	平遥古城
12	秦岭国家植物园	32*	临汾市黄河壶口瀑布风景名胜区
13	陕西华清宫文化旅游有限公司	33*	洪洞大槐树寻根祭祖园有限公司
14	陕西省党家村景区管理委员会	34*	黄河小浪底水利枢纽风景区
15	陕西省西咸新区泾河新城城市综合服务有限公司	35*	郑州铁路局洛阳机务段"中共洛阳组"诞生纪念馆
16	渭华起义教育基地管理办公室	36*	中国文字博物馆
17	延川县文安驿镇梁家河行政村村民委员会	37*	中国一拖东方红农耕博物馆
18	安吴青年训练班纪念馆	38*	河南博物院
19	西安碑林博物馆	39*	八路军文化园（山西红星杨旅游发展有限公司）
20	汉中秦巴民俗村有限责任公司		

表28　甘肃省中小学生校外研学实践教育活动教育部命名营地与基地可联动一览

序号	全国中小学生研学实践教育营地		
1	兰州市中小学生综合实践教育学校（原兰州市中小学综合实践基地）		
2	张掖市示范性综合实践基地		
3	白银市中小学生综合实践基地		

序号	全国中小学生研学实践教育基地	序号	全国中小学生研学实践教育基地
1	甘肃地质博物馆	18*	青海省自然资源博物馆
2	会宁红军长征胜利纪念馆	19*	宁夏回族自治区科学技术馆（宁夏青少年科技活动中心）
3	张掖湿地博物馆	20*	哈巴湖生态旅游区
4	民勤县防沙治沙纪念馆	21*	宁夏博物馆
5	天水市博物馆	22*	西夏陵国家考古遗址公园研学基地（银川西夏陵文化旅游投资有限公司）
6	兰州市地震博物馆	23*	宁夏六盘山红军长征景区旅游开发有限公司
7	会宁县青少年学生校外活动中心	24*	贺兰山岩画景区研学教育基地（银川贺兰山文化旅游投资开发有限公司）
8	西峰区青少年校外活动中心	25*	陕西历史博物馆
9	临夏市青少年校外活动中心	26*	中国兵器工业试验测试研究院研学部
10	永昌县青少年活动中心	27*	大明宫遗址
11	甘肃省博物馆	28*	秦岭国家植物园
12	和政县大中小学劳动教育综合实践基地服务中心	29*	陕西华清宫文化旅游有限公司
13	南梁革命纪念馆	30*	西安碑林博物馆
14*	中国科学院青海盐湖研究所	31*	成都大熊猫繁育研究基地
15*	西宁市少年宫	32*	四川博物院
16*	海东市乐都区青少年校外活动中心	33*	成都杜甫草堂博物馆
17*	互助土族自治县青少年校外活动中心		

表 29　　青海省中小学生校外研学实践教育活动教育部命名营地与基地可联动一览

序号	全国中小学生研学实践教育营地
1	海东市互助县中小学生社会实践教育中心
2	西宁市中小学生社会实践教育中心
序号	全国中小学生研学实践教育基地
1	中国科学院青海盐湖研究所
2	格尔木市青少年活动中心
3	西宁市少年宫
4	大通回族土族自治县青少年学生校外活动中心
5	海东市乐都区青少年校外活动中心
6	民和回族土族自治县青少年校外活动中心
7	互助土族自治县青少年校外活动中心
8	贵德县青少年学生校外活动中心
9	海西州德令哈市青少年活动中心
10	青海西路军红光红军小学（循化县查汗都斯镇西路红军小学）
11	青海省自然资源博物馆

表 30 宁夏回族自治区中小学生校外研学实践教育活动教育部命名营地与基地可联动一览

序号	全国中小学生研学实践教育营地
1	固原市青少年示范性综合实践基地管理中心

序号	全国中小学生研学实践教育基地
1	宁夏回族自治区科学技术馆（宁夏青少年科技活动中心）
2	哈巴湖生态旅游区
3	宁夏博物馆
4	宁夏水洞沟景区
5	宁夏固原博物馆
6	盐池县博物馆
7	西北农耕博物馆
8	西夏陵国家考古遗址公园研学基地（银川西夏陵文化旅游投资有限公司）
9	宁夏六盘山红军长征景区旅游开发有限公司
10	贺兰山岩画景区研学教育基地（银川贺兰山文化旅游投资开发有限公司）
11*	会宁红军长征胜利纪念馆
12*	陕西延安中央社会部旧址
13*	全国青少年延安革命传统教育基地
14*	延安革命纪念馆

表31 新疆维吾尔自治区中小学生校外研学实践教育活动教育部命名营地与基地可联动一览

序号	全国中小学生研学实践教育营地
1	新疆维吾尔自治区乌鲁木齐市青少年综合实践教育中心
2	阿勒泰地区福海县青少年活动中心
3	巴州库尔勒市青少年示范性综合实践基地
4	伊宁市青少年综合实践教育中心

序号	全国中小学生研学实践教育基地
1	新疆儿童发展中心
2	新疆维吾尔自治区博物馆
3	八路军驻新疆办事处纪念馆
4	吐鲁番博物馆
5	新疆生产建设兵团第十师一八五团
6	新疆维吾尔自治区经济和信息化委员会
7	温泉县气象局
8	乌鲁木齐市博物馆（乌鲁木齐市革命历史纪念地管理中心）——毛泽民故居
9	哈密市伊州区红军西路军进疆纪念园
10	北庭故城遗址（吉木萨尔县北庭学研究院）
11	阿克苏地区博物馆
12	新疆维吾尔自治区科学技术馆
13	新疆古生态园（新疆野马文化发展有限公司）
14	新疆文化出版社
15	中国科学院新疆生态与地理研究所
16	博州温泉县"五馆一中心"（温泉县灵泉旅游开发经营有限公司）

后 记

看似寻常最奇崛，成如容易却艰辛，《预算管理视角下的中小学生校外研学实践教育研究》系列丛书的编写过程也是这样。看似寻常普通的一段话、一张图、一份列表，都集聚了全国营（基）地校外研学人的心血、智慧和实践经验。

开展中小学生校外研学实践教育活动，有助于帮助中小学生了解国情、开阔眼界、增长知识，着力提高中小学生的社会责任感、创新精神和实践能力。2000年以来，校外研学实践教育工作者和专家学者们为实现上述目标做了大量的探索与实践，本丛书的编撰也是全国72家中小学生研学实践教育营地联合开展的一次探索与实践的过程。从某种意义上说，本丛书是广大一线研学实践教师多年来的工作总结，也是研学实践教育事业发展至今的一次重大成果汇编。

本书系中国教育会计学会确定的重点研究课题（JYKJ2023-025ZD）研究成果之一，由中国教育会计学会组织编写。本书由国家督学、中国教育会计学会会长武德昆教授，国家督学、中国教育会计学会职业教育专门委员会主任委员茹家团教授主审，中国教育会计学会副秘书长茹家团教授、中国教育学会学生发展指导分会杨昕副理事长为本书做了序。本书由教育部经费监管事务中心田书源、晋中市中小学生综合实践学校武浩、陕西国防工业职业技术学院孟繁增编著。参加本书撰写的主要人员有：山西晋中营地武浩、郭强团队，山东潍坊营地鞠克亮团队，四川广元营地郭永昌团队，新疆库尔勒营地郭景梅团队，辽宁盘锦营地朱立军、张悦团队，上海东方绿舟营地杨昕、黄一鸣团队，湖南长沙营地杨伟团队，陕西西安营地张伟团队，福建晋江营地董佳毅团队，山西皇城相府基地原敏团，杭州职业技术学院林春树教授，黄河水利职业技术学院杨中华教授，陕西国防工业职业技术学院张晨亮副教授、李成平副教授、史成君博士等。

在本书编撰过程中，教育部经费监管事务中心沈国华主任、徐薇副主任，上海市普陀区青少年中心原主任王立老师给予了悉心指导；教育部有关司局，中国教育会计学会有关领导、专家，山东科技职业学院朱坤老师和许多校外研学实践教育专家以及中国财政经济出版社给予了鼎力支持，全国中小学生研学实践教育营（基）地领导和老师为本研究提供了大量的素材和便利，许多老师做了大量的数据收集、资料整理等工作，在此一并表示感谢并致以崇高的敬意。

限于作者水平，书中难免有疏漏之处，敬请读者朋友批评指正。

编者

2024年5月